感谢乐施会提供研究及出版支持

中国贫困片区精准脱贫研究丛书

丛书主编◎黄承伟　王晓毅

# 暮年有养

## 农村贫困老人
## 扶持政策评估及建议

CARE FOR
THE OLD-AGE

Assessment for
the Poor Aged People
in Countryside

唐丽霞　姜亚勤　赵文杰◎著

社会科学文献出版社
SOCIAL SCIENCES ACADEMIC PRESS (CHINA)

# 序　言

## （一）

中国政府高度重视扶贫开发。改革开放以来，经过 30 多年的经济持续高速稳定发展，先后制定实施《国家八七扶贫攻坚计划（1994—2000 年）》《中国农村扶贫开发纲要（2001—2010 年）》《中国农村扶贫开发纲要（2011—2020 年）》，中国农村贫困人口大幅度减少，贫困地区面貌发生显著变化，中国成为全球最早实现联合国千年发展目标中贫困人口减半的发展中国家，在世界上产生了广泛影响。但是，按照中国政府的扶贫标准，全国还有 7000 多万贫困人口。如果按照国际贫困标准，还有 2 亿贫困人口。这些人口主要分布在 14 个连片特殊困难地区 832 个贫困县。这些地区自然条件恶劣、基础设施落后、公共服务基础薄弱、生态十分脆弱，解决贫困问题成本高、难度大，是扶贫攻坚的"硬骨头"。

党的十八大明确提出了到 2020 年全面建成小康社会的奋斗目标。习近平总书记 2015 年 6 月发出了到 2020 年现有贫困人口全部如期脱贫的动员令。这意味着要在今后的 5 年中解决 7000 多万贫困人口脱贫的问题，时间紧、任务重。时间紧是因为距离全面建成小康社会只有 5 年多的时间，在这期间，每年都要解决 1000 万以上的贫困人口脱贫的问题，时间非常紧迫；任务重是指每年要实现脱贫的贫困人口是脱贫难度最大的扶贫对象。一般的经济增长带动、一般的扶持政策措施已难以奏效，必须采取非常举措，采取政策组合拳，实施新一轮的扶贫攻坚计划。

打好全面建成小康社会的扶贫攻坚战必须全面实施精准扶贫战略。习近平总书记指出，"扶贫开发推进到今天这样的程度，贵在精准，重在精准，成败之举在于精准。搞大水漫灌、走马观花、大而化之、'手榴弹炸跳蚤'不行"，并明确要求做到"六个精准"，即扶持对象精准、项目安排精准、资金使用精准、措施到户精准、因村派人（第一书记）精准、脱贫成效精准。中国政府在动员人力物力投入扶贫攻坚战方面具有优势，为了加快脱贫的步伐，大量的人力和物力被投放到扶贫工作中；改革贫困地区地方府的考核机制使地方政府更加关注扶贫而不再仅仅是经济增长。尽管更多的扶贫资源被动员起来，但是要使这些资源发挥更好的作用，还需要更精准和更有效的扶贫策略。精准地识别贫困人口，发现其复杂的致贫原因，制定更有针对性的扶贫策略是彻底解决农村贫困的前提。

《中国农村扶贫开发纲要（2011—2020年）》提出了对扶贫重点人群在同等条件下优先安排、重点支持的意见。这些重点人群包括少数民族贫困人口、妇女、儿童、老年人及残疾人。这些重点人群是社会中的弱势群体，最容易陷入贫困，在国际上通常被作为扶贫的重点。尽管中国在大规模的扶贫行动中也关注了这些重点人群，但是对重点人群的分析研究和实际支持力度都存在不同程度的不足，特别是对这些特殊群体的特殊要求关注不够。如果说现有贫困人口全部如期脱贫是全面建成小康社会的短板，那么，重点人群的精准扶贫、精准脱贫正是如期实现消除农村贫困战略目标的最大问题。

## （二）

精准扶贫的核心是精准识别扶贫对象，分析不同扶贫对象的致贫原因，分类施策。因此，加强弱势群体贫困问题研究，对于提高精准扶贫及精准脱贫的针对性和有效性具有重要的现实意义。

我们曾经对少数民族的贫困问题进行了专项研究①，提出专项扶贫政策需要根据少数民族贫困社区减贫发展需求的特殊性进行相应完善的建议，引起了政策制定者、扶贫和民族工作实践者的积极反响。目前的这项系列研究，其研究对象是妇女、儿童、老年人和残疾人四类群体。这些群体是社会的弱势群体，在发展中经常被边缘化，因而贫困的脆弱性更高。中国政府和国内国际发展机构对他们的脱贫问题一直给予高度关注。其中，妇女儿童的发展是联合国千年发展目标中最重要的内容之一，其8项承诺中有4项承诺直接关系到妇女儿童。作为联合国《儿童权利公约》《消除对妇女一切形式歧视公约》的签约国，中国政府制定了《妇女发展纲要》和《儿童发展纲要》，强调男女平等和儿童优先的发展原则并有针对性地采取了一系列措施支持妇女儿童发展，帮助贫困的妇女儿童脱贫。比如有针对性的技能培训、信贷支持使许多农村贫困妇女受益，在健康和教育上投入的大幅度增加较大地提高了妇女儿童的健康和教育水平。中国也是《残疾人权利公约》的签约国，针对农村残疾人制定了《农村残疾人扶贫开发纲要（2011—2020 年）》，从康复、技能和资金支持等多个方面，支持农村残疾人的脱贫。农村老年贫困问题是一个普遍存在的问题，由于迅速的老龄化，以及年轻农民外流和较低的社会保障水平，老年农民的生活水平无法得到保障。国家通过提高包括医疗、养老等在内的社会保障水平对农村贫困老人提供了支持，农村老年人的社会保障水平在逐渐提高。

尽管采取了多项针对上述特殊群体的扶贫计划，但是这些特殊的群体仍然是农村脱贫中难度最大的群体，需要认真地对其进行研究，为采取更加精准、更加有效的措施提供依据。首先，作为社会中的弱势群体，这四类群体很难从一般意义的扶贫政策和项目中受益。中国的扶贫经验之一是坚持开发式扶贫与社会保障

---

① 黄承伟、王铁志主编《专项扶贫模式与少数民族社区发展研究丛书》，民族出版社，2013。

相结合。但是在开发式扶贫中，因为儿童和老人并不是就业人口，很难从中直接受益。而妇女和残疾人也因为自身条件和制度障碍，需要特殊的开发式扶贫政策的支持。要使对这些特殊群体的扶贫产生效果，一般性的扶贫措施是不足的，需要综合地考察特殊人群的特殊需求。而在现实中，特殊贫困群体经常处在两个范畴之间，对贫困人口的研究和对特殊群体的研究都不足以清楚地解释特殊贫困人群的状况，比如贫困妇女是贫困人群与妇女相互交叉的那一部分，尽管对于农村妇女和一般贫困人群的研究成果很多，但是在有关农村妇女的研究中针对贫困的研究不足，而一般研究贫困的往往对妇女的研究不足，本项研究则聚焦于对特殊的贫困群体状况的研究。其次，反贫困不仅仅是增加收入，而且意味着教育、健康等多方面的改善。这对于特殊贫困群体尤其重要，比如卫生和医疗对于残疾人和老年人具有特别重要的意义，而教育对儿童的意义尤其重要。在多维贫困的视角下，特殊人群的贫困状况如何，致贫的原因是什么，政策的成功和不足之处主要在哪，等等，都需要深入研究。对于这些特殊群体来说，脱贫的需求是多方面的，需要多个部门，特别是卫生、教育、扶贫、社会保障等部门的政策协同。因此对特殊贫困人群的研究需要更综合的视角。

考虑到现有贫困人口主要分布在 14 个集中连片特殊困难地区，而这些地区贫困群体中贫困妇女、儿童、老年人、残疾人的现状如何，致贫原因主要是什么，如何进行分类施策，等等，在大量调查研究的基础上，对上述问题的正确回答，无疑可以为针对这些群体的精准扶贫政策措施的制定及实施提供参考，从而提高针对这些人群的精准脱贫效果。

### （三）

本系列研究的目标主要基于两个方面的考虑。

一是总结中国特殊人群的反贫困经验。中国的反贫困经验已经构成了人类反贫困知识宝库中的重要内容。在过去 30 多年中，中国在争取男女平等、消除妇女贫困、打破贫困的代际循环、改善贫困家庭儿童状况、支持残疾人的康复和实现再就业，以及完善贫困人群的社会保障等方面都做出了积极的探索，并取得了良好的效果，积累了丰富的经验，对这些经验的总结是对人类反贫困的贡献。本系列研究通过大量的调查、经验材料和政策分析，阐述了中国特殊贫困群体的反贫困经验，在一定程度上丰富了这方面的研究。

研究表明，增加特殊贫困人群的人力资本，提供多层次的社会保障和社会服务，改善贫困人群的就业是实现特殊贫困人群摆脱贫困的重要途径。中国对特殊贫困人群提供了正规教育以及多种培训，使贫困人群掌握必要的技能，大大增加了贫困人群的人力资本。同时，建立多层次的社会保障和社会支持系统，以满足他们的不同需求。如对残疾人的康复、对儿童的教育，以及对妇女的健康和老年人生存与健康的社会保障和支持都在不断完善。而帮助特殊贫困人群劳动力实现就业是开发式扶贫的核心。通过特殊的支持，使那些有劳动能力的贫困人口实现就业，从而增加收入。这是中国特殊人群反贫困的重要经验。

二是为针对特殊贫困人群的精准扶贫战略实施提供政策建议。尽管在已有扶贫政策中强调了对特殊贫困群体要给予更多的支持，但是特殊贫困群体的现状如何，他们都有哪些政策需求，现有的研究并不能清晰回答以满足决策的需求。因此，本系列研究的着力点在于关注特殊贫困群体扶贫政策供给与需求之间还有哪些不足，应该如何改进。

研究表明，中国农村处于一个急剧变化的时期，各项社会政策和扶贫措施也要相应发生变化，特别是针对特殊贫困人群的多样性需求的政策。尽管社会保障和社会支持在很大程度上满足了特殊贫困人群的需求，但是总体上来说，保障和支持的水平还比较低，对于那些特别贫困，或缺少劳动能力且贫困较严重的家庭，社会保障和社会支持还不足以使他们摆脱贫困，而且医疗、康复和教育仍然对他们构成了很大的压力。同时，社会还缺少多层次的机制响应特殊人群的特殊需求。仅仅依靠政府的力量无法满足其多样性的需求，需要更多的专业机构和社会组织介入特殊人群的反贫困中，但是现在在这方面还存在较大问题。此外，如何将一般的扶贫规划与特殊贫困群体的扶贫规划相结合，仍然是一个需要研究的问题。特殊贫困人群反贫困的工作多是由一些相关部门在关注，如妇联、残联等，儿童扶贫的问题也只是最近才被纳入扶贫规划，在许多扶贫规划中缺少对特殊人群脱贫需求的考虑，有些规划即使考虑到特殊贫困人群，但是由于扶贫规划部门对这些特殊贫困人群的需求了解得不够，规划也会缺乏可操作性。因此，在精准扶贫战略实施进程中，各项政策措施必须考虑特殊人群的特殊需求，大幅度提高社会保障和社会支持力度，实施更有针对性的组合扶持政策。

## （四）

中国贫困片区精准脱贫研究丛书一套四册，分别是：《巾帼脱贫：农村贫困妇女扶持政策评估及建议》《暮年有养：农村贫困老人扶持政策评估及建议》《关爱春蕾：农村贫困儿童救助政策评估及建议》《残者有助：农村贫困残疾人群帮扶政策评估及建议》，是"连片特困地区贫困妇女扶持政策评估及政策建议——以武陵山区为例""连片特困地区贫困儿童生存现状、救助政策评估及政策建议""连片特困地区贫困老人现状研究及政策建议""连片特困地区残疾人贫困现状与扶贫政策建议"等系列研究的成果。该系列研究由华中师范大学社会学院、中国农业大学人文与发展学院和中国人民大学劳动人事学院的相关研究团队分别完成，乐施会为系列研究及丛书出版提供了资助。我们期待这一研究成果对未来五年中国开展更精准、更有效的扶贫行动具有积极的参考意义。

黄承伟　王晓毅<br>2015 年 8 月

目 录

# 第一章
# 研究概述

## 一　研究背景

当今世界人口老龄化已经成为制约社会发展的重要因素。据联合国预测，到2050年发达国家60岁及以上老年人比例将达到1/3，而不发达国家这一比例也将超过20%。为应对人口老龄化，世界各国采取了多种措施，但发达国家和不发达国家之间差异巨大。发达国家目前已经形成了比较健全的老年人保障体系，但是，仍然面临因老年人口规模增加带来的养老金保障压力。在不断完善老年人权益保护的相关法律法规的同时，一些发达国家开始改革养老金制度，通过延迟退休、提高缴费标准等方式应对公共养老金赤字问题，以维持其正常运行。相比于发达国家，发展中国家人口老龄化速度更快，但社会经济水平更低，缺乏类似于发达国家的养老基础设施和保障体系，而且发展中国家城市化水平较低，多数老年人生活在农村地区，减贫、城市化和老龄化问题相互交错，使其面临快速人口老龄化和经济社会发展滞后的双重挑战。作为发展中国家的典型代表，中国在应对人口老龄化方面做出了积极的探索，中国养老保障制度的建立既借鉴了发达国家的经验，逐步扩大保障范围，调整缴费水平和退休年龄，又结合了本国经济发展水平较低、农村人口众多的特点，逐步建立起农村养老保障的基本制度。

但中国目前仍然面临严峻的人口老龄化问题。当今中国已经进入了快速人口老龄化时期，其"基数大""增长快""未富先老"等特征，对老年人口的福利提出了严峻挑战。根据国家统计局最新公布的老年人口数据，截至 2014 年年底，中国 60 周岁及以上人口已达 2.12 亿，占总人口的 15.5%，65 周岁及以上人口 1.37 亿，占总人口比例的 10.1%。农村地区的老龄化速度更是快于城镇地区。预计到 2030 年，农村地区的老年抚养比会达到 34.4%，且与城镇地区老年抚养比的差距会进一步扩大。与此同时，我国农村社会处在由传统到现代的转型时期，在农村青壮年劳动力大规模转移、农村家庭核心化、农村传统家庭养老模式面临冲击等社会变迁的大背景下，农村老年人口问题较之城镇表现得更突出、更严峻。而长期以来，中国农村老年人口在诸多方面都处于弱势地位，与城镇老年人口相比更为脆弱，也更易陷入贫困状态。

同时，长期以来在中国农村实施的普惠型的社会保障政策在人口快速老龄化及农村家庭养老弱化的背景之下，效果递减，诸如妇女、儿童、残疾人、老年人等特殊群体的需求在原有的政策体系中难以被满足，极大地妨碍了新时期减贫目标的达成。因此，亟须对农村贫困老年人的需求进行评估，分析其面临的减贫和发展挑战，探索靶向更清晰的反贫困路径，并在评估现有政策有效性的基础上，为未来十年减贫战略中加强对农村贫困老年人的扶持提供政策建议。

当前，我国经济社会发展总体水平不高、区域发展不平衡问题突出，制约贫困地区发展的深层次矛盾依然存在，新阶段的扶贫开发工作转而以发展相对滞后的"贫困地区特别是集中连片特殊困难地区"（以下简称"连片特困地区"）为重心。2010 年 12 月国务院扶贫办召开的全国扶贫工作会议提出："要把连片特困地区作为主战场，把稳定解决扶贫对象温饱，尽快实现脱贫致富作

"到 2015 年，农村最低生活保障制度……制度进一步完善，实现新型农村社会养老保险制度全覆盖，保障农村贫困老年人的生存与发展权利。在这一新阶段的扶贫历程中，实施明确的区域性及更有针对性的贫困瞄准政策，例如针对老年人、儿童、妇女、少数民族等弱势群体实施有针对性的扶持政策，使其拥有脱贫和进一步发展的平台，对于实现整个减贫目标至关重要。

本研究采用定性研究与定量研究相结合的方法。首先，基于对以往研究的梳理和述评，结合《中国农村扶贫开发纲要（2011－2020 年）》中重点关注集中连片特困地区的政策特点，选取了连片特困地区中的云南省临沧州、甘肃省华池县、江西省都阳县、宁夏回族自治区西吉县、广西壮族自治区龙州县、陕西省柞水县等作为实地研究地点，以位于这些连片特困地区的农村贫困老年人为研究对象。同时，结合 14 个连片特困地区的"大学生返乡问卷调查"结果，深入描述连片特困地区农村老年人生活现状，呈现连片特困地区农村老年人的特征。期望通过本研究为我国集中连片特困地区农村老年人贫困状况提供典型研究范例，继而为扶贫政策的进一步完善提供支持。

本研究涵盖了我国中西部主要经济欠发达的地区，这些地区区域地理位置较为边缘化、经济发展缓慢、基础设施落后，且民族多样，具有典型而明显的集中连片特殊困难地区的特征。经济资源的匮乏或开发不足，整体经济发展水平滞后是造成农村老年人贫困的重要外部因素，选取上述地点进行深入研究具有充分性。此外，本研究还在六盘山区、秦巴山区、武陵山区、乌蒙山区、

第一章 研究概述 3

不同，"相对……不到社会平均程度的一……在于贫困群体与其他人群相比较的……2001 年世界银行定义了"贫困"的三个特征：一是缺少机会，即缺少参与经济活动的机会；二是缺乏话语权，即在一些关系到自己命运的重要决策上没有发言权；三是脆弱性或者缺乏保障（容易受到经济以及其他冲击的影响，例如疾病、粮食减产、宏观经济萧条）。国内学者在研究中国的贫困问题时提出了相类似的观点，并认为低收入水平、生活困难往往是"缺乏可持续发展能力""缺乏话语权"等贫困的根源所导致的（童星、林闽钢，1994；乔晓春等，2005）。

目前有关农村贫困老年人的实证研究大致可以分为两类，一类主要围绕贫困线的确定、老年人口贫困发生率及其规模的估算；另一类则关注老年贫困人口特征的描述以及与此相关的反贫困政策。从可查找的文献资料看，后者的数量更多。本研究将从农村贫困老年人的测量指标设定与规模估算、农村贫困老年人的人口特征、农村贫困老年人致贫的因素、有关救助与社会保障政策、当前政策存在的问题与建议五个部分，对已有研究进行总结和述评。

## （一）农村贫困老年人的人口规模与测量

目前，关于中国老年贫困人口的总体规模、老年贫困的程度均无全国性的统计调查；已有的研究中，因不同学者各自依据的贫困标准不一，调查的地域范围也有所不同，我国农村老年贫困发生率的估算存在诸多争议。

1. 贫困线的界定

已有的测算贫困线的理论方法包括福利函数法、福利指标化法、指标叠加汇总法和实际方法（白桦等，2004）。而在以往研究中学者多用到的实际测量方法包括：绝对贫困线法（收入比例）、相对贫困线法、消费贫困法、认知贫困法（主观贫困）等。①绝对贫困线（收入比例法）：在城市采用调查中所得到的各地的最低生活保障标准；在农村以城市最低保障标准乘以0.3作为绝对贫困线。②相对贫困线：根据国际贫困线标准法，将老年人相对贫困标准线定义为当地（以省为单位）老年人月均可支配收入的50%。③消费贫困：把此定义为月个人现金收入与个人消费之差，即净收入小于零的老年人被定义为贫困老年人。④认知贫困（主观贫困法）：老年人认为自己经济状况"十分困难"的，被定义为认知贫困。以上四种方法在国内学者的研究中较为多见，而其他如恩格尔系数法、市场菜篮子法（必需品法）、马丁法、数学模型法等并不常见。

2. 农村老年人贫困发生率及规模

已有研究中不同学者因各自依据的贫困标准和测算方法不同，调查的地域范围存在差异，对我国农村老年人贫困发生率的估算结果不一而同，以下是现有研究的不同估计结果。

全国城乡贫困老年人状况调查研究课题组于2002年对12个

省、区、直辖市的城乡贫困老年人状况进行调查，城乡分别以最低生活保障线和"难以维持基本生活"为测量的贫困线，结论为2002年我国城乡贫困老年人有1010万，其中农村860万。但该调查被质疑缺乏对老年人收入的定义，并且调查省份的大量缺失导致信度不高（乔晓春等，2005）。

于学军（2003）利用中国老龄科学研究中心所做的2000年中国城乡老年人口状况一次性抽样调查数据，以不同贫困测量方法进行估算，认为中国老年贫困人口的总体规模分别为：3853万（恩格尔系数法）；4487万，其中农村3222万（国际贫困线标准法）；4285万，其中农村3354万（主观感觉法）。王德文和张恺梯（2005）认为于学军过高估计了中国老年贫困人口数量。他们根据国家统计局、国务院扶贫办公室、民政部与劳动和社会保障部的统计数据，提出应该将收入、消费、主观评价三套指标进行比较，认为全国老年贫困人口数量为921万—1168万，其中农村数量为736万—922万；总的老年贫困发生率为7.1%—9.0%，农村老年贫困发生率为8.6%—10.8%。

乔晓春等（2005）将2000年"中国城乡老年人口状况一次性抽样调查"数据加权处理，测算结果是全国贫困老年人口总量为2274.8万人，农村贫困老年人口比例为18.8%。杨立雄（2011）通过对城镇和农村最低生活保障数据的分析，认为总体贫困发生率为10.77%，其分别采用农村贫困线和"1天1美元"两个标准，得到的农村老年贫困人口数量存在一定差距，但是根据农村最低生活保障数据推算的结果，中国农村老年贫困人口的数量超过1400万。

在有关地域差别的研究中，乔晓春等（2005）认为在其调查的20个省份中，总体上老年人贫困问题最严重的是云南、陕西、山东、安徽和湖北，情况比较好的除了上海、北京和天津3个直辖市以外，还有浙江、福建、黑龙江等。农村地区以每月50元为一般贫困线，得出结论：农村老年人贫困比例最高的是云南省，

36.2%；其次是山东省和陕西省，有 1/3 以上的农村老年人生活在贫困之中；河南和河北有 26.8% 的农村老年人生活在贫困线下；农村贫困老年人比例最低的是新疆，其次是福建和黑龙江。

## （二）中国农村贫困老年人的特征及主要问题

在有关我国农村贫困老年人口的特征研究中，一些学者有这样的描述："女性贫困人口大大多于男性"；高龄老年人、患病、独居的农村老年人生活质量相对更差，主观幸福感相对更低；"未婚、分居、离婚、丧偶的农村老年人的生活质量和主观幸福感评分均低于夫妻同住的农村老年人"；文盲、受教育程度低的老年人，遭受贫困风险明显较高（乔晓春、张恺锑、孙陆军，2006；李德明、陈天勇、吴振云，2007）。总结起来，农村贫困老年人在物质和精神慰藉上均缺乏应有的支持，特别是一些较易陷入贫困的特殊群体，包括高龄老人、女性老人以及与居住安排相关的独居、丧偶、空巢和留守老年人等。

1. 老年人物质生活缺乏有效保障

农村贫困老年人的主要特征是缺乏收入来源、患有疾病比例较高、物质生活容易陷入贫困。而且从消费水平看，伴随着经济收入的不足，部分地区的农村贫困老年人出现了"零消费"现象，这一弱势人群无法享受到基本的社会消费（张岭泉、邬沧萍、段世江，2008；仇凤仙，2010）。就不同类型的老年人而言，石丛（2014）的研究发现，独居老年人相比于非独居老年人能够获取的经济支持较低，女性相对于男性较低，年龄高者相对于年龄低者收入较低，务农老年人与非农职业老年人收入相差较大。此外，在农村青壮年外出务工人数不断增加的背景下，有研究认为老年人及其家庭会因为人口流动而增加收入（姚挹沣，2013）。基于欠发达地区的研究发现，子女或老年人本身外出务工带来的收入并不稳定，加上老年人身体机能退化无法从事大量农业生产劳动，其收入来源处于不确定状态，但农村总体经济的发展却带动老年人支出水平的提高，使老年人的经济状况更为脆弱。

农村老年人物质生活缺乏有效保障的另一个重要表现是正式社会保障制度尚未发挥足够的作用。虽然目前农村已经基本建立起最低生活保障制度、农村新型养老保险制度等一系列与老年人息息相关的社会保障制度，但现有制度的保障水平仍然不高（穆怀中等，2013；陈芳、方长春，2014），老年人主要依靠家庭和自身劳动等获取收入（鄢木秀，2007；邬玉玲，2009）。而且农村贫困老年人身体健康状况并不乐观，在现有医疗保障水平下，老年人因医疗支出加重经济负担的情况也较为常见（宋月萍，2014）。正式社会支持难以发挥应有作用，而非正式的家庭养老在社会变迁背景下受到冲击，农村老年人遭遇贫困的现象时有发生。

2. 老年人精神赡养被忽视

农村贫困老年人除物质生活水平较低外，还面临精神赡养和精神需求难以得到满足的现实困境。现阶段农村老年人获取经济赡养和物质帮助的需求逐渐受到社会各界的重视，但农村老年人的精神需求问题在农村青壮年外出、农村家庭空心化的情况下越来越凸显（伍小兰，2009；安俊美，2011；石丛，2014）。老年人精神需求的满足与经济发展有密切的关系，精神需求的满足是以物质需求的满足为基础的，但精神需求的满足并非完全取决于物质需求的满足（周绍斌，2005），农村贫困老年人物质需求难以得到有效保障，其精神需求和精神赡养也存在较多问题。从城乡差异角度看，李建新等（2014）利用2011年的中国老龄健康长寿影响因素跟踪调查（CLHLS）数据分析发现，相比于城市老年人，中国农村老年人心理健康水平偏低，经济因素对老年人的心理健康有显著影响。

此外，贫困老年人往往缺乏子女照料和精神慰藉，自评生活质量较差或生活满意度较低，时常有孤独感，少数老年人甚至出现了悲观厌世情绪（郭荣丽、吕裔良，2012）。陈芳和方长春（2014）针对欠发达地区的研究发现，传统上农村家庭成员会为老年人提供精神慰藉，而目前的农村家庭在养老功能上出现了退化，老年人不得不选择情感自抚。农村青壮年外出务工在很大程度上弱化了子代与亲代之间的沟通交流，留守在农村的老年人与子女之间的联系相对变得不密切，老年人在情感支持方面处于更为弱势的地位。

3. 传统农村养老保障面临挑战

在正式社会保障制度仍不完善的情况下，中国农村老年人主要依靠家庭养老和自我养老（姚艳沣，2013），然而目前中国农村家庭养老保障的功能在弱化，同时老年人由于自身劳动能力下降难以有效从事农业生产劳动以获取经济收入，传统的以土地为基础的养老保障也变得难以实现（杨清哲，2013）。城市化和工业化的发展使得老年人的养老需求也在发生改变，传统以家庭为主的养老保障模式难以适应农村人口空心化和农村家庭空巢化的趋势，不能有效满足老年人的养老需求（许亚敏，2009；宋月萍，2014）。农村青壮年的外出不仅仅带来老年人生活照料的减少和精神慰藉的困难，还增加了老年人从事隔代抚养和农业生产的负担，传统"养儿防老"的方式在现代社会面临前所未有的挑战（鄢木秀，2007；宋月萍，2014）。有研究发现，在欠发达地区老年人中，近六成人依靠自身劳动和储蓄等获取经济来源，子女等能够提供的经济支持十分有限，而日常生活照料也主要由老年人自己或配偶完成，子女无法提供十分有效的帮助（陈芳、方长春，2014）。农村计划生育的实施使得老年人可以依赖的子女数量相对减少，可获取的经济支持和精神赡养相对减弱，独生子女家庭的农村老年人养老意愿"去家庭化"趋势明显（丁志宏，2014）。传统社会的变迁对农村社会结构产生较大冲击，青壮年一代的外出与老年人的留守之间产生了养老方面的现实问题，传统家庭养老方式正面临越来越多的挑战。

4. 高龄、丧偶等特殊老年人生活较为困难

中国农村贫困老年人中的一些特殊群体，包括高龄老人、女

性老人、独居、丧偶、空巢及留守老年人，相比其他农村老年人及城镇老年人而言，更易陷入贫困的状态，且主观幸福感明显较低。

第一，高龄老年人、独居、丧偶老年人。在经济供养、医疗保健、生活照料、精神慰藉等方面面临许多困难和问题，其生活满意度与经济来源、居住安排（主要是独居比例的高低）相关（李德明、陈天勇等，2007）。丁志宏（2011）的调查结果显示农村高龄老年人的照料81.2%由家庭完成，排在前三位的照料者分别是儿子、儿媳妇和女儿。然而，高龄老年人丧偶率高、独居较多，同时子女迁移、外出打工、死亡或丧失劳动能力带来的家庭规模核心化，也加剧了农村高龄老年人的贫困问题。

第二，女性老年人。农村女性老年人受教育程度与男性相比普遍较低，且由于平均寿命的关系，其丧偶时间比男性早，寡居时间比男性更长，特别是丧偶女性老年人在缺乏经济收入和子女照料时更容易陷入经济上的贫困（刘彦喆，2011）。同时，女性老年人从情绪上比男性更多地表现出悲伤和恐惧，具有较强的孤独感。受到传统文化和社会性别分工的影响，农村女性较少参与社会文化活动，步入老年后往往社会交往面较窄，缺乏情感交流和沟通的伙伴（韦艳、刘旭东、张艳平，2010）。

第三，空巢及留守老年人。在农村劳动力大规模向城镇迁移的大背景下，承担主要赡养义务的农村青壮年的大量流出，动摇了家庭养老的基础，使农村养老，特别是留守老年人的养老问题凸显。学术界对子女外出对留守老年人经济供养的影响有两种不同的看法，有学者认为子女外出后经济水平得到明显改善，会通过汇款等方式为父母提供更多的经济支持，绝大多数留守老年人的经济和福利状况也因此得到改善（贺聪志、叶敬忠，2009）。但更多的学者认为迁出子女不能为留守老年人提供充足、稳定的支持，例如斯格尔顿（Skeldon）对蒙古国、泰国以及我国内地、香港等国家和地区人口迁移的研究结果表明，子女外出导致老年人的贫困化问题更为严重（贺聪志、叶敬忠，2009）。同时，由于老年人缺乏与子女的家庭联系，精神上的孤寂也大大降低了留守老年人的幸福感（申秋红、肖红波，2010）。

### （三）影响农村老年人贫困的因素

农村贫困老年人大多具有缺乏经济来源、患有疾病、出现"零消费"现象、缺乏子女照料、存在孤独感等特征。而就影响其贫困的因素来说，不同学者根据自己的研究视角提出了各自的研究结论，对导致贫困的因素已阐述得较为全面和充分。

第一，经济资源的匮乏加上经济开发不足，使中国农村整体经济发展水平滞后，这是造成老年人贫困的首要原因。第二，由于老年就业机会的丧失，健康资源的丧失和技术、文化优势的丧失等诸因素的共同作用，农村老年人自身经济自立能力不足。第三，正式制度保障的缺失，使得农村贫困老年人无法获得正式支持网络的社会保障。养老保险、医疗保险制度、低保、五保、社会救助等措施缺位或覆盖面不足，使他们在陷入贫困后往往不能依靠正式制度的支持来摆脱困境。第四，非正式支持系统的弱化，如家庭养老、邻里照顾、宗族与社区资本等非正式体系正在受社会变迁的影响愈显薄弱，NGO 在中国农村所能发挥的作用有限，这使老年人在日常生活中缺乏非正式的支持。第五，农村孝文化的式微、"养儿防老"社会风俗的根深蒂固、"代际互惠"的依赖型养老心理等一系列农村养老文化的沿袭，也是造成老年贫困、代际延续性贫困的重要因素。

#### 1. 研究视角

一些学者尝试利用以社会排斥理论和福利三角理论阐述农村贫困问题，但现有研究均未直接以农村贫困老年人为研究对象，通过这两种理论视角对农村老年人贫困状况的研究还有待进一步拓展。此外，还有学者以场域理论为分析视阈，以文化惯习约束与社会场域形塑相融合的研究路径深化对中国农村老年贫困现象的认识（孙文中，2011），但这一角度的分析并不多见。

社会排斥理论是贫困问题研究中继绝对贫困、相对贫困、能力不足等理论之后的一种新理论，其认为贫困人群除了收入低以外，他们还在就业、社会服务和社会关系等方面遭到排斥。从社会排斥理论的角度看，农村老年贫困被定义为"年龄在60岁或者65岁及以上的老年人，在经济上不能满足基本生活需要，在社会生活中缺乏能力、缺乏社会保护并在某种程度上被排斥的一种边缘化的生活状态"（仇凤仙，2010）。社会排斥被一些学者视为中国农村贫困以及老年人贫困在社会发展中久治不愈的深层次原因（银平均，2006；李洋，2007）。仇凤仙（2010）认为由于贫困和购买力低使得弱势人群无法享受到基本的社会消费，他们就成为所谓的"被排斥的消费者"，而农村老年人的"零消费"正是老年人被市场排斥的一个现实写照。

福利三角理论认为市场提供就业福利，家庭提供非正规福利，国家提供正规福利，三者相互补充，当成员在就业市场遭受失败时，国家和家庭提供的福利支持能够有效地缓解风险，减少贫困的发生。而老年人口贫困的发生正是由于市场、家庭、国家提供福利的缺失而导致的。彭华民（2005）从福利三角理论出发，认为就业制度的变迁增加了贫穷社群成员在市场上的风险，社会福利制度在一定程度上化解了一部分由失业带来的风险，但覆盖面尚不充分；家庭中的互助不能完全解决他们在就业市场上遭遇到的风险，因而无法改善儿童、老年人、患病者、残障人的照顾问题。

2. 致贫因素

在对农村老年人口陷入贫困原因的分析方面，学者们从不同角度进行了实证研究，概括起来主要有五个方面，一是农村老年人贫困源于其可获得的外部经济资源匮乏；二是老年人自身经济自立能力不足；三是正式制度的支持不足；四是非正式支持发展缓慢；五是农村传统的养老文化面临挑战。

（1）区域内经济资源匮乏或经济发展水平较低

主流观点一般认为，农村贫困地区资源要素缺乏或者经济开发不足是连片特困地区发生贫困的一个重要因素。在 14 个集中连片特困地区中，一部分地区自然资源匮乏、生态环境恶劣，缺乏经济发展的良好基础；而另一部分地区虽有较为丰富的自然资源和良好的生态环境，但由于开发利用不到位、传统经济缺乏带动作用等无法获得较好的经济发展（陈琦，2012；张立群，2012；汪霞、汪磊，2013）。"许多农村贫困老年人生活在缺水、土地贫瘠、交通不便、能源缺乏的地区"，资源匮乏的限制作用对"农村老年人的赡养形成了硬约束"，区域内经济发展落后使连片特困地区农村老年人总体经济状况不容乐观（罗遐、于立繁，2009；孙文中，2011），落后造成了一些老年人缺乏经济支持，老年人可以获取的经济来源十分有限。

（2）农村老年人自身经济自立能力的不足

老年人经济独立能力下降是老年人就业机会丧失，健康资源丧失以及技术、文化优势丧失等诸因素共同作用的结果。

其一，老年人就业机会的丧失。

对于农村老年人而言，在缺乏社会养老保障制度的背景下，土地的保障作用随着劳动能力的丧失而自然消解，不少学者认为农村老年人参与劳动程度的差异是衡量农村老年人贫困程度的一个重要因素（庞丽华等，2003；仇凤仙，2010；蔡昉等，2012）。仇凤仙（2010）调查发现，部分 70 岁以上的农民依然在耕种自己名下的土地，由于不能承受繁重的体力劳动，除去雇佣人员所支付的成本后，劳动所得也余剩无几。农村老年人的劳动参与率较城市高这一结论也被学者们所认同，60—69 岁人口的劳动参与率虽有所降低，但仍有超过 2/3 的人在工作（蔡昉等，2012；庞丽华等，2003）。很明显，由于缺乏社会养老保障机制，农村老年人更多通过继续劳动为自己的老年生活提供支持，一些高龄老年人（75 岁以上）基本劳动能力的丧失和疾病是迫使老年人停止劳动的最主要因素（庞丽华等，2003；仇凤仙，2010）。此外，仇凤仙（2010）还提到了在其所调查的皖北某村还存在子女与老年人争夺土地耕种权的问题，从而加剧了土地保障作用的消解。

其二，健康资源的丧失。

农村贫困老年人是一个疾病经济风险很高，且自身抗风险能力却很弱的群体，疾病的冲击更容易使家庭在短期内陷入贫困（洪秋妹、常向阳，2010）。尽管我国农村贫困与健康贫困状况不断得到改善，但也存在反复与波动；"贫困户更易受到健康冲击，对医疗服务的有效需求不足，医疗负担过重"（洪秋妹、常向阳，2010）。当前在大部分农村地区，我国政府相继建立了新型合作医疗制度和特困医疗救助制度，但是由于保障能力有限，贫困家庭老年人得到住院服务存在重重障碍；贫困家庭老年人"要么选择不进行治疗，要么选择各种不适合的治疗方式缓解病情，这两种做法都会对其生存质量产生严重的影响"（徐成，2007）。目前农村青壮年外出人员数量与日俱增，以常住人口缴费为支撑的新农合由此面临巨大挑战，青壮年外出务工给城镇医疗资源提供了净贡献，却导致新农合缺乏有效的资金补充而不得不压缩补偿标准，农村老年人从新农合的受益程度不高，青壮年挤占医疗资源使得老年人的净收益率从户籍人口的6%减少到4%（阎竣、陈玉萍，2010）。

其三，技术、文化优势的丧失。

农村人力资本开发的不足以及公共资源的投入缺乏是导致贫困的又一原因（罗遐、于立繁，2009）。农村老年人往往文化程度低，由此引发的长期贫困、代际贫困相当普遍（乔晓春等，2006；蔡昉等，2012），同时由于文化程度不高而导致其无法维护权益和利益，由此陷入贫困的情况，在农村老年人中也时有发生（刘彦喆，2011）。

（3）正式社会支持和制度安排的缺位

构建"老有所养，老有所医"的农村社会保障制度，提高农村养老保险、医疗保险、社会救助制度等相关社会保障的水平，进一步补充农村家庭养老和自我养老的不足，已经成为学界和政府部门的共识。目前国内形成以《老年人权益保障法》为法律基础的一系列老年人权益保护和优待政策，并通过《中国老龄事业发展"十二五"规划》等进一步完善，但是现有老年人社会保障和社会优待政策在法制化水平方面仍然不高，相关制度衔接不够紧密，制度建设显得"粗疏零散"（冯威，2012）。尽管我国目前已经形成以农村五保供养制度、农村最低生活保障制度为依托的社会救助体系，并广泛实施了农村社会养老保险制度和新农合制度，但这几项社会保障制度尚存在诸多问题，农村贫困老年人在现有社会保障体系下尚不能得到充分的生活和养老保障，农村社会保障事业的发展与中国社会经济发展水平明显不相适应，国家层面提供的社会保障仍处于较低水平，集体经济也缺乏有力的支持（鄢木秀，2007；阎竣、陈玉萍，2010；杨清哲，2013；穆怀中等，2013），农村老年人尤其是贫困老年人在现有保障制度和保障水平下难以在生活水平上发生根本的改变。

其一，医疗保障水平较低。

新农合的实施在一定程度上缓解了农村老年人看病贵、看病难的困境（谭倩，2013），但现有新农合能够为老年人提供的医疗保障水平仍然有限。程杰（2012）研究认为，医疗保障对农村老年人减贫并没有产生显著影响，这可能是因为现有新农合的作用没有得到充分发挥，换言之，新农合的保障水平仍然较低，并不能从根本上缓解老年人因病致贫的问题。而且，农村老年人患有慢性疾病的比例较高（苏锦英、王子伟，2009；唐莹，2009），但是新农合慢性病补偿的相关政策对缓解农村家庭的经济负担并没有显著作用，经济水平不高的农村家庭更容易因为慢性病贫困（井珊珊等，2013）。而且从新农合实施情况看，部分地区报销过程较为烦琐，报销比例较低等因素使农民对新农合满意度不高（谭倩，2013；王丽红、魏凤，2013）。对于贫困老年人来说，新农合虽然能够解决很大一部分医药费用，但是剩余的自付费用仍然是很大的负担，老年人因为疾病而面临很大的经济风险，在一些地区甚至成为最主要的经济风险（徐成，2007）。

在新农合之外，农村地区实行了大病救助制度，以帮助家庭经济困难的农村人群获取必要的医疗保障。但这种以大病为主要救助对象的事后救助制度对于本身经济就很困难的农村老年人来说，成效相对不明显，老年人因日常慢性病和常见病承担较大经济压力的情况难以通过该制度得到缓解（李印慧，2013；孟雨、王晓燕，2013）。此外，新农合和大病救助制度之间缺乏有效的衔接（张雪玲、罗利丽，2011），贫困地区农村人口对相关制度又知之甚少，不知道如何获取大病救助（张新文、李修康，2012），政策效果便大打折扣。

其二，农村养老保险发展缓慢。

新型农村社会养老保险是中国农村社会保障制度的一项重大创新，政府、集体和个人分担养老风险的制度设置在很大程度上改变了农村老年人缺乏有效的正式制度保障的情况（楚永生等，2013）。但不可否认的是，该制度实行时间较短，制度设置尚不完善、保障水平仍然有待提高。在"养儿防老"这一传统观念的影响下，新农保面临老年人或其子女不愿缴费的情况，该制度在资金筹集上遇到一定困难（李琼，2014），并且基础养老金数额与地区经济发展水平密切相关，贫困地区财力不足使得基础养老金水平不能及时提高。农村社会养老保险目标替代率设计为农民劳均收入的50%，但目前还未达到这一标准（穆怀中、沈毅、陈曦，2013），并且城乡养老保险水平差异较大，农村养老保险水平不仅比城镇低，而且低于适度下线，养老保险的保障水平有待进一步提高（穆怀中等，2013）。

此外，一些学者认为，从长远来看，社会养老保障制度无疑是应该坚持的方向，但任何一项养老保险制度必须经过二三十年的投保过程才能见到成效（张岭泉、邬沧萍、段世江，2008）。对于今后一二十年内要进入老龄阶段的人们来说，即使养老保险制度正常运行，也会因投保时间短、投保金额少而使养老保险金在养老中仍然只能起辅助作用（陈彩霞，2000）。

其三，农村最低生活保障制度仍不完善。

农村最低生活保障制度自 2007 年在全国范围内实施以来，取得了不错的成效，对于缓解农村贫困人口尤其是老人、儿童、残疾人等的生活困难情况有很大帮助。与此同时，农村低保制度在实际运行中也存在许多困难和问题，需要不断改进和完善。

公平性问题是农村低保制度实施过程中面临的主要问题之一。政策执行有赖于基层政府和村民自治组织的参与，但目前基层政府对低保制度实行的监督和管理不完善，部分人利用关系网络暗箱操作，确定非贫困农民为低保户的情况时有发生（方菲，2013；梁晨，2013）；农村低保制度的实施本应瞄准最有需要的贫困人群，但是现实执行中的瞄准偏差使得制度的实施效果打折扣（韦璞，2013）。农村部分村干部法律意识淡薄，出于个人利益考虑隐瞒低保政策要求，致使群众利益受损（何植民、温婷，2013）；目前农村低保对象确定存在困难，农民收入难以有效测算，加上基层政府缺乏有效的监督，致使低保不能真正公平分配（谢治菊，2013）。农村老年人相对于村庄管理者和能人来说缺乏社会资本，在争取低保时明显处于不利境地，贫困老年人在不公平的分配过程中容易被排除在低保范围之外，老年人从低保制度中获得的收益也会因此打折扣。低保制度的另一问题是农民满意度相对不高。一方面在现有政策环境下农民对于低保制度的具体政策要求并不十分清楚，容易因对政策的误读而出现不满；另一方面低保政策自上而下的执行方式导致农民更多处于被动地位，在政策宣传和介绍不够的情况下，农村低保出现很多不公平问题，带来农民的不满（何植民、温婷，2013）。农村低保作为一种公共物品本应发挥积极的保障作用，但是现有低保政策仍然不完善，低保在基层实施过程中存在的不公平、不透明等问题使老年人的受益程度相对不高，低保仍有待进一步完善。

（4）非正式社会支持弱化

政府为老年人提供了一系列正式的养老保障和生活保障制度，但政府提供的正式支持并不能完全满足老年人的物质生活需求和精神需求，而非正式支持起到关键性的补充作用。非正式制度支持的不足包括家庭赡养功能的弱化、子女支持不足（经济和精神），以及邻里、宗族与社区资本、NGO 等作用有限。目前农村社会面临前所未有的变迁，农村传统养老模式受到挑战，在传统农村文化衰落等背景下，老年人能够得到的非正式支持显得相对不足，老年人的贫困状况难以通过非正式支持得到有效改善。

其一，子女的物质和精神赡养不足。

由于社会保障制度的支持力度不足，家庭养老仍然是农村最重要的养老方式（郅玉玲，2009；杨清哲，2013）；子女的经济支持对于增加老年人的个人收入、减轻老年人的医疗花费起着非常重要的作用（乔晓春等，2006）。然而目前农村家庭的养老功能正在弱化，尤其是欠发达地区老年人通过家庭获取养老支持的力度越来越小（鄢木秀，2007）；而欠发达地区农村经济发展落后使家庭缺乏足够的能力支持老年人的物质生活，近六成的老年人依赖经济自给而非子女赡养（陈芳、方长春，2014）。子女能够为老年人提供的物质赡养有限，加上老年人自身劳动能力下降，可获取的收入也在降低，其晚年的生活状况便存在较多困难。从交换理论来看，农村老年人的财富早年在子女尤其是儿子的婚嫁中被过早转移，以此得到子女赡养的权利，但老年人晚年因没有可交换的资源而处于被动的地位，这使他们的利益常常不能得到保障（陈彩霞，2000）。

农村人口流动对传统家庭养老功能的冲击十分明显。农村人口流动在带来家庭收入水平改善的同时也对传统农村家庭养老功能带来负面影响，老年人与子女分开居住并面临跨地区奔波的情况，使得家庭在养老方面的功能弱化，老年人难以获得有效的生活照料和精神慰藉（姚挹沣，2013）。有研究认为，农村人口外出导致留守老年人增加，农村老年人精神需求和精神赡养被忽视，大量老年人独自居住或仅与配偶居住，缺乏家庭关系的支撑和丰富的社会生活使得较多老年人会出现失落、无聊等负面情绪（周绍斌，2005；杨菊华等，2010）。目前中国主要有家庭养老和社会养老两种养老方式，正式的农村养老保障仍然不完善，农村老年人自身无法获取有效的制度外社会保障，人口的流动又对传统家庭养老模式带来挑战，导致中国农村老年人在养老方面承受巨大风险（鄢木秀，2007；安俊美等，2011；杨清哲，2013）。

另外，计划生育的实施对农村老年人的物质和精神生活也带来一定负面影响。王金营和李建民（2004）认为在目前经济发展水平下的农村，孩子的质量（人力资本的提升）不足以替代数量在养老方面的效应，中国的计划生育夫妇面临更大的子女赡养风险，其出现空巢家庭的概率要远远大于非计划生育老年夫妇。也有研究发现，对于老年人的赡养根本差别在于有无子女，"对于独生子女父母而言，成年子女的意外伤亡和致残，会使其完全或几乎完全丧失老年期的非正式经济支持"（王琳等，2006；翟振武，2003）。"当前农村部分计划生育户并未实现少生快富，有的已处于贫困或贫困的边缘。"（王琳等，2006）

其二，其他非正式社会支持。

在家庭赡养之外，通过邻里及亲友帮助、民间组织帮助等非正式途径获取养老支持也是一种重要方式，然而目前农村老年人能够获取的非正式支持十分有限。

首先，贫困老年人的社会资源"在寂寞中凋零和谢幕"（仇凤仙，2010），邻里关系、亲戚的关系往往是靠"来往"维持，当贫困老年人出现生计问题时，往往丧失社会交往的能力，村务活动也逐渐边缘化。同时，乡土社会里的"邻里守望"也因劳动力的外移而作用大减，"有一些老年人死在自己家中多日也不被发现"（罗遐、于立繁，2009），足见老年人生活的社区环境对其安享晚年的积极作用仍然不够。其次，民间性质的以社区为基础的组织，如通过宗族、血缘、婚姻、年龄等组成的宗族与社区资本等非正式网络正在乡村社会的不断变迁中不断被削弱，导致社区帮困的作用越来越有限（罗遐、于立繁，2009）。再次，中国农村的本土非政府组织（NGO）数量少且运行机制不健全，国际 NGO 在助贫方面的作用也非常有限，在国家正式制度缺位的情况下，NGO 等非正式社会支持的作用也很难体现（罗遐、于立繁，2009）。

（5）农村养老文化的衰落

传统养老文化的衰落也是导致老年人贫困的重要因素之一。农村孝道文化的式微、"养儿防老"社会风俗的固化、农村养老文化的断层是导致老年贫困、代际延续性贫困的重要因素之一（徐静、徐永德，2009；罗遐、于立繁，2009）。

"代际互惠"的依赖型养老心理是农村老年贫困的次生性建构因素，传统上，老年人将子女抚养成人，子女反过来赡养年长的父母，老年人寄希望于获取子女的养老支持；但现代市场经济的发展使年轻人的道德观念和养老观念发生了改变（周绍斌，2005），老年人通过子女获取养老资源变得越来越难以为继。在传统农耕社会环境下，农村老年人属于家庭权威，而现代社会中大规模的城乡人口迁移使青年子女对于"孝道"文化缺乏传承，以家庭为基础的"孝道"丧失了社会基础（陈芳、方长春，2014）。

农村孝文化的断裂也在一定程度上加剧了老年人的精神赡养问题。伍小兰（2009）的研究发现，认为子女很孝顺的老年人感到孤独的比例为 23.7%，而认为子女很不孝顺的老年人感到孤独的比例为 54.0%。此外，现代农村社会重幼轻老现象较为普遍，农村尊老敬老传统逐渐衰落（安俊美，2011），农村社会对于儿童的关爱在一定程度上弱化了本应为老年人提供的支持，不仅影响老年人在物质上获取赡养，也对老年人精神赡养带来挑战。

## （四）小结

不难看出，已有研究对我国农村现有贫困人口规模的测量和估算有较为广泛的讨论；在对影响农村老年人致贫的因素分析，以及当前农村社会保障政策存在问题的认识上，也有相对全面的阐述，为进一步研究我国农村老年贫困人口问题打下了深厚的基础。

然而，关于农村贫困老年人的研究仍存有不少可供研究的空间。第一，以往研究针对高龄老年人、女性老年人、留守老年人等特殊群体相对较多，但鲜有对农村老年人这一群体的贫困问题进行研究，特别是关于农村贫困老年人的研究尚不多见，个别相关研究对这一群体的人口特征的描述也较为粗略且缺乏实证。第二，有关地区性差异的研究还不深入，少量研究利用二手数据比较了各省间差异，但研究对象的针对性不足。我国农村贫困老年人的分布是否呈现出东中西部的地域差异、农村老年人的贫困状况与当地经济发展水平是否明显相关等问题，在现有的研究中仅有理论推测，未见实地研究和充分的数据支持。第三，在非正式支持方面，有关非政府组织如何在农村地区针对老年贫困人口开展有效的社会救助方面，尚没有相关实证研究；农村社会网络、人际关系等对老年人贫困的影响缺乏有说服力的分析。第四，关于连片特困地区农村老年人生活状况和相关政策的研究目前仍为空白，针对农村老年人相关政策的系统性分析较少。综合来看，关于中国农村贫困老年人的研究还有很多空白，尤其是全面具体的关于农村贫困老年人生活状况的研究仍有一定的空间。

## 三 研究目标和研究内容

### （一）研究目标

本研究旨在达到以下几方面的目标。

其一，深入了解连片特困地区农村老年人的生活现状，了解这些地区农村老年人的减贫需求，为进一步研究连片特困地区农村老年人相关政策提供背景资料。

其二，对已有研究进行回顾和述评，借助相关理论分析连片特困地区农村老年人的生活状况及相关政策，为研究连片特困地区农村老年人的生活和需求状况提供理论依据。

其三，梳理有关农村贫困地区老年人的各项政策，对现有连片特困地区农村老年人相关政策进行评估，分析农村老年人从政策中受益的情况，总结现有政策实施过程中的问题和不足，结合新阶段连片特困地区相关政策框架，探索反贫困路径。

其四，结合连片特困地区政策特点，提出有针对性的政策建议，并基于研究成果进行广泛的知识分享，开展政策倡导行动。

## （二）研究内容

第一，了解连片特困地区农村老年人的生存现状及现实需求。

老年人为社会的发展做出了重要贡献，在其晚年理应享有基本的社会保障，对于老年人的尊重和关照是一个社会文明程度的体现，也是国家发展中必须面对的现实问题。目前国内已经实施了一些与老年人养老、医疗、社会关照等相关的政策，对提升老年人社会地位，改善老年人生存现状起到了积极作用。但相对于城市而言，农村地区经济发展较为落后，社会保障制度也不够健全，农村老年人从制度中受益的程度还不高。尤其是连片特困地区经济发展较为缓慢，农村老年人通过非正式的家庭养老等方式能够获取的资源有限，而政府提供的正式社会保障也处于较低水平，连片特困地区农村老年人的生存现状令人担忧。同时，目前国内缺乏针对连片特困地区农村老年人生存状况的研究，对贫困地区老年人的真实生活状态和现实需求并不十分清楚，对有关政策的执行和落实情况也缺乏评估。因此，本研究通过对连片特困地区农村老年人生存状况的实地调查，深入了解老年人在经济收入、日常生活、娱乐、医疗、养老等方面的现实状况及需求，探寻改善贫困地区老年人生存状况的路径，为提升老年人相关社会保障水平提供背景资料。

第二，整理分析现有贫困地区老年人相关政策及其运行情况。

目前与农村老年人社会保障相关的政策和制度主要包括：农村居民最低生活保障制度、新型农村社会养老保险、农村五保供养制度、新农合等，这些政策的基本架构和关系有待梳理，在贫困地区的运行机制和运行状况也有待进一步研究。本研究对连片特困地区农村老年人相关政策进行归纳和梳理，对普惠型政策和专门型政策分别进行分析，就政策衔接、政策在地方层面的具体运行、政策的保障水平等进行研究，了解政策实施过程中面临的主要困难，探寻提高现有政策水平的路径。

第三，评估现有政策对改善贫困地区老年人生存现状的效果。

本研究在文献回顾和政策梳理的基础上，对现有贫困地区老年人相关政策的实施效果进行评估。通过大范围的问卷调查和典型案例访谈，收集连片特困地区农村老年人生存状况及相关政策的实施情况，了解贫困地区老年人在经济、住房、医疗、子女赡养、政策扶持等方面的状况，并重点关注留守老年人、老年妇女、高龄老年人的情况。通过对实地调查资料的整理和分析，考察现有农村社会保障政策对于改善老年人生存现状、提升老年人生活质量的实际效果，对政策的减贫作用进行评价。

第四，结合贫困地区老年人生存现状和现有政策的特点，提出有针对性的政策建议。

政策的制定需要充分考虑目标群体的实际情况和需求，需要结合所在地区的经济社会发展情况，力求达到最佳的政策效果。本研究通过对连片特困地区农村老年人生存现状的调查，了解老年人生活中面临的主要困难，为进一步完善相关政策确定重点方向；同时结合现有政策实施情况，就政策实施过程中取得的积极成效进行分析，对政策的不足之处进行归纳总结，为提升现有政策的实施效果提供参考。在此基础上，结合连片特困地区整体经济社会发展水平，就满足老年人基本生活需求，完善农村老年人社会保障体系提出相应的建议。

# 四　研究方法及过程

## （一）研究方法

本研究的资料收集方法包括文献研究、问卷调查、典型案例访谈以及观察法等。

### 1. 文献研究

为充分了解目前有关连片特困地区农村老年人生存状况的研究进展，为研究工作提供可行的指导并形成研究框架，本研究进行了大量文献搜集和整理工作。通过搜集国内有关老年人经济收入、健康与疾病、生活方式、社会交往等方面的文献，并结合现有农村老年人相关政策，对已有的研究成果和政策进行综述。文献梳理的具体内容包括老年人贫困标准的界定和数量测算、老年人面临的主要困难、老年人贫困的主要原因、现有政策评价等。

### 2. 问卷调查

问卷调查主要通过大学生返乡，对 14 个连片特困地区的老年人进行调查，共计发放老年人调查问卷 2280 份，收回有效问卷1288 份。问卷内容主要包括老年人家庭基本信息、日常生活状况、看病就医情况、子女和孙子女赡养、政策受益情况等，以此掌握连片特困地区农村老年人的生活现状、困难及需求等，特别是关注高龄老人、留守老人、空巢老人及女性老人等群体，分析导致其贫困的因素。同时，本研究还对连片特困地区典型的贫困村进行调查，了解村庄基本情况，为深入分析连片特困地区的情况提供资料。

### 3. 典型案例访谈

为详细了解连片特困地区农村老年人面临的困境，研究团队使用质性访谈方法，在陕西、宁夏、江西、广西等多个省份的贫困地区对典型案例开展焦点小组访谈和个人深度访谈，对连片特困地区的典型贫困老年人进行细致了解，搜集有关其经济来源、生活状况、子女赡养以及享有政策资源的情况，以便用于定性分析并为定量研究提供参考。

4. 主要知情人访谈

为了对政策实施情况和连片特困地区农村老年人的总体情况有所了解，研究团队还针对相关地区的政府工作人员、村干部、熟悉当地情况的村民等进行访谈，了解连片特困地区农村老年人生活中存在的主要困难，现有政策和社会保障制度的实施情况及效果，对改善连片特困地区农村老年人生活现状的政策建议等。以此为重要参考开展政策评估，并提出相关的政策建议。

5. 小组访谈

研究过程中，除了对老年人和村干部等进行访谈外，研究团队还关注老年人生活环境中的子女、亲戚、邻居、朋友等，对老年人日常社会交往和生活中经常接触的人群进行访谈，了解老年人的社会交往、家庭支持、社会关系等情况。小组访谈将老年人及其子女、邻里等纳入其中，同时分析不同类型的人物可能给予老年人的支持情况。

6. 观察法

在实地调查过程中，通过观察法获取有关老年人日常生活的信息，了解其生计状况。研究团队在实地调查过程中，重点关注老年人的住房、生活环境、人际交往、精神面貌等，通过观察了解老年人生活中可能面临的困难，并结合问卷调查和半结构访谈进行深入了解。

在大量广泛收集资料的基础上，研究团队借助于 SPSS20.0 对问卷调查的数据进行分析，形成老年人经济状况、生活状况、看病就医、获取政策资源等方面的统计数据，并结合案例研究进行研究报告的撰写。

当然，本研究在方法上也存在一定的不足之处。首先，本研究主要在连片特困地区对农村贫困老年人进行调查，并未对非贫困地区老年人的状况进行调查，针对这一不足，笔者在文章中引用他人的研究发现与连片特困地区农村老年人状况进行比较。其次，本研究并未对连片特困地区的人口结构、人均收入、外出务工情况进行系统调查，也缺乏相应的统计数据进行支持，针对这一不足，笔者在文章中通过案例呈现调查村庄的情况进行补充说明。

### （二）重要概念界定与说明

本研究对涉及的重要概念进行如下界定。

老年人：根据《中华人民共和国老年人权益保障法》，本研究将 60 岁及以上的成年人界定为老年人①。

人口老龄化：本研究采纳联合国的标准，即一个国家 60 岁及以上老年人占总人口的比例超过 10%，或 65 岁及以上老年人占总人口的比例超过 7% 就意味着这个国家进入老龄化。

贫困老年人：对于贫困的标准目前有多种划分方式，各种标准关注的重点有较大差异，本研究所设定的老年人贫困标准主要有两类，一类是符合所在地区最低生活保障标准，生活困难的老年人；另一类是虽然未获得最低生活保障，但缺乏子女赡养且未能得到正式社会保障制度有效支持，生活困难的老年人。在本研究中，问卷调查主要是了解连片特困地区农村老年人的总体生活状况，而案例访谈则重点选择的是该区域的贫困老年人。

### （三）研究地点与调查对象的选取

本研究主要通过问卷调查和半结构访谈等方式进行资料信息

---

① 本研究虽然对老年人和贫困老年人进行了概念界定，但在实地调查中，研究团队选取的调查对象不仅仅包括贫困老年人，而是将连片特困地区的农村老年人都纳入调查范围。

收集。

问卷调查主要通过大学生寒假返乡期间进行，所覆盖的范围为集中连片特困地区中的 18 个省份（其中涉及中部地区省份 6 个，西部地区省份 12 个）的 62 个县，共计 123 个村。问卷分为村级问卷和老年人个人问卷，通过对村干部和老年人的调查获取有关老年人家庭收入、生活、娱乐、医疗、政策扶持等方面的信息。

半结构访谈选取国家重点扶贫县和集中连片特困地区进行，具体调研地点信息如表 1－1。

表 1－1　实地研究地点

| 省/自治区 | 县 | 所属片区/类别 |
| --- | --- | --- |
| 宁夏回族自治区 | 西吉县 | 六盘山区 |
| 甘肃省 | 华池县 | 六盘山区 |
| 陕西省 | 柞水县 | 秦巴山区 |
| 广西壮族自治区 | 龙州县 | 滇桂黔石漠化区 |
| 云南省 | 临翔县 | 滇西边境地区 |
| 江西省 | 鄱阳县 | 国家扶贫重点县 |

本研究所确定的 6 个县都位于集中连片特困地区或属于国家重点扶贫县；同时兼顾不同地区间的区位分布，涵盖了南、北方和东、中、西部省份；在农业生产方式上也体现不同特色，包括北方旱作农业、南方热带农业生产区、半农半牧地区等。在此基础上，通过对地方政府工作人员、村干部、老年人及其亲友等的访谈，获取大量一手信息，为进一步分析连片特困地区农村老年人生存现状及发展需求提供了十分重要的参考。

## （四）技术路线

本研究的具体技术路线如图 1－1。

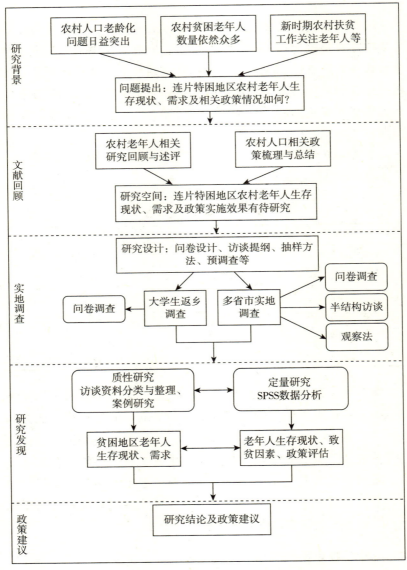

**图 1－1　本研究的具体技术路线**

### （五）研究过程

本研究主要包括以下部分：前期研究方案设计及其细化、文献梳理与政策回顾、大学生返乡调研问卷设计、招募调研员并开展大学生返乡调研、问卷回收与录入、对六省区农村贫困老年人进行访谈并整理典型案例、调研资料汇总、撰写报告等。

1. 研究设计、文献梳理与政策回顾

在 2012 年 9 月至 11 月，通过文献研究，对关于中国农村老年人概况、中国农村贫困情况、中国农村老年人贫困问题的相关文献进行回顾和评述，了解和借鉴已有研究进展情况，明确具体的研究空间，形成初步的研究设计，并完成了中国农村贫困老年人研究综述初稿。同时，还进行了政策梳理工作，对我国农村地区老年人相关的最低生活保障政策、五保供养政策、社会救助制度、养老保险制度、新型农民合作医疗制度等政策的具体政策文本、实施情况、存在问题进行归纳、梳理和评述，形成中国农村贫困老年人社会保障政策梳理报告初稿。

通过上述工作，我们进一步明确了本研究的研究空间，提出了研究问题，形成了最终的研究思路和项目总体设计方案，并在征询专家意见的基础上，完成项目的立项工作。

2. 大学生返乡调查问卷设计

2012 年 11 月至 12 月，基于文献综述与政策回顾，经反复讨论和修改，形成了一套大学生返乡调查问卷，包括"连片特困地区农村老年人的生存现状及需求调查问卷"（以下称"老年人问卷"）和"连片特困地区贫困人口生存状况与救济政策实施状况调查村级问卷"（以下称"村级问卷"）。

其中，老年人问卷的设计，参考了以往关于农村贫困老年人的研究，问卷涵盖了农村老年人贫困的各方面因素、具体的操作化指标以及对现有政策问题的反馈等，共分为基本人口信息、经济状况、健康和疾病状况、生活方式、居住安排及子女赡养、社会交往与非正式支持、主观福利、安全意识与隐患、政策和需求九个方面。村级问卷的设计则以总体了解被调查村的相关方面情况为目的，内容包括了村庄人口基本状况、地理环境、经济社会条件、与老年人相关的文娱设施、基础设施等。

3. 调研员招募和组织大学生返乡调查

2012年12月，针对此项问卷调查招募了调研员。此次调研员通过中国农业大学网站进行了公开招募，规定了调研员的家乡必须为14个连片特困地区的农村。通过严格筛选，共招募符合条件的本科生、硕士研究生、博士研究生76人，覆盖了全部14个连片特困地区。每位调研员负责完成老年人问卷30份，村级问卷1份，共计发放老年人问卷2280份，村级问卷76份。本项目对调研员进行了4小时的培训，对本次调研的目的和意义、问卷调查的基本要求、问卷中的选项解释、注意事项等一一进行了说明，并以调研手册的形式给予指导，从而保证调研员能够高质量地完成调研任务。

其中，本项目制定的调研手册附有2012年6月国家公布的全国连片特困地区分县名单，明确规定招募的大学生本人必须来自以上14个片区的农村。同时，调研手册还对在问卷执行过程中问卷调查对象的年龄、性别、必须为贫困老年人等做了详细规定。为确保问卷的质量及有效性，要求调研员务必填写"被调查者联系方式"一栏，以便于对所填的问卷进行一定比例抽样的电话回访。以下为调研手册部分要求。

调研地点：调研地点必须为属于11个集中连片特殊困难地区和实施特殊扶持政策的西藏、四省藏区、新疆南疆三地州，共14个片区，680个县的农村。

调研对象选择有以下几点要求。

第一，要求被调查对象为60岁以上的农村贫困老年人，其中60—70岁、70—80岁、80岁以上老年人比例应相当。

第二，一个家庭只允许做一份问卷，有多位老年人的家庭则只能选择一位老年人作为调研对象。

第三，要注意被调研对象的性别比例均衡，尽量做到男女比例1：1。

第四，被调研对象必须为贫困老年人或者贫困家庭的老年人，具体对象选择可询问本村村干部或亲戚朋友。

4. 问卷回收与录入

2013年2月，对此前发放的问卷进行了回收，76名调查员中共有53人交回问卷共计1490份，剔除未完成和不合格的问卷，回收老年人有效问卷1288份，村级有效问卷43份。问卷录入工作在2013年3月进行，在问卷录入完成之后，研究小组成员对数据库进行了描述分析和交叉分析，得出了问卷调研中发现的基本结论，形成了数据报告。

5. 典型村庄和案例调查

为了深入了解连片特困地区农村老年人的生活现状，研究小组成员在2013年1月前往云南省临沧州进行调研，调查了少数民族贫困地区的贫困老年人的生存状况，此次调研共做问卷15份，其中包括8份对典型案例的深度访谈。2013年7月底至8月初，我们选派主要由硕士生、博士生组成的调研小组，分3组分别前往宁夏回族自治区固原市西吉县、甘肃省庆阳市华池县和陕西省商洛市柞水县进行典型村庄调研和贫困老年人的深度访谈，共收集典型案例60余个，调查了20多个典型村庄。2013年8月中旬，调研小组前往江西省上饶市鄱阳县进行调研，收集到9个典型案例。2013年9月初，调研小组前往广西壮族自治区崇左市龙州县进行调研，共收集8个典型案例。调研员在调研中本着尊重老年人、还原事实的原则，对每位老年人均进行了不少于1个小时的访谈并整理了近20万字的案例访谈纪要，呈现了农村贫困地区老年人真实的生活状态。

6. 资料汇总与报告撰写

2013年9月至11月，研究小组成员对问卷调查数据、典型案例访谈资料等进行了分类整理和分析，经过多次讨论，形成调研报告基本框架和思路，并着手撰写调研报告。2014 年 1 月至 7 月，研究团队在征询有关专家意见的基础上，完成了调研报告初稿，并再次征集有关专家的意见和建议，于 2014 年 12 月对调研报告进行了修改。

# 第二章
# 连片特困地区农村老年人养老情况

近年来，农村最低生活保障、新农合等一系列农村社会保障政策的实施在很大程度上改善了农村地区老年人的生活质量，对农村发展起到了一定的积极作用。但是目前农村老年人养老问题日益凸显，在农村社会急剧变迁的大背景下，农村老年人难以通过传统方式获得较为有效的养老，又未能有效地得到来自国家和社区层面的支持，其养老状况堪忧。一方面，农村青壮年大量外出务工，长期分开居住从空间上阻隔了子女对老年人的赡养，传统家庭养老方式在目前的社会环境下不能发挥应有的作用，而且贫困地区青壮年外出务工情况尤其明显，贫困的老年人如何通过子女获得养老抚助成为现实问题。另一方面，现有老年人养老相关政策还有待进一步完善，农村在发展社区养老和社区福利方面还有很大的进步空间，老年人仍然主要依靠自我和家庭养老，如何更好地发挥政府和社会力量在农村养老方面的积极作用还需深入探索。总体而言，目前农村传统家庭养老功能弱化，农村土地保障功能逐渐减弱，"五保"供养制度难以为继，商业养老保险得不到认可，农村社会保障政策远未达到较为理想的状态，众多政策在实施过程中存在很多问题，与农村老年人的实际需求还有一定差距。

## 一　老年人代际赡养情况

在农村整体经济发展水平较低且社会保障制度不完善的情况

下，中国农村老年人主要依靠家庭养老和自我养老，然而目前中国农村家庭养老保障的功能在弱化，传统的以土地为基础的养老保障也变得难以实现。城市化和工业化的发展使得传统以家庭为主的养老保障模式难以适应农村人口"空心化"和农村家庭"空巢化"的趋势，不能有效满足老年人的养老需求。农村青壮年的外出不仅仅带来老年人生活照料的减少和精神慰藉的困难，还使传统"养儿防老"的方式在现代社会面临前所未有的挑战。有研究发现，在欠发达地区农村老年人中，近六成人依靠自身劳动和储蓄等获取经济来源，而日常生活照料也主要由老年人自己或配偶完成，子女无法提供十分有效的帮助。在现有社会环境下，有必要对青壮年外出务工较为普遍的连片特困地区农村老年人养老状况进行研究，了解老年人在代际赡养方面的困难和需求。

1. 多数老年人主要依靠儿子赡养

通过本次调查数据发现（见表2-1），依靠儿子养老和自我养老是老年人主要的两种养老方式，在1283份有效回答中，分别占到了总数的47.2%和43.6%，其次是6.4%的老年人依靠女儿养老，而社区养老仅占总数的0.9%。总体而言，农村老年人仍然主要依靠儿子养老，女儿仅起补充作用。这种差异实际上仍是"男娶女嫁"和"从夫居"的婚姻方式所导致的，农村嫁入外村的女儿不具有承担日常照料责任的条件，当然她们在生活费用和医药费用方面给予父母的支持在增大（王跃生，2012）。

表2-1　老年人目前的养老方式

| 养老方式 | 自我养老 | 依靠儿子养老 | 依靠女儿养老 | 社区养老 | 居家养老 | 其他 | 合计 |
|---|---|---|---|---|---|---|---|
| 频数 | 559 | 606 | 82 | 11 | 12 | 13 | 1283 |
| 百分比（%） | 43.6 | 47.2 | 6.4 | 0.9 | 0.9 | 1.0 | 100.0 |

自我养老也是老年人养老的主要方式之一，但很多老年人是被迫选择这种方式，案例调查发现（案例2-1），部分老年人由于

子女不赡养或者子女经济能力不足而不得不选择自我养老的方式。贫困地区老年人子女一般家庭生活负担较重，无力为老年人提供足够的赡养物质。

 **案例 2 - 1　经济困难的赵大爷**

甘肃省华池县白马乡白马村赵大爷，64 岁，妻子 62 岁，三个儿子中两个去世。

赵大爷是在 56 岁那年患上突发性脑溢血，两个儿子凑钱给老人看病，但是由于儿子都已经成家，自身生活压力也很大，出钱为父亲看病变得越来越困难，两个儿子的家庭内部矛盾也越来越大。这样的情况持续到第三年，二儿子由于生活的巨大压力患上了严重的抑郁症，最后上吊自杀，并留下了妻子和一个 4 岁的孩子，再后来，妻子带着孩子改嫁。老人家不远处的山坡下住着大儿子，大儿子除了种地以外，还饲养了一些山羊和黄牛，收入算是比较乐观，但是家里有两个孩子在上学，每年的学费支出和全家的生活支出较大，也是入不敷出。所以，大儿子只能在生活上给予两位老人适当的照顾，经济上的照顾则显得力不从心。小儿子自杀后两位老人的生活更是每况愈下。二儿子在世时，老人还可以维持吃药，但是二儿子去世以后，大儿子没能肩负起老人吃药看病的责任，老人只能卧病在床，无法再继续治疗。在向大儿子问到为什么不出钱让父亲继续治疗时，他一直保持沉默。老人最后只能依靠自己生活，无法享受子女在生活和健康上的照料。

老年人对于养老方式的态度进一步证明了"养儿防老"是主流观念，有 1273 位受访老年人对养老方式选择做出回应（见表 2 - 2），其中，认为老年人应该依靠儿子养老的占 44.6%，认为老年人应该依靠退休金和储蓄金等方式自我养老的占 30.3%，仅有 3.1% 的老年人认为应该依靠女儿养老。

表 2 - 2　老年人倾向的养老方式

| 养老方式 | 自我养老 | 依靠儿子养老 | 依靠女儿养老 | 社区养老 | 居家养老 | 其他 | 合计 |
|---|---|---|---|---|---|---|---|
| 频数 | 386 | 568 | 39 | 101 | 170 | 9 | 1273 |
| 百分比（%） | 30.3 | 44.6 | 3.1 | 7.9 | 13.4 | 0.7 | 100.0 |

2. 子女外出务工影响其对老年人的赡养

由于经济条件较差，收入难以满足生活需求等原因，特困地区青壮年外出务工成为普遍现象。虽然外出务工子女的城市化程度并没有影响其为老年人提供经济支持，但是在农村人口迁移增多的背景下，亲子异地居住比例提高，有的老年父母因此失去了与子女共同居住和生活的基本条件（王跃生，2012）。绝大部分外出务工子女年返乡次数在 2 次以下，故子女外出务工给老年父母的生活照料带来了很大的负面影响（张烨霞，李树茁；2008）。

案例 2 - 2 反映子女外出务工对老年人赡养的影响。贫困地区老年人大多身体状况较差，缺乏有效的医疗保障，子女外出进一步导致老年人看病就医困难。外出子女虽然能够给老年人提供一定的经济支持，甚至是比没有子女外出更多的经济支持，但就精神赡养层面而言，子女与老年人的交流沟通明显不足。由子女外出务工而带来的老年人赡养问题从多方面影响老年人的晚年生活。

 **案例 2 - 2　子女外出务工的老年人**

甘肃省华池县乔川乡徐背台村张奶奶，60 岁，老伴 62 岁。

两位老人有三个儿子，大儿子和二儿子目前都已经结婚生子，小儿子至今单身。老人的大儿子在内蒙古鄂尔多斯打工，他的妻子和儿子留在华池县。老人的二儿子也在内蒙古打工，和大儿子一家不同的是，二儿子的妻子和儿子也随他去了内蒙古生活。最令两位老人担心牵挂的还是他们的小儿子，小儿子已经28岁，但是还没有成家，之前有人给他介绍姑娘，但是对方嫌弃他家里没有钱也没有房子，所以他一直孤身一人在外面打工，两位老人也拿不出钱来给他结婚，他只能靠打工为自己赚结婚的钱，两位老人对此感到十分愧疚。老人的儿子们平时尽管不在家，但是都很关心老人，他们给老人买了电话，会经常给父母打电话报平安并关心他们的生活。调查小组进行调查时经常下雨，两位老人住的窑洞不是很安全，儿子们每天都会给老人打电话，叮嘱他们要注意安全。平时尽管家里只有两位老人，但他们已经习惯了两个人的生活。老奶奶一只眼睛看不见，最近肚子经常痛，老爷爷患有萎缩性胃炎，因为没有闲钱，两位老人已经停止吃药，但这些困难他们都不敢或者不愿意告诉儿子们，一是怕他们担心，二是怕给他们增加负担。

江西省田畈街镇何彭村彭姓残疾老人，彭大爷76岁，妻子70岁。

两位老人有两个儿子，大儿子48岁，二儿子44岁，都已经结婚生子。老人家里经济条件一直不好，甚至连大儿子到了结婚的年龄家里都不能出钱，后来大儿子在上饶市的路上偶然碰到了他现在的妻子，便把她带回了家，因为和她结婚可以为家里省去一大部分彩礼。大儿媳自小父母去世，自己一个人长大，长大后身体很不好，大儿子和她结婚生子后，他们唯一的儿子也存在一定缺陷，患有严重的羊癫疯。两位老人目前和大儿子住在一起，因为要照顾他们因羊癫疯发病而半身不遂的大孙子。大儿子和妻子都在广东打工，大儿子在汕头的码头做搬运工，由于经常搬运一些过于沉重的货物，现在身体不是很好，整个人看起来没有精神也非常瘦，为了儿子的医药费、两位老人的生活费和还给儿子看病的欠债，他还在继续坚持。前几年大儿子每年过年的时候会回家，并顺便带一些年货和为两位老人在外地买的衣服或礼品，但是自从自己儿子的病情严重以后，大儿子有时甚至连过年都不回家，因为要把回来的路费省下用来给儿子付医药费。二儿子则主要在家里种地，有时还会做一些农副产品收购，二儿子因为住在老人家隔壁，平时对两位老人生活上的照顾要多一些，老人有什么困难也会主动去帮助解决。但是总的来说，在金钱方面两位儿子对老人的帮助十分有限，而两位老人对这种情况也表示理解，因为他们也不愿意成为两个儿子的负担。

### 3. 农村敬老风气较为一般

农村敬老风气与老年人的生活环境和社会交往等有密切关系，会在很大程度上影响老年人的养老状况，对其主观福利也会产生很大影响。针对农村敬老风气的调查发现，认为村子里敬老风气一般的人数最多，占总数的66.7%；其次是认为村里风气良好的，占被访者总数的29.8%；此外还有3.5%的人认为村子里风气不正，常有赡养纠纷发生。由此可见，在大多数老年人的眼中，村子里敬老风气总体来说比较一般，远远没有达到令大多数人满意的地步。此外，经济情况与老年人对养老风气的感受直接相关，受访老年人中，自评为富裕户、中等户和贫困户的老年人认为敬老风气良好的比例分别为39.2%、31.4%和26.3%，贫困户往往其子女经济负担也较重，影响到他们对父母的物质支持和精神赡养，这直接反映在老年人对养老风气的评价上。

通过案例研究（案例2-3）发现，经济状况在一定程度上会影响子女对老年人的赡养，生活压力较大的子女给予老年人物质和精神支持的可能性和程度明显较低，进而影响到老年人对于村庄敬老风气的认识。敬老风气也会对老年人主观意识产生影响，对敬老风气评价不高的老年人，其生活满意度的评价也会低。

**案例 2－3　子女孝敬程度的对比**

甘肃省华池县铁角城村白大爷，77 岁。

大爷的老伴在 1995 年就去世了，现在和小儿子住在一起。平时的日常生活都是小儿子照料。老人 2012 年住院时，小女儿、3 个儿子和孙子等都会去医院看他，看病花了 1 万多元，都是小儿子出的钱。小儿子做粮食生意，家庭条件好。大儿子经常赌钱，把自己的家产全部输光了，他是兄弟中条件最差的一个，现在不再赌博了，在家里安安稳稳种地过日子了。二儿子之前在大队当文书，当了 20 多年，现在在村里开商店，老人平时想吃什么就上去拿。"我经常到他们店里去拿烟、酒、白糖、火腿肠等，不管是啥，他们也不管，我自己拿就好了。"三儿子开了一个饭馆，"我去随便吃，吃了也不要钱，这些媳妇们也没啥意见，儿子儿媳妇们都很好"。三个女儿嫁到定边、延安等地，也经常给老人打电话，买东西。小女儿家在乔川，老人现在穿的衣服都是小女儿买的。

江西省鄱阳县田畈街镇何彭村孤寡老人赵奶奶，78 岁。

老人是低保户，有四个女儿和两个儿子。老人的小儿子在外打工时去世了，随后小儿媳妇就改嫁了，也不管孩子了，所以现在老人只能独自带着这个孩子生活。大儿子现在不给老人钱，每年给她 350 斤稻谷，其他就没有了。但是老人讲，这 350 斤稻谷去皮之后一年根本不够吃，老人只能在收粮食的时候，从收割机开过的地里一点儿一点儿捡遗留下来的稻穗。两个女儿对老人稍微好一点，大女儿现在嫁到了其他乡，家庭条件也不好，而且身体也不好，家里有一个男孩，基本上无法顾及老人这边。二女儿家有两个孩子，都是男孩儿，现在都在读大学，所以家庭的经济负担也比较重，家里的房子只盖了一层就没钱再往上盖了。老人的三女儿家有一个男孩和两个女孩儿，孩子较多，因此家境也不是很好。老人的四女儿有一男一女两个孩子。老人讲，自己的几个女儿家庭条件都不太好，因此也不怎么能顾及老人的生活，对她都差不多，没有特别好的，也没有特别不好的。老人的二女儿经常过来看老人，平日里吃的穿的，基本上都是二女儿给张罗，二女儿与老人住在同一个村子，白天一般要在地里干活，平时晚上没事的时候就会过来看望老人。

### 4. 较多老年人存在赡养纠纷

代际赡养情况的一个客观反映是老年人与子女是否存在赡养纠纷，在农村目前的社会经济和养老保障体系现状下，代际支持成为许多子女的负担，如果过于沉重，将会导致代际关系恶化及主观生活质量下降（张文娟、李树茁，2005）。就实际的调查情况来看，在1230份有效回答中，149位老年人曾经与子女在赡养方面存在纠纷，占总数的12.1%，这表明在农村地区有相当一部分老年人与子女存在赡养纠纷，较多老年人生活状况不太理想。

案例2-4反映老年人与子女在赡养方面存在的纠纷和矛盾。与子女及孙子女之间的赡养纠纷，不仅影响家庭和睦，对老年人生活质量也产生较大影响。纠纷的存在导致老年人精神状态不佳，对自身存在价值产生怀疑，甚至有老年人为了避免与子女发生赡养纠纷而忍气吞声。缺少子女的良好赡养，又无处寻求帮助的老年人处于极度失落中，其对生活的期望值十分低。

 **案例2-4　子女不孝的贺爷爷与贺奶奶**

贺爷爷81岁，贺奶奶77岁。从老人的话语里，明显感觉到他们的三个儿子在对他们的赡养问题上表现得不够积极。他们的大儿子已经快60岁了，腿部有残疾，农闲的时候，只能干一些轻松的零活。二儿子也已经50多岁了，农闲的时候会去周边乡镇打工，农忙的时候则回来种地。小儿子40多岁，虽然常年在外打工，但攒不到任何积蓄，因为他喜欢打麻将，习惯挥霍，经常把钱输光。当问贺爷爷他们三个是否孝顺时，他说："只要我俩生病他们可以陪去看看，就已经知足了，对他们也再没有别的要求了。"贺奶奶甚至说："三个儿子从来不管我俩，只要不骂，就已经算是不错了。"

贺爷爷2013年做了手术。之前他时常头晕，小便不通畅，原本想忍忍就过去了，到最后实在难以忍受，不得不叫儿子陪同去县城看病。可是县城里的医疗水平有限，无法准确地诊断贺爷爷的病症，最后他们只好到庆阳市区去看。三个儿子因为老人的医药费和看护问题起了几次争执，这些事情老人看在眼里，疼在心里。几经波折，他们终于决定做手术，由二儿子带着老人去市区看病，医药费由老人自己出3000元，剩余部分三个儿子均摊。

"儿子平时从来不回家看看，以前有些什么病他们也不会带去看。这次实在是没办法，他们才带着我家老汉去做的手术。过年的时候，人家都是一家好几口人一起过，而我家却一直是老两口自个儿过，一点气氛也没有。"

在149位与子女在赡养方面出现过纠纷的老年人中，有133位对此问题的原因做出了回应（见表2-3）。其中，不同子女之间的不平衡这一原因最重要，占43.6%；其次是子女在经济上有困难，无法给予老年人基本的赡养，占21.1%；排在第三位的是老年人和子女家人性格不合，占15.8%，可见子女的家人在老年人的赡养问题上起到了很大的作用；家庭财产分配和其他原因分别占到了12.0%和7.5%。多子女并不一定是老年人得到有效赡养的关键，多子女带来的互相之间攀比和对赡养老年人义务的推诿情况比较突出，子女本身的经济困难也给老年人赡养带来很大负面影响。

表2-3 老年人与子女纠纷原因

| 纠纷原因 | 子女经济上有困难 | 不同子女间不平衡 | 性格不合 | 为家庭财产分配 | 其他 | 合计 |
|---|---|---|---|---|---|---|
| 频数 | 28 | 58 | 21 | 16 | 10 | 133 |
| 百分比（%） | 21.1 | 43.6 | 15.8 | 12.0 | 7.5 | 100.0 |

5. 孙子女是老年人的重要精神寄托

贫困地区往往是劳动力外出务工比例较高的地区，其农村老年人留守问题较为严重。农村老年人在居住安排上的空巢化和隔代化不断提升，成年子女一代与老年父母一代在空间上的分离，导致两代人观念上的差异加大，淡化了照料中精神慰藉的内容（孙鹃娟，2006）。子女外出务工之后老年人成为照看孙子女的重要力量，在与孙子女的相处过程中老年人寄予了大量的精神情感，孙子女是老年人精神生活的重要来源，孙子女的情况也在很大程度上影响到老年人的主观福利情况。通过案例 2 - 5 对比可以看出，孙子女的孝敬程度对老年人主观幸福感有很大影响。对于一些老年人，其与孙子女的关系好于与子女的关系，孙子女的赡养和照顾使其生活质量提高，主观福利改善。

 **案例 2 - 5　对孙辈寄予厚望的张大爷**

江西省鄱阳县游城乡花桥村花鲜组张大爷，76 岁。

张大爷是鄱阳县粮管所的一名退休干部，张大爷育有七个儿女，四个儿子三个女儿。张大爷常年抚养二女儿的儿子，供他吃饭上学。他说，这个外孙小时候最调皮，他不仅要挑水帮他洗澡，夏天夜里睡觉时还要为他扇扇子，只有等到他睡着了他才能睡，不过这么一折腾，张大爷自己也睡不了多久。还有一个孙子和外孙也住在附近，一有空就会到家里来吃饭。张大爷说，他很喜欢孩子们到他家里来玩，这种热闹的气氛让他想起了小时候的场景。有时候餐桌上要坐上 8 个人，他就准备五六个菜，煮 2 斤大米给他们吃。张大爷经常不厌其烦地告诫孩子们不能玩火、玩水、爬树，要好好读书。几个孙子、外孙读书也很争气，从小三兄弟就包揽班级的前三名。如今，他们都已经考上了鄱阳县重点高中，开始为考入重点大学而奋斗。

照顾孙子女是老年人情感的一种依托，能够帮助老年人获得一定的生活乐趣，然而留守未成年孙子女对老年人生活的影响具有双重性，在增加老年人获得的经济支持的同时也加重了老年父母的负担（张烨霞、李树苗，2008）。老年人在居住安排上表现出对儿子的强烈偏好，外出儿子的增加特别是有未成年子女的外出儿子的存在使得老年人与孙子女共同居住的机会显著增加（张文娟等，2004）。

通过对老年人过去 12 个月照顾孙子女情况的调查发现，有 1162 位老年人做出了回应，没有照顾孙子女的人数居多，有 641 人，占 55.2%，而照看过 16 岁及以下孙子女的老年人有 521 人，占 44.8%。至于未照看过孙子女的老年人，存在多种原因，一部分老年人年龄较大，无力照料孙子女，部分老年人孙子女已经成年或在离家较远的地方上学，不需要老年人照顾。外出务工较多、超生现象普遍使得一部分贫困地区老年人需要照顾孙子女，有的甚至需要照顾多个孙子女。在照顾孙子女的时间上，每天花部分时间照看孩子的人数最多，占 44.4%；需要从早到晚照看孩子的，占 19.6%，照料孙子女成为老年人生活中重要的一部分，甚至成为部分老年人生活的核心内容。

通过案例 2-6 可以发现，对于孙子女的照顾和与孙子女的关系对老年人物质和精神生活都有非常大的影响，孙子女给老年人带来了生活上的负担，但是对老年人生活照料和精神安慰的作用也不可否认。

 **案例 2-6　照看孙辈的老年人**

宁夏西吉县苏堡乡张岔村老年人董大娘，74 岁，有三个儿子、四个女儿。

老人的大儿子家有两个孩子，一个男孩儿，一个女孩儿，男孩儿 23 岁。二儿子家有三个孩子，两个儿子、一个女儿。大女儿自从出生就患有先天性痴呆。小儿子家有三个孩子，两个儿子、一个女儿。现在几个儿子已经分家，各家都能过活，但是生活都不富裕，老人也理解他们平日里对自己关心不够、生活上没办法照顾自己。

2012 年，小儿子和儿媳把孙子送到老人家，儿媳就去了娘家，一直没有回来看老人。2013 年暑假，本来儿子要送孙子回来，但老人拒绝了，因为孙子太淘气了，老人管不住，害怕孙子闯祸，但是老人还是每天盼着孙子能回来，老人一直给孙子留着一间房子，每当看到空落落的院子就会觉得非常难受。老人说自己时常会想念自己的孙子，但是只能是想想，自己想了也没用，孙子也不会来看她。

宁夏西吉县吉强镇杨家湾村老奶奶，76 岁，回族。

老人有九个儿女，五个儿子，四个女儿。老人目前照顾一个孙子，是老人五儿子唯一的孩子，15 岁，上初中二年级。五儿子2012 年去新疆打工就把孙子留在了老人身边，让这个孙子照顾奶奶。据老人孙子讲，父母已经一年多没回家了，他特别想他们，平时父母一周给他打个电话问问情况，四周左右寄一次钱，每次600 元。以前，儿子在的时候由他们照顾老人，现在由孩子一个人照顾老人。房子的地面是砖铺的，孙子每天都要拖至少三遍，拖地后屋里会凉快一些，老人的头痛会稍微缓解，所以孙子每天就反复拖地。老人的孙子上初中以来，平时都是五点左右起床，起床后先做饭，做饭的炉火是前天晚上压下的，一般都要做好老人一天的饭菜，因为孩子上初中后中午没法回家，晚上还要上课，回来很晚（夏季晚九点，冬季晚八点四十），做完饭后孩子再去上学，有时孩子没时间在家吃早餐就去学校吃。在问到孙子上课时会不会担心奶奶这边的情况时，他说有时很担心，怕奶奶晕倒了没人管。

# 二　与子女居住老年人代际赡养情况

子女赡养是老年人获得物质支持和精神扶持的重要来源，尤其是对劳动能力下降、生活困难的老年人来说，能够得到子女较好的赡养对晚年生活非常重要。现代社会赡养的内涵已不再仅仅是温饱，而是包含物质及精神享受，它主要通过晚辈在家庭中承担对父母或长辈的赡养义务而实现（李丽、谢光荣，2013）。仅就物质赡养层面来说，连片特困地区农村老年人在物质赡养上面临的困难比较普遍，自身劳动能力下降且无有效收入来源，同时子女经济情况较差无力给予老年人应有的物质赡养，使得老年人在生活上面临较大的经济压力。就老年人生活的物质基础而言，亲属赡养补助费的多少是造成老年人收入差异的首要因素，因此有无子女是影响老年人收入水平的关键因素（姚引妹，2002）。胡月婷（2011）研究了我国农村留守老年人存在的问题，发现我国目前仍然通过自己劳动获得收入的留守老年人比例高达80.9%；同时近半数（46.9%）的留守老年人每年从子女处获得的经济供养总量在1000元以下，老年人有限的收入常让他们入不敷出，只能维持温饱。总体而言，贫困地区老年人在获得子女物质和精神赡养方面都不尽如人意。

1. 老年人与子女共同居住的原因

谈及为何与该子女一起居住时，在和子女一起居住的老年人中，有738位老年人对此做出回应（见表2-4），其中，认为这是一种传统的风俗习惯的老年人有205位，占27.8%，认为自己的身体不好、需要孩子来照顾自己的有170位，占23.0%，认为需要子女为自己提供住房的占15.2%，此外为家庭和睦考虑和认为自己可以给孩子提供经济、家务上帮助的老年人所占比例也较大。老年人选择与子女共同居住并依靠子女赡养，既有老年人受传统文化和自身倾向性的影响，也有依靠子女获得经济来源和生活照料的考虑。

表2-4　老年人与子女居住原因

| 与子女居住的原因 | 需要孩子照顾 | 提供住房 | 给孩子经济、家务上的帮助 | 帮助照顾孙子女 | 为了家庭的亲情、和睦 | 传统风俗习惯 | 其他 | 合计 |
|---|---|---|---|---|---|---|---|---|
| 频数 | 170 | 112 | 86 | 50 | 90 | 205 | 25 | 738 |
| 百分比（%） | 23.0 | 15.2 | 11.6 | 6.8 | 12.2 | 27.8 | 3.5 | 100.0 |

通过案例2-7可发现，一部分老年人选择与有身体缺陷或暂未成家的子女在老年人拥有的住房内共同居住。在这种情况下，与子女共同居住在一定程度上增加了老年人的生活负担，这也是无奈之举。

 **案例2-7　子女不孝的贫困老年人**

宁夏西吉县王民乡大岔村包家河组马大爷，回族，77岁。

老人有一个儿子和四个女儿，老伴已经去世17年了，现在与儿子住在一起。老人的大女儿在家务农，生活条件不太好。二女儿现在居住在宁夏红寺堡开发区，已经有两年不给家里打电话，已与家里人断绝关系。三女儿生孩子时大出血去世了。四女儿在家务农，很少回来看父亲。老人说自己时常想念儿女，但是儿女不认老人，自己也没有什么办法，每天只能等着，等着看看有没有哪个女儿或孙儿能回来看看自己，非常无奈。

老人说，儿子对自己还是挺好的，儿媳妇每天给自己做饭，面和馍馍也都给老人做，挺孝顺的。老人目前最担心的事情是，家里人口太多，只靠儿子一个人在家种地养活不了这么多人，孙子长大后都出去打工，一般不回家，也不能帮助家里减轻什么负担。老人的思想负担很重，因为自己只有一个儿子，就这个儿子现在可以照管老人，再无其他依靠了，如果儿子不愿意照顾自己了，真的就一点办法也没有了。尽管老人时常想孙子，但是孙子一般都不回来，老人心里特别难受。老人很无奈，自己家里怎么形成了这样的一种风气：孩子都不认父母。但老人说自己心里难受的时候，一般不会将这种难受说出来，心里难受的时候都是自己解决的，也从来不跟别人说。

2. 与老年人共同居住的子女多数收入不稳定

从表2-5可以看出，与老年人共同居住的子女多以务农和打工为生，其中务农的比例更高（44.1%），而外出务工者的比例是37.6%，个体经营者的比例是7.9%。

表2-5　与老年人共同居住的子女所从事的职业

| 子女职业 | 务农 | 外出务工 | 乡村教师或者医生 | 个体经营 | 乡村干部 | 专业技术人员 | 公务员 | 军人 | 无职业 | 其他 | 合计 |
|---|---|---|---|---|---|---|---|---|---|---|---|
| 频数 | 258 | 220 | 17 | 46 | 8 | 11 | 5 | 0 | 7 | 13 | 585 |
| 百分比（%） | 44.1 | 37.6 | 2.9 | 7.9 | 1.4 | 1.9 | 0.9 | 0.0 | 1.2 | 2.2 | 100.0 |

在问及子女的收入来源是否稳定时（见表2-6），56.0%的老年人认为不稳定。而就子女收入不稳定的原因来看，与子女从事的职业有直接关系，以务农为生的农民无法主导农产品价格，其农业生产收入受到市场行情和生产环境的很大影响；而外出务工的农民大多在城市从事相对辛苦的职业，收入较低且稳定性差，并不能为老年人提供十分可靠的经济支持。这对老年人生活的影响是极为不利的，造成部分老年人晚年养老存在困难，也会影响到整个家庭的生活质量。

表2-6　子女的收入来源是否稳定

| 分类 | 稳定 | 不稳定 | 合计 |
|---|---|---|---|
| 频数 | 255 | 324 | 579 |
| 百分比（%） | 44.0 | 56.0 | 100.0 |

### 3. 子女给予老年人的经济帮助较少

通过对与子女共同居住的老年人的调查，可以进一步了解子女对于老年人的物质赡养情况。就共同居住的子女是否给过老年人钱物这一问题，没有给过的为 8.2%，换言之，绝大多数老年人能够获得子女一定的钱物，仅有少数老年人在获得子女物质上的帮助方面存在困难。在子女给过钱物的老年人中（见表 2-7），过去一年中获得 500 元及以下的人数最多，占总人数的 32.5%；另外有 20.7% 的老年人过去一年中得到价值 500—1000 元的钱物；得到子女钱物在 5000 元以上仅有 6.7%。总体来看，子女给予老年人的经济赡养程度较低，子女给予的物质支持难以有效支撑老年人的生活需要，只能勉强维持其基本生活。同时，由于很多子女的经济条件也不好，就不会直接给老年人现金，更多选择以实物的方式给予老年人一定经济帮助，例如送给老年人一些吃穿用品等。

表 2-7　老年人得到子女物质支持的情况

| 选项 | 0 | < 500 | 501—1000 元 | 1001—2000 元 | 2001—5000 元 | > 5001 元 | 合计 |
|---|---|---|---|---|---|---|---|
| 频数 | 62 | 246 | 157 | 148 | 94 | 51 | 758 |
| 百分比（%） | 8.2 | 32.5 | 20.7 | 19.5 | 12.4 | 6.7 | 100 |

虽然子女给予父母的钱物较少，但在生活照料上会有一定的补偿。在子女提供生活照料这一问题上（见表 2-8），得到过子女一些帮助的老年人占 56.4%，得到子女很多帮助的老年人占 40.4%，而虽然与子女同住但没有从子女处得到帮助的老年人比例仅为 3.2%。可见，与子女在一起居住的老年人，或多或少都会得到子女的帮助，尤其是对身体健康状况较差、行动不便的老年人来说，子女提供生活照料的重要性远远高于其提供经济支持。

表 2 - 8　老年人获得子女帮助的情况

| 子女对自己的帮助 | 很有帮助 | 一些帮助 | 没有帮助 | 合计 |
|---|---|---|---|---|
| 频数 | 303 | 423 | 24 | 750 |
| 百分比（％） | 40.4 | 56.4 | 3.2 | 100 |

在连片特困地区，不乏子女赡养不到位甚至拒绝赡养老人的情况。案例 2 - 8 描绘了部分老年人在物质赡养方面的境遇，一些老年人虽然有多个子女，但是女儿因外嫁而忽视对老年人的经济支持，儿子又推卸赡养责任使得老年人处于无人赡养的困境。在子女经济条件较差，本身家庭生活就存在一定困难的情况下，很难给予老年人充足的物质赡养。在多个子女均无法提供有效经济支持的情况下，老年人生活的压力会显著增加，生活状况很难得到有效改善。

 **案例 2 - 8　缺乏子女赡养的贫困老年人**

江西省鄱阳县田畈街镇何彭村失儿的张奶奶，64 岁。

老人有两个儿子一个女儿，大儿子在 20 多岁时就得了肝炎，后来发展为肝癌，在 33 岁时去世了，病逝后大儿媳领着孩子回到了四川老家。小儿子也是在 20 多岁时检查出患有肝炎，最终还是发展为肝癌，2013 年 6 月份去世，留下了两个女儿，一个 8 岁，一个 8 个月。女儿嫁到了本村，现在主要是外出打工，家庭条件还好，会经常来看看这边的生活。

宁夏西吉县苏堡乡张岔村董奶奶，74 岁。

老人有三个儿子、四个女儿。大儿子 54 岁，现在主要以打工维持生活；二儿子 50 岁，在西吉县县城打工两年多了；小儿子 41 岁，也在西吉县县城打工。因为孩子都在西吉县城里上学，所以小儿媳就在西吉县租了房子，跟孩子一起居住，平时为孩子做饭。老人的几个女儿都嫁到了附近的村庄，平时不常看望老人，只是偶尔或者节假日的时候才会看看老人，顺便给老人带点东西。老人说子女的生活也都不富裕，因此也只能带些衣服和吃的东西，给不了她多少钱。老人的大女儿还能时常来看望老人，会给她带些新鲜肉和衣服之类的。二女儿自从出嫁后基本上没回来过，有时会托人送衣服给老人。三女儿现在在外面打工。四女儿目前在家务农，一年看望老人的次数也不多，也会带些吃的给老人。老人非常盼望见到自己的孩子，无奈地感叹："人老了，就一点用处都没有了，儿女也会嫌弃自己。"

　　连片特困地区的农村往往经济发展水平较低，老年人自身经济条件差，子女的经济状况也比较艰难，老年人的生活状况受子女家庭条件的影响十分显著。通过案例 2 - 9 可以发现，对于那些家庭经济状况不好、子女生活困难的老年人而言，往往难以从子女那里获得物质赡养。很多老年人出于对子女的理解和关爱，会主动拒绝子女的帮助，或者不愿意花钱。而对于子女家庭情况极为特殊的老年人来说，不仅不能从子女那里获得赡养，还要反过来给予子女生活和物质上的帮助。

 **案例 2 - 9　体谅子女的老年人**

　　西吉县吉强镇大营村喜爷爷，78 岁，回族，小学文化。

　　喜爷爷现在开小卖部，老伴瘫痪在床，老两口一起居住。老人的子女基本不给老人钱，老人说"他们个个家里都很困难，哪还顾得上"，老人只能靠自己的小卖部维持生活，配偶日常的医药费也是老人自己出，生活很艰难。

　　宁夏西吉县苏堡乡张岔村董奶奶，76 岁。

　　老人有三个儿子、四个女儿。她自己有低保和养老金，每个月都是小儿子帮她领这些钱，领来了钱会分给老人一些，自己拿一些去用。老人说："我拿这钱也没用，这儿也没地方花。"所以总是把大部分的钱给了小儿子。老人的儿子、女儿每次回来看老人的时候都或多或少给老人一些钱，大儿子 2012 年给了 200 元，2013 年给了 50 元。大女儿每次过来看老人也会给二三十元钱。这些微薄的收入除了维持老人自己的日常生活外，很多都间接给了小儿子。

## 三　老年人日常安全与隐患情况

随着年龄的增加和生理功能的退化，老年人的日常生活也面临相比于青壮年人更多的安全问题，老年人日常安全是其养老和生活的重要方面，反映了农村老年人在养老方面可能存在的问题等。于建琴和吕霄芳（2013）研究发现，老年人群体中经常有人发生跌倒、烫伤、坠床、滥用药物等，给老年人的生命安全和心理健康带来很大的不利影响。陈小萍（2010）等同样发现，在老年人经常遇到的安全问题中，排在前十位的分别是跌倒、慢性疾病发作、坠床、交通伤害、烧烫伤、食物卡喉、误服药物、压疮、走失、中暑等。相对于一般成年人而言，老年人日常生活中面临的安全问题更为复杂多样。

以往学者的研究表明，众多因素会影响到老年人的日常安全。在生理因素方面，老年人机体器官衰退、新陈代谢功能下降、记忆力减退和行动迟缓等都会带来安全隐患；疾病因素方面，老年人大多面临多种疾病困扰，病情复杂，众多的疾病增加了老年人的危险；而药物因素对老年人的健康和安全的影响也非常巨大，由于老年人大多患有疾病，故而用药相对较多，常以多种药物合用来控制老年人的病情，再加上记忆力的减退，服药时往往记不住服药的方法，从而导致了服药过量和不足的情况，有的老年人甚至会误服很多（高秀玲等，2009；蒋莹，2010）。除了老年人自身因素外，客观社会环境对老年人的健康和安全也有很大影响，对老年人健康和安全知识的宣传不足，缺乏保护老年人安全的相关基础设施、家庭成员安全意识缺乏等也关系到老年人的安全（张建华，2007；陈小萍，2010）。在老年人群体当中，空巢老年人是一个相对比较特殊的老年群体，因其身体健康会受到不同慢性疾病的严重威胁，又由于子女经常不在身边，日常生活照料以及情感上的慰藉缺乏，进而导致其生活中存在诸多的安全隐患，目前怎样对空巢老年人的安全予以有效保障，是值得广泛关注的一个重要社会问题（祝雪花、余昌妹等，2006）。

概括来说，老年人是一个相对脆弱的群体，由于慢性疾病、生活自理障碍、认知功能减退和心理变化影响他们的健康与生活，自身控制环境的能力下降，应对环境突发因素的能力也随之下降，较易出现安全问题（卢亦鲁，2012）。本研究针对连片特困地区农村老年人日常安全与隐患的调查发现，老年人在日常生活中面临非常多的安全问题和隐患，反映了连片特困地区农村老年人在养老方面遇到的困难。

1. 老年人独自外出容易发生交通意外

调查发现（见表2-9）48.2%的老年人经常独自外出。老年人因为腿脚不便，加之身体状况普遍不佳，单独外出容易发生危险。在过去一年里，发生过跌倒、碰撞、擦伤等意外的老年人有18.3%，还有相当一部分老年人外出时会遇到各种交通意外，从而威胁到老年人的安全，其中经常单独外出的老年人遇到交通意外事故的比例更是高达50.7%。这种状况的出现可以归结为多种原因：首先，老年人因身体机能下降而行动不便，独自外出发生意外的概率相对更高；其次，连片特困地区农村基础设施较差，尤其是部分山区道路崎岖，老年人容易发生跌倒、碰撞等意外；最后，在农村青壮年普遍外出务工，老年人缺乏生活照料的现实背景下，其生活中难免存在不得不独自外出的情况，这也是老年人发生意外的原因之一。

表 2 - 9　老年人的独自外出及发生交通意外的情况

| 外出和发生意外的情况 | 是 | | 否 | | 合计 |
| --- | --- | --- | --- | --- | --- |
| | 频数 | 百分比（%） | 频数 | 百分比（%） | |
| 您是否经常独自外出？ | 603 | 48.2 | 647 | 51.8 | 1250 |
| 在过去一年里，您是否外出发生过交通意外？（包括跌倒、碰撞、擦伤等） | 233 | 18.3 | 1039 | 81.7 | 1272 |

**2. 厕所夜间照明情况不佳**

老年人日常生活的一个重要特点就是夜间如厕，而这期间的安全状况也值得关注。问卷调查显示（见表 2 - 10），在老年人夜间如厕时，有 20.0% 的人家中照明不方便，厕所又通常位于住所外，起夜时难以保证安全。老年人在家里、村里或是养老院里使用的厕所在夜间有照明的有 708 户，仅占总数的 57.6%。这为老年人的安全埋下了极大的隐患，即使卧室有照明，也有可能在厕所或如厕途中发生意外事故，出现跌倒、磕碰等现象，而且不易被家人或其他监护人员发现，影响老年人的安全。本次调查结果显示，7.0% 的老年人过去一年当中曾经发生过在厕所滑倒等意外。这种情况的出现与老年人主观安全意识薄弱有很大关系，但同时也反映连片特困地区农村老年人生活设施不完善，基本养老保障设施欠缺的情况。

表 2 - 10　老年人起夜时的照明情况

| 照明情况 | 是 | | 否 | | 合计 |
| --- | --- | --- | --- | --- | --- |
| | 频数 | 百分比（%） | 频数 | 百分比（%） | |
| 您起夜时，卧室里的夜间照明是否方便？ | 1019 | 80.0 | 255 | 20.0 | 1274 |
| 村里/家里/养老院的厕所是否有夜间照明？ | 708 | 57.6 | 521 | 42.4 | 1229 |

**3. 大部分老年人在过去一年中曾发生意外**

研究发现，在老年人易发的安全问题中，主要包括因腿脚不便而发生的跌倒，因平衡功能障碍而发生的坠床，因认知障碍而导致的走失，因神经末梢敏感度降低导致的皮肤受损和因吞咽障碍而导致的误吸等现象（高秀玲、雷红英，2009）。农村空巢老年人的居住环境差，身体功能也逐渐退化，给不法之徒损害老年人的人身财产可乘之机，因视力下降、听力减退、平衡能力下降、反应速度降低等原因引发的意外事件发生率呈上升趋势。调查显示，意外伤害是60岁及以上老年人的第四位死因（赵明利、宋葆云，2011）。处于身体机能逐渐衰弱、疾病高峰期的高龄空巢老年人，特别是一些日常生活自理能力较低的老年人，在日常生活中的诸如进食、洗澡、饰容、穿衣、控制大小便、用厕所、用床椅转椅、平地行走、上下楼梯、外出等方面，可能或多或少需要日常照护帮助（张广利、瞿彔，2011）。

　　本研究将老年人可能发生的意外归纳为七种类型：在厕所中跌倒、洗澡时跌倒、走路时跌倒、烫伤、从床上摔下、吞咽突然出现障碍以及其他误伤自己的情况（见图2-1）。在过去的一年里，1094位回应此问题的老年人中有79位老年人在厕所跌倒过，发生意外比例为7.2%；有75位老年人在洗澡时跌倒过，发生意外比例为6.9%；有411位老年人曾在走路时跌倒，发生比例为37.6%；发生过烫伤的老年人有105位，比例为9.6%；有47位老年人曾从床上摔下，比例为4.3%；吞咽突然出现障碍的老年人有63位，比例为5.8%；发生过其他误伤自己情况的老年人有314人，发生意外比例为28.7%。由此可以看到，老年人日常生活中发生意外伤害的比例较高，多种不安全因素给老年人安全带来威胁，在老年人当中，由于身体活动不便等原因而跌倒的事情时有发生，此外，其他多种不确定因素也威胁着老年人的人身安全。

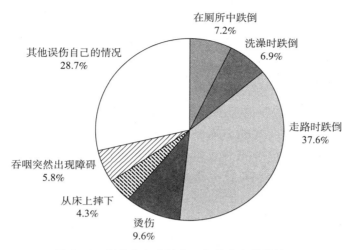

**图 2 - 1　受访老年人过去一年发生意外的情况**

通过对部分案例（案例 2 - 10）的总结可以发现，老年人生活中还发生过其他多种类型的意外事故。例如，在南方农村夏季常有蛇等动物出没，部分地区农村养狗的家庭较多，这都会影响到老年人的安全。而老年人对于电器的使用方法不熟悉，也容易出现触电、火灾等意外事故。在尚未接通自来水的地区，需要老年人自己去井里、河里提水，这也是个安全隐患，如可能因滑倒、负重而导致疾病发作。

 **案例 2 - 10　村子里存在的安全隐患**

江西鄱阳县金盘岭镇桂花村港北组杨大爷，76 岁。

当问及杨大爷目前最大的困难时，这位曾经的村民小组组长诉说的是村里的道路问题。村里的土路不平整，很多老人都摔倒过，杨大爷也不例外。而且，土路的周围布满了杂草，草丛里经常出没五步蛇，这种蛇毒性极强，曾经咬死过人。所以，他希望政府可以帮助村里修建一条水泥路，只有这样才能方便全村村民的出行。

陕西秦丰村第三村民小组贫困独居老人张奶奶，69岁。

为了贴补孙子女上学的费用，张奶奶现在还要通过做鞋子换些钱。张奶奶还要自己去山里砍柴火、采摘坚果。秦丰村周围的山虽不高，但没有一条像样的山路，加上常年雨水较多，山体湿润。若是经常上山，不仅腿脚得够灵便，体力也得比较充足才行，另外还需防备野生动物的袭击，相当危险。对于一个年近七旬的老人来说，虽然精神不错，但是经常上山，还要采摘坚果赚钱，确实不容易。张奶奶说，由于年纪大了，现在上山没有之前灵便了，只能慢慢走，不然没什么办法赚钱。

陕西独居贫困老人方奶奶，67岁。

方奶奶所居住的院子里面没有自来水，如果院里面的人要吃水，都要到院子外面打井水。对于独居的方奶奶来说，这一点很不方便。方奶奶说自己目前最担心的事情就是自己的胃病和高血压，怕血压高晕倒了没有人照顾。

案例研究发现（案例2－11），对于居住条件较差的老年人来说，住房安全隐患不容忽视，尤其是在西北农村，很多老年人居住的都是土坯、土木结构的房子，很多房屋由于年久失修，雨季有坍塌的危险，直接威胁到老年人的生命安全。

 **案例2－11　房屋年久失修埋隐患**

西吉县吉强镇羊路村塌房老年人杨爷爷，60岁，未婚，五保户。

在老人的旧房子没有倒塌之前，每天中餐和晚餐都是自己做，一般是吃洋芋面，有时还不太够吃。在房子塌了之后，老人就住在一个简易的帐篷里面，没有地方做饭，只能轮流去几个兄弟家里吃饭。老人平时做饭烧火用的柴火是秸秆，堆在屋前，都是自己平时出去捡回来的。老人每年冬天都不烧煤炭，因为买炭要700多元1吨，老人没有钱买，所以取暖只能用电褥子。

案例研究同时发现（案例2－12），有的老年人平时在家中或者在村中会受到欺负，甚至被打，这严重威胁了老年人的健康和安全。老年人在受到欺负时往往无能为力，如果子女不出面，老年人就无力自卫。

 **案例2－12　冲突威胁老年人的健康和安全**

陕西贫困老年人周奶奶，71岁。

在当地，通常情况下都是几家人共用一个自来水池子，大家都没有什么异议，但周奶奶因为这个水池子挨了一顿打。当时周奶奶家门前修路，本来修在路对面的水池子就修在了周奶奶家门前。水池子修好了，邻居家的年轻女儿就过来和周奶奶理论，说周奶奶自私，不考虑别人的感受，吵着吵着就动起手来，周奶奶只有一个人，打不过邻居家的年轻女儿，最后脸被打肿了，到了晚上大儿媳妇回家才带着周奶奶去镇上去看病，花了1000元。周奶奶说，后来家里面的人没有去找邻居算账，周奶奶的女儿回来心疼得哭了，但是也没有去找邻居算账，周奶奶的女儿说："别人家的人不讲理，我不能和他们一样也不讲理。"

4. 部分老年人遇紧急情况时家中无人

在1288位被访老年人中（见表2－11），过去的一年里遇到紧急情况呼救时（如疾病急性发作、身体不能动），家中（住所）无人的老年人有172人，占总数的13.6%。由此可见，一部分老年人遇到突发情况时家中无人，很可能因救助不及时发生意外和不必要的损失。如果遇到的是心脏病发作、摔倒等严重问题，会使得老年人因为得不到及时救治而产生严重后果，甚至会影响到老年人的生命安全。调查还发现，在过去的一年里，误食过霉变、不干净或其他不能食用食物的老年人有 278 人，占总数的 21.6%，这不仅影响了老人的短期安全，也会带来疾病隐患。其原因可能是老年人经常因为节俭而舍不得扔掉吃剩下的食物，有时候即使发觉食物有变质的味道也会继续食用，并且贫困老年人生活条件较差，储存不方便，食物容易出现霉变等情况。

表 2-11　过去一年中是否发生意外

| 意外情况 | 是 | | 否 | | 合计 |
|---|---|---|---|---|---|
| | 频数 | 百分比（%） | 频数 | 百分比（%） | |
| 过去一年里，是否遇到自身发生紧急情况呼救时（如疾病急性发作、身体不能动），家中（住所）无人？ | 172 | 13.6 | 1095 | 86.4 | 1267 |
| 在过去的一年里，是否误食过霉变、不干净或其他不能食用的食物？ | 278 | 21.6 | 1007 | 78.4 | 1285 |

5. 老年人用药不安全因素较多

荣梅（2005）针对老年人用药安全意识的调查发现，老年人的用药知识严重缺乏，良好率仅为 4.8%，一般者为 30.8%，差者为 64.4%。老年人由于年龄增长，身体机能不断下降，患病的概率和患病种类不断增加，一般人认为病多服药自然就多，自认为"久病成医"，往往自作主张，擅自服药，这样不仅不利于控制和治疗疾病，而且还会给身体带来损害，不但会贻误治疗，还会成为健康杀手（徐玉新、贾应华，2009）。在老年人当中，经常发生服错药、漏服药的情况，并且老年人对于用药方法和时间的认识也不足，忽略服药时间和方法的重要性，经常发生改变药物剂量的情况，这些导致治疗效果不佳，延误治疗时机甚至造成难以挽回的后果（石薇薇，2012）。

老年人用药安全受到多种因素影响，包括生理功能退化导致机体耐受能力下降，视力障碍影响用药时间、剂量等，认知功能障碍和记忆力下降，缺乏专业知识盲目用药，偏听偏信虚假广告等。从客观因素来看，经济条件差、家庭成员照顾不足、医疗机构专业服务不到位等也影响老年人的用药安全（赵慧楠等，2014）。

案例研究发现（案例 2-13），部分老年人在遇到疾病时，会选择用自己买药等方式解决问题，而不是通过正规渠道就医，由此也带来很大的安全隐患。老年人通过这种方式就医，不仅仅是因为这样比较方便，也与农村地区医疗条件差，整体医疗水平不高有关，并且简单的自我治疗可以节省看病就医的时间和费用。

 **案例 2-13 久病成医的老人**

陕西患多病的贫困老人陈奶奶，63 岁。

陈奶奶的老伴是医生，长期耳濡目染，她自己也略懂一点。老伴去世后，她觉得可以给自己看病，没有必要去卫生所，也没有办合作医疗，平常生病的时候就自己给自己打针。陈奶奶的一只眼睛不好，担心手上的血管太细了看不到，打针的时候就扎在脚上。自己难受的时候就输液，她说自己输的是消炎药，什么病都适用。她还把老伴生前没有用完的药水打到自己身上。她说这些液体和药品平常就是让媳妇去县里面买好，一般就买一些消炎、治感冒、止咳的药，还有脑心舒口服液等。可见，孩子们并没有阻止她给自己看病打针。

有学者研究认为，大多数高龄空巢老人都患有诸如高血压、心脏病、关节炎、慢性支气管炎、慢性胃肠道疾病等多种慢性疾病，由于他们大多缺乏预防保健、如何用药、疾病治疗等方面的医学知识，对病情认知不足，难以准确判断自身的健康状况，在紧急情况下不能应对等，影响了他们对疾病的积极预防、生病时的早诊断和及时就医，从而产生了安全问题（张广利、瞿枭，

2011）。老年人随着年龄增长，健康状况逐年下降，患病率随之上升。尤其是农村空巢老年人是疾病高发人群，常年患病的比例高达70%以上，许多人是多病缠身，所以大多数老年人都需要服药，而不正确服药对老年人健康产生的影响也非常显著（陈方生，2010）。

本次调查对老年人在过去的一年里的服药情况进行了分析。首先询问了老年人服用药物时是否有人照看和帮助，其中给出肯定回答的老年人有394位，占总数的31.2%，而给出否定回答即服药时无人照看和帮助的老年人有882人，占总数的68.8%。可见，大部分的老年人在服药的时候是无人照看和帮助的，这为老年人独自服药时出现意外情况埋下了隐患。而老年人身体的各系统功能都有不同程度的减退，致使老年人药物的代谢和排泄能力降低，易造成药物在体内积蓄而出现中毒反应。加之老年人对药物副作用的对抗能力减退，一旦出现不良反应也往往较年轻人更为严重（李慧芳，2007）。

本次调查将老年人在过去一年中的服药情况分为四类：误服药、重复服药、未按剂量服药和正确服用。调查数据显示（见表2-12），在受访的老年人当中，能够正确服药的老年人仅占总数的65.2%。而在服药时出现意外情况的老年人中，出现过未按剂量服药的老年人最多，有237人（18.5%）；其次是重复服药，有132位老年人（10.3%）；还有77位老年人曾经误服药（6.0%）。通过数据可以看出，老年人在服药方面很容易出现问题，无论是误服药、重复用药还是不按剂量用药，都会对老年人的身体健康产生伤害，老年人用药安全隐患非常大。就发生此类现象的原因来看，除了老年人年龄增大等自身的原因，有68.8%的老年人在服药的时候是无人照顾和帮助的，这也是老年人服药出现意外情况的重要原因。

表 2 - 12　老年人的服药情况

| 服药情况 | 频数 | 百分比（%） |
|---|---|---|
| 误服药 | 77 | 6.0 |
| 重复服药 | 132 | 10.3 |
| 未按剂量服药 | 237 | 18.5 |
| 正确服用 | 834 | 65.2 |
| 合计 | 1280 | 100.0 |

　　在案例研究中发现（案例 2 - 14），独居老年人因为文化水平较低和安全意识差，药物过期之后还在继续服用，这不仅无法对老年人的病情产生应有的疗效，还会威胁老年人的生命安全，造成严重的后果。加上老年人记忆力衰退，又缺乏相应的照料，在服药的剂量、时间上都容易出现问题，由此带来的负面影响和安全隐患非常大。

 **案例 2 - 14　独自服药隐患大**

陕西高龄独居老人南奶奶，92 岁。

　　医生嘱咐南奶奶先吃西药，然后再吃中药。南奶奶记性不比当年了，医生跟她说的吃药比例，她很快就记不住了。在调查过程中，调研员反复跟老人说了 3 遍，老人才勉强记住哪种药该吃多少颗，一天吃多少次。对于南奶奶这样的老人来说，在没有人陪的时候，吃药无疑也是一件非常危险的事。

宁夏西吉县吉强镇羊路村杨爷爷，60 岁，未婚，五保户。

　　老人患有肺部感染，一直在吃药，如果没钱了就先借外甥的钱把药吃了。在老人平时经常吃的药当中，很多药马上要过保质期了，但是老人并不知道，照样在吃，老人还说平时药都是吃完了为准，一般不会注意药品的保质期，这也体现出老人用药安全意识的淡薄。

6. 老年人家中的燃料和电器存在较大安全隐患

　　使用燃料和电器等是老年人日常生活的一部分，但是也存在一定的安全隐患。在受访老年人中（见表 2－13），有 84.8% 的人表示村里或者养老院没有对家里的燃料、用电、电器进行过安全检查，对于未曾接受类似安全检查的老年人来说，其生活中的安全隐患明显要高很多。农村地区居民的居住条件较差，贫困地区老年人居住条件尤其令人担忧，用电等存在很大的安全隐患。

　　此外，由于年龄增大，记忆力减退，老年人在做饭烧水或者取暖后也容易忘记熄灭燃料。在调查中发现（见表 2－13），有 298 位老年人曾经忘记熄灭燃料，占总数的 23.2%。整体而言，老年人在燃料使用、用电安全等方面都面临较大的安全隐患。生活用火、用电不规范，留守老年人消防安全意识淡薄，自防自救能力差等，容易造成火灾事故频频发生，并造成人员伤亡（葛瑾瑾，2013）。就原因来说，一方面农村缺乏常规性的安全检查，另一方面老年人由于自身原因也容易产生安全隐患，这些问题都给老年人的生命安全带来很大的负面影响。

表 2－13　燃料和用电安全情况

| 安全情况 | 是 | | 否 | | 合计 |
| --- | --- | --- | --- | --- | --- |
| | 频数 | 百分比（%） | 频数 | 百分比（%） | |
| 村里/养老院是否对您家里的燃料、用电、电器进行过安全检查？ | 194 | 15.2 | 1084 | 84.8 | 1278 |
| 您是否有过做饭烧水或取暖后忘记熄灭燃料的情况？ | 298 | 23.2 | 984 | 76.8 | 1282 |

　　老年人日常生活中存在很多安全隐患，其中火灾是一个非常突出的安全问题，由于日常生活中防火意识不强，加之农村地区遇到火灾很难及时处置，往往造成较大的损失，影响老年人的正常生活（案例 2－15）。

**案例 2 - 15　一场大火，一贫如洗**

陕西贫困老年人郑爷爷，67 岁。

5 年前郑爷爷在山上的房子不知什么原因起了火，他和老伴出去了不知道，等回来的时候，家里烧得什么都没有了。郑奶奶说的时候还很伤心，她说那个时候自己想去做饭，结果连碗和筷子都没有。因为一场大火，家里面一贫如洗，没有住的地方。大儿子就借钱买了现在住的土坯房，花了 1 万多元。从那场大火开始，老两口就成了村中的低保户。

7. 部分老年人曾受骗或家中被盗

老年人由于年龄增长，其认知能力和辨识能力逐渐下降，而且很多老年人的子女不在身边，非常容易上当受骗。一些农村空巢老年人记忆力下降，行动不便，日常生活存在安全隐患，而且反抗能力较差，因此不少犯罪分子把目标放在空巢老年人身上，包括人身伤害、抢劫、诈骗等违法犯罪行为（陈方生，2010）。调查发现，有173位老年人家中曾经被盗，占总数的13.5%。对于贫困地区的老年人来说，子女能够提供的帮助比较少，遇到被盗等情况时很难自己处置，只能无奈接受。贫困地区老年人居住条件较差，家庭防盗设施也不健全，安全隐患较大。

表 2 - 14　老年人上当受骗情况

| 受骗情况 | 是 | | 否 | | 合计 |
|---|---|---|---|---|---|
| | 频数 | 百分比（%） | 频数 | 百分比（%） | |
| 买过假化肥、假农药、假种子 | 365 | 28.4 | 919 | 71.6 | 1284 |
| 买到假药 | 293 | 23.2 | 970 | 76.8 | 1263 |
| 买到假冒伪劣商品 | 416 | 32.9 | 848 | 67.1 | 1264 |

| 受骗情况 | 是 | | 否 | | 合计 |
| --- | --- | --- | --- | --- | --- |
| | 频数 | 百分比（%） | 频数 | 百分比（%） | |
| 相信过江湖游医 | 248 | 19.6 | 1016 | 80.4 | 1264 |
| 去黑诊所看病 | 80 | 6.3 | 1183 | 93.7 | 1263 |
| 被人欺骗、敲诈、勒索而受损失 | 262 | 20.4 | 1021 | 79.6 | 1283 |
| 参与传销 | 12 | 0.9 | 1252 | 99.1 | 1264 |
| 参与高利率、非正规存款而蒙受损失（非法集资） | 15 | 1.2 | 1251 | 98.8 | 1266 |
| 没有上述经历 | 606 | 47.9 | 660 | 52.1 | 1266 |

对于老年人来说，生活中很多地方都容易上当受骗，无论是日常生活购物还是看病就医，老年人上当受骗的发生概率较高。而且很多农村老年人由于文化水平不高，对一些骗术不了解，极易被骗。调查发现（见表2-14），28.4%的老年人曾经买到过假化肥、假农药、假种子，这会给老年人的农业生产带来不利影响，甚至导致大量减产。此外，23.2%的受访者曾经买到过假药，服用假药轻则耽误老年人的病情，让老年人花冤枉钱，重则危及老年人的生命安全。在一些农村地区，假冒伪劣商品很多，对于经济状况不好又缺乏辨识能力的老年人而言，上当受骗的可能性很大，调查显示，32.9%的老年人曾经买到过假冒伪劣商品。

由于交通不便、医药费用较高等原因，农村地区老年人看病比较困难，一些人利用老年人想少花钱看好病的心理行骗，给老年人带来较大损失。调查发现（见表2-14），19.6%的老年人曾经相信江湖游医，6.3%的老年人曾经去黑诊所看病。通过这些渠道看病的老年人，很难得到有效的治疗，可能会出现误诊甚至病情加重等情况，对其身体造成损伤也浪费了金钱。此外，在问及老年人是否遇到过陌生人上门推销产品（药品、医疗器械、日常用品等）时，31.8%的人表示曾经遇到过此类情况，而在遇到上门推销的老年人中，购买过产品的老年人占总数的29.9%，这些人在推销之后往往不会再出现。

调查数据显示（见表 2 - 14），有 262 位老年人表示曾经因为遭到欺骗、敲诈、勒索而损失钱财，占总数的 20.4%。这种情况不仅会造成老年人的财产损失，还可能导致老年人心理受到较大的打击，会生气、自责等，不利于老年人的健康。

调查发现（见表 2 - 14），有 12 位老年人曾参与传销，占总数的 0.9%，比例虽然不高，但负面影响很大，这会让老年人损失大量的财产、人身安全受到威胁，严重的还会违反法律。此外，参与过高利率、非正规存款而蒙受损失（非法集资）的老年人有 15 位，占总数的 1.2%，其原因主要是老年人对相关的政策不了解，容易在利益的诱导下参与非法集资，而对于需要用钱的老年人来说，因为无法获得正规贷款，又由于还款能力不足而无法向亲戚和邻居借款，不得不通过借高利贷等途径筹钱。

总体而言，为数众多的老年人有上当受骗等经历，其中又以买到假冒伪劣商品、买到假药和相信过江湖医生最为常见。老年人容易相信他人，识别能力也较弱，容易上当受骗，从而危及财产和生命安全。

## 四　农村老年人养老相关政策概述

在农村人口老龄化加速，城乡经济发展差距依然较大，农村"空心化"和"空巢化"问题日益凸显的今天，农村老年人的养老保障更应该通过多种方式实现。构建"老有所养，老有所医"的农村社会保障制度，提高农村养老保险、医疗保险、社会救助制度等相关社会保障的水平，已经成为学界和政府部门的共识。尽管我国目前已经形成以农村五保供养制度、农村最低生活保障制度为依托的社会救助体系，并广泛实施了农村社会养老保险制度和新农合制度，但现有制度的保障水平仍然不高，农村老年人在现有社会保障体系下尚不能得到充分的生活和养老保障。农村社会保障事业的发展与中国社会经济发展水平明显不相适应，国家层面提供的社会保障仍处于较低水平，集体经济也缺乏有力的支持，农村老年人尤其是贫困地区老年人在现有保障制度和保障水平下难以在生活水平上得到根本的改变。本节通过对部分与农村老年人养老相关的政策进行梳理，概括相关政策的制定部门、实施方式、保障水平等，总结现有政策已经取得的成果，并对可能存在的问题进行分析。

1. 农村养老保险制度

我国从 1986 年开始进行农村社会养老保险试点和探索，1992年中央发布《县级农村社会养老保险基本方案》（以下简称《基本方案》），老农保发展迅速，但是由于内外部因素，从 1998 年到2002 年的 5 年时间里，参保人数从 8025 万下降到 5462 万（左菁，2007），老农保经历了一个快起快落的过程。因此一些地区开始进行地方农保改革。但国家层面迟迟没有出台新的指导性政策。直到 2009 年 9 月，国务院办公厅发布了《国务院关于开展新型农村社会养老保险试点的指导意见》（以下简称《意见》），同年 11 月，人力资源和社会保障部发布《新型农村社会养老保险经办规程（试行）》（以下简称《规程》），第一批新型农村社会养老保险的试点工作正式开始。2010 年新农保试点范围进一步扩大，全国 27个省（自治区）的 838 个县和 4 个直辖市的大部分地区纳入国家新农保试点。截至 2011 年年底，全国新型农村社会养老保险参保人数达到 32643.5 万，达到领取待遇年龄的参保人数 8921.8 万。

在政策主体和部门组织方面，国务院成立新农保试点工作领导小组，研究制定相关政策并督促检查政策的落实情况，总结评估试点工作，协调解决试点工作中出现的问题。同时，《规程》要求新农保业务由社会保险经办机构（以下简称"社保机构"）、乡镇劳动保障事务所等（以下简称"乡镇事务所"）具体经办，村（居）民委员会协办人员（以下简称"村协办员"）协助办理，实行属地化管理（见表 2 - 15）。

表 2 – 15　农村养老保险制度部门组织情况

| 中央 | 中华人民共和国人力资源和社会保障部 |
| --- | --- |
| | 国务院新农保试点工作领导小组 |
| 县级 | 民政局 |
| | 社保机构 |
| | 金融机构（银行、信用社） |
| 乡镇 | 乡镇新农保事务所 |
| 村级 | 村级协办员 |

新农保的政策目标在于探索建立个人缴费、集体补助、政府补贴相结合的新农保制度，实行社会统筹与个人账户相结合，与家庭养老、土地保障、社会救助等其他社会保障政策措施相配套，保障农村老年居民基本生活。对于新农保基金的管理，新农保基金纳入社会保障基金财政专户，实行收支两条线管理，单独记账、核算，按有关规定实现保值增值。试点阶段，新农保基金暂实行县级管理，随着试点的扩大和推开，逐步提高管理层次；有条件的地方也可直接实行省级管理。

在待遇标准方面，养老金待遇领取条件为年满 60 周岁且未享受城镇职工基本养老保险待遇的农村有户籍的老年人。养老金待遇由基础养老金和个人账户养老金组成，支付终身。中央确定的基础养老金标准为每人每月 55 元。地方政府可以根据实际情况提高基础养老金标准，对于长期缴费的农村居民，可适当加发基础养老金，提高和加发部分的资金由地方政府支出。新型农村社会养老保险制度的推行，为农村老年人基本生活提供了必要的保障，对于经济条件较差、长期生活困难的老年人有重要的帮助作用。

在上述政策的基础上，为了解决城乡居民二元化的养老制度问题，国务院于 2014 年出台了《国务院关于建立统一的城乡居民基本养老保险制度的意见》，根据这一政策安排，我国将逐渐把新农保和城居保两项制度合并实施，在全国范围内建立统一的城乡居民基本养老保险。城乡居民养老保险制度针对的群体是年满 16

周岁（不含在校学生），非国家机关和事业单位工作人员及不属于职工基本养老保险制度覆盖范围的城乡居民，并且该政策为筹资方式、账户设置、缴费年限、基础养老金调整机制、领取条件和待遇、城乡人员流动带来的保障关系转移接续等做出了相应规定，对于解决城乡社会经济二元化发展带来的保障制度安排差异将起到很好的积极效果。为配合政策实施，人力资源和社会保障部、财政部还联合颁布了《城乡养老保险制度衔接暂行办法》，给城乡居民基本养老保险制度规定了暂行细则，并于 2014 年 7 月 1 日实施。

对于 2014 年开始逐步实施的城乡居民基本养老保险制度，采取个人缴费、集体补助、政府补贴相结合的资金筹集渠道，完善基础养老金和个人账户养老金相结合的待遇支付政策。其中，个人缴费标准目前设为每年 100 元、200 元、300 元、400 元、500 元、600 元、700 元、800 元、900 元、1000 元、1500 元、2000 元 12 个档次；集体补助则鼓励有条件的村集体、社会组织、个人等为参保人提供资助；对于政府补贴部分，中央财政对中西部地区按中央确定的基础养老金标准给予全额补助，对东部地区给予50%的补助，地方人民政府则对参保人缴费给予适当补贴。

对于养老保险待遇标准，城乡居民养老保险待遇由基础养老金和个人账户养老金构成，支付终身。对于基础养老金，中央确定最低标准，建立基础养老金最低标准正常调整机制，根据经济发展和物价变动等情况适时调整，地方人民政府可以根据实际情况适当提高基础养老金标准；对于个人账户养老金，目前为个人账户全部储存额除以 139（与现行职工基本养老保险个人账户养老金计发系数相同）。参保人死亡，个人账户资金余额可以依法继承。

2. 农村五保供养制度

农村五保供养是指对农村中生活没有依靠的老、弱、孤、寡、残疾的农村居民，在吃、穿、住、医、葬方面，给予经费保障、实物帮助和生活照顾。其工作由乡镇人民政府负责安排并实施，当地人民政府负责安排提供五保户所需的经费和物品。

就法律条文来看，2006 年国务院新修订的《农村五保供养工作条例》（以下简称《条例》）开始实施，同时废止 1994 年国务院发布的《农村五保供养工作条例》，该新条例从供养对象、供养内容、供养形式、监督管理、法律责任等方面，对农村五保供养工作做了系统的安排。为保障农村五保供养制度有效贯彻落实，民政部、国家发展和改革委员会、财政部于 2006 年 9 月发布《关于贯彻落实〈农村五保供养工作条例〉的通知》，对五保供养工作的进一步落实做了具有指导意义的制度安排。此外，民政部于 2007 年发布《民政部关于农村五保供养服务机构建设的指导意见》和《"农村五保供养服务设施建设霞光计划"实施方案》，就低保制度的运行提出了更为具体明确的政策要求。

从政策主体来看，农村五保供养制度的政策主体主要包括政府、福利机构、社会组织、基层自治组织（村委会）、其他社会成员等。不同主体在五保老年人救助工作中承担不同的责任，发挥不同的作用。就政府而言，国务院民政部门主管全国的农村五保供养工作；县级以上地方各级人民政府民政部门主管本行政区域内的农村五保供养工作；乡、民族乡、镇人民政府管理本行政区域内的农村五保供养工作；村民委员会协助乡、民族乡、镇人民政府开展农村五保供养工作。福利机构是为五保对象提供集中供养的场所，并与政府部门签订相关的供养协议。社会组织则是五保对象服务的重要参与者，为五保供养对象提供部分资金、物质及其他五保服务等。其他社会成员受村委会委托可以向五保对象提供家庭照料等服务。

从政策目标来看，五保供养制度以加强五保供养服务机构基础建设和提高供养服务水平为重点，在我国农村基本建成以县、乡人民政府兴办的五保供养服务机构为骨干，社会力量举办的五保供养服务机构为补充，布局合理、设施配套、功能完善、管理规范的五保供养服务机构网络，初步满足农村五保供养对象的供养需要，并逐步开展对农村其他老年人、残疾人和未成年人的供养服务。

从政策对象来看，老年、残疾或者未满 16 周岁的村民，无劳动能力、无生活来源又无法定赡养、抚养、扶养义务人，或者其法定赡养、抚养、扶养义务人无赡养、抚养、扶养能力的，享受农村五保供养待遇。要成为五保对象，需要经过一定的程序。首先，符合条件的农村居民要向村委会提出申请或者其他人代为提出申请，村委会审核后报乡镇政府部门进行核实与审批，并颁发农村五保供养证书。老年人是五保供养制度非常重要的政策对象，在供养总人数中占据了较大比例。

从资金来源看，五保资金主要由地方各级财政支付，在中央财政逐步加大对困难地区补助力度的同时，各地要依据当地农村五保供养标准和农村五保供养对象数量合理安排资金，并根据农村五保供养对象数量变动，及时调整预算以满足实际需要。有集体经营等收入的地方，要从收入中适当安排资金或实物，用于补助和改善农村五保供养对象的生活，有条件的村集体可以根据情况对五保对象发放资金与食物等，以补贴五保对象的生活。福利机构主要是由政府按照一定的标准进行投建的，并配备相应的专业服务人员。对于五保对象承包的土地，在自愿基础上，鼓励和支持农村五保供养对象将承包土地交由他人代耕，其收益归该农村五保供养对象所有。农村五保供养资金，应当专门用于农村五保供养对象的生活，任何组织或者个人不得贪污、挪用、截留或者私分。

在供养形式上，农村五保供养对象可以在当地的农村五保供养服务机构集中供养，也可以在家分散供养。农村五保供养对象可以自行选择供养形式。集中供养的农村五保供养对象，由农村五保供养服务机构提供供养服务；分散供养的农村五保供养对象，可以由村民委员会提供照料，也可以由农村五保供养服务机构提供有关供养服务。

农村五保供养标准，可以由省、自治区、直辖市人民政府制定，在本行政区域内公布执行，也可以由设区的市级或者县级人民政府制定，报所在的省、自治区、直辖市人民政府备案后公布执行。农村五保供养标准不得低于当地村民的平均生活水平，并根据当地村民平均生活水平的提高适时调整。国务院民政部门、国务院财政部门对农村五保供养标准制定工作的指导。

农村五保供养的内容包括：供给粮油、副食品和生活用燃料；供给服装、被褥等生活用品和零用钱；提供符合基本居住条件的住房；提供疾病治疗，对生活不能自理的给予照料；办理丧葬事宜等。五保供养制度基本满足了老年人日常生活的大多数基本需求，对于生活困难老年人有非常重要的作用，是老年人社会保障制度的重要一环。

然而五保供养在实际运行中也存在一定的问题，由于现有政策资源有限，五保供养标准不高，保障能力仍然有限。并且农村留守老年人尚有子女，不属于无赡养义务的老年人，不能享受五保供养，这部分农村老年人群体在经济、照料、医疗方面有很多困难，却因为制度的标准问题被排除在保障范围之外。

3. 农村部分计划生育家庭奖励扶助制度

农村部分计划生育家庭奖励扶助制度，是在各地现行计划生育奖励优惠政策基础上，针对农村只有一个子女或两个女孩的计划生育家庭，夫妇年满 60 周岁以后，由中央或地方财政安排专项资金给予奖励扶助的一项基本的计划生育奖励制度。该制度对于计划生育家庭老年人生活起到了一定的帮扶作用，在一定程度上减轻了计划生育家庭老年人的生活负担。

从政策文件来看，2004 年 2 月，人口计生委、财政部联合发布《关于开展对农村部分计划生育家庭实行奖励扶助制度试点工作的意见》，同年 5 月，人口计生委、财政部联合发布《人口计生委财政部关于印发〈农村部分计划生育家庭奖励扶助制度试点方案（试行）〉的通知》，中国政府开始对农村部分计划生育家庭实行奖励扶助制度的试点，选取 5 个西部省市和 10 个中部省市开展试点工作。2006 年，国家人口计生委和财政部发布《人口计生委财政部关于印发全国农村部分计划生育家庭奖励扶助制度管理规范的通知》，农村部分计划生育奖励扶助制度推广到全国实行。针对政策实施过程中存在的一些问题，2008 年发布的《人口计生委办公厅关于印发〈全国农村部分计划生育家庭奖励扶助制度信息管理规范〉的通知》和《国家人口计生委财政部关于实施"三项制度"的通知》两项通知，对该政策的运行提出了进一步的完善建议。

从政策主体及组织管理来看，试点工作在各级党委政府的统一领导和协调下进行。国家人口计生委和财政部负责制定奖励扶助制度的基本政策。各省、自治区、直辖市人口计生委依据国家有关政策，结合本地相关政策法规，制定配套的政策措施和确认奖励扶助对象的具体规定。省级以下单位或个人不得自行放宽或改变确认奖励扶助对象的政策。

从资金来源来看，农村部分计划生育家庭奖励扶助专项资金，由中央和地方财政按比例负担。中央和地方财政按确定的比例纳入同级财政预算。地方财政负担的资金，以省级财政为主。奖励扶助专项资金按基本标准，西部试点地区中央财政负担 80%，地方财政负担 20%；中部试点地区中央和地方财政分别负担 50%；鼓励东部地区自行试点。奖励扶助专项资金形成的结余，区分中央和地方部分，用于抵扣下一年度相应奖励扶助金的额度。

从政策目标来看，农村计划生育家庭奖励扶助制度要引导更多农民自觉实行计划生育，减少不符合法律法规和政策出生的人口，稳定低生育水平；建立以政策性奖励扶助为主体，多种形式的帮扶活动为补充，相关社会经济政策配套的政策体系，逐步完善有利于人口和计划生育工作的利益导向机制；缓解计划生育家庭的特殊困难，逐步减少新增贫困人口，促进消除贫困和全面建设小康社会目标的实现。

该制度的政策对象主要包括符合以下要求的人群：本人及配偶均为农业户口或界定为农村居民户口；1973—2001 年没有违反计划生育法规、规章或政策规定生育；现存一个子女或两个女孩或子女死亡现无子女；年满 60 周岁。

符合上述条件的奖励扶助对象，奖励扶助金以个人为单位发放，按人年均不低于 600 元的标准发放奖励扶助金，直到亡故为止。已超过 60 周岁的，以该制度在当地开始执行时的实际年龄为起点发放（2006 年试点标准），从 2009 年 1 月 1 日起，对符合条件的奖励扶助对象，奖励扶助标准从每人每年不低于 600 元提高到每人每年不低于 720 元。中央财政按照基本标准，对西部地区负担80%、中部地区负担 50%。

4. 农村养老服务相关政策

随着我国人口老龄化的不断发展，农村养老服务业缺口也在不断加大，目前农村养老服务业发展中存在的基础设施不足、工作效果不明显等问题也日益凸显。近年来，为促进农村养老服务业发展，国家制定了多项政策对农村养老服务业进行规范和指导。

从现有政策文件来看，2012 年新修订的《中华人民共和国老年人权益保障法》从国家法律层面对养老服务业发展进行了明确规定，提出"地方各级人民政府和有关部门应当采取措施，发展城乡社区养老服务，鼓励、扶持专业服务机构及其他组织和个人，为居家的老年人提供生活照料、紧急救援、医疗护理、精神慰藉、心理咨询等多种形式的服务"。2013 年，国务院印发了《国务院关于加快发展养老服务业的若干意见》，明确指出"要切实加强农村养老服务"，提高农村五保供养标准，促进农村党建活动室、卫生室、农家书屋等支持养老服务工作。此外，2013 年 6 月，民政部颁布了《养老机构设立许可办法》，对养老机构的设立条件、许可管理、监督检查等做出了明确规定，为农村养老机构和养老服务发展提供了更为明确的政策指导。

从政策主体及组织管理来看，民政部在国家层面发挥指导、监督、管理的作用，地方各级人民政府和有关部门负责养老服务业发展的具体实施；同时将各级村民自治组织、公益慈善机构、扶持企业事业单位、个人等纳入养老服务业发展中，鼓励多种类型的社会力量参与养老服务业发展。

从政策的资金来源与管理来看，中央政府、地方各级人民政府、村民自治组织等都被纳入资金筹集范围内。从中央层面看，在发展养老服务和社会保障专门资金的基础上，民政部自2013年开始连续3年每年安排10亿元扶持农村互助养老服务设施建设。从地方层面看，《国务院关于加快发展养老服务业的若干意见》则指出："各地要进一步落实《中华人民共和国老年人权益保障法》有关农村可以将未承包的集体所有的部分土地、山林、水面、滩涂等作为养老基地，收益供老年人养老的要求。"从政策目标来看，农村养老服务业发展相关政策致力于不断完善农村养老服务相关基础，提高养老服务业对老年人养老的保障水平，改善养老服务业工作效果。

虽然近些年的多项政策对农村养老服务发展起到了一定的促进作用，但目前农村养老服务业仍存在一些问题，基础设施不足、养老服务满意度不高、工作效果不明显等困扰着农村养老服务业的健康发展。例如，民政部的专项研究发现，"农村老年人对养老机构了解的比例呈下降趋势，2000年、2006年和2011年农村老年人对养老机构了解的比例分别为42.3%、43.7%和29.5%；绝大多数农村老年人对养老机构的总体印象一般，且对养老机构印象较差的比例大幅增加"。总体而言，"农村养老服务基础设施资金投入不足、建设滞后，养老保障机制不健全，从事养老服务业的专业技术人员缺乏等，都不同程度地制约了农村养老服务业的发展。培育和发展农村养老服务业，刻不容缓"。

## 五　现有政策受益情况

对于连片特困地区众多的农村老年人来说，在自身能力无法有效改善生活质量、子女又不能提供充足养老支持的情况下，通过国家政策获得一定的扶助是共同的期望。近年来，农村最低生活保障、新型农村社会养老保险、农村计划生育家庭奖励扶助等一系列农村社会保障政策的实施在很大程度上改善了贫困农村地区老年人的生活质量，对农村发展也起到了一定的积极作用。然而目前农村传统家庭养老功能弱化，农村土地保障功能逐渐减弱，五保供养制度难以为继，商业养老保险得不到认可（张飞霞，2013）。农村社会保障政策远未达到较为理想的状态，众多政策在实施过程中存在很多问题，与农村老年人的实际需求还有一定差距。

通过对现有社会保障体系下农村居民社会保障权实现的情况进行分析可以发现，我国农村居民的社会保障权在实现过程中不仅存在法律体系不完善的问题，而且还存在财政资金不足、制度本身不完善等问题，导致广大农村居民的社会保障水平较低（谭倩，2013）。而且农村目前的养老保障供给存在覆盖面小、保障水平低、保险费补贴不公平、制度的稳定性和可持续性差等问题，难以适应农民日益分化和农民身份、职业转化的要求（杨翠迎，2005）。就连片特困地区而言，在现有政策体系下，缺乏对相应的农村人群的特殊保障，以普惠型政策为主的养老保障体系难以有效保障这些经济发展相对落后地区的老年人生活。

1. 老年人养老保障总体情况

对于贫困地区老年人而言，子女能够提供的经济帮助相对有限，老年人通过养老金、商业保险等方式获得的经济支持对其生活有十分重要的影响，甚至是老年人主要的收入来源。通过对老年人拥有的部分社会保障情况的调查发现（见表 2 - 16），在 1288

份有效回答中，除新农合、新农保等普惠型的社会保障制度外，连片特困地区农村老年人能够获取的其他正式社会保障支持相对较少。对于农村老年人来说，能获取退休金、公费医疗等的比重很低，在受访者中分别有 5.4% 和 2.6% 的老年人能够获取退休金和公费医疗。对于需要个人缴纳较多费用的商业养老保险、人寿保险等，贫困地区老年人拥有的比例明显较低，这两项的比重分别为 0.8% 和 1.7%。总体而言，笔者调查的连片特困地区中，农村老年人获取的正式养老保障种类较少，仅限于普惠型的新农保、新农合等。就原因而言，连片特困地区农村老年人家庭经济条件总体较差，以务农为主要收入来源，在自身生活水平尚不能有效提高的情况下，通过商业途径获取养老保障的可能性较小。

表 2 - 16　老年人养老保障有无情况

| 选项 | 新农合 | 大病保险 | 退休金 | 公费医疗 | 商业保险 | 人寿保险 | 高龄补贴 | 遗嘱费 |
| --- | --- | --- | --- | --- | --- | --- | --- | --- |
| 频数 | 948 | 114 | 69 | 34 | 10 | 22 | 55 | 3 |
| 百分比（%） | 73.6 | 8.9 | 5.4 | 2.6 | 0.8 | 1.7 | 4.3 | 0.2 |

结合案例研究发现（案例 2 - 16），农村老年人能够获得的社会保障比较有限，养老保险和低保等普惠型政策实现了较好的覆盖，以及相对较高的瞄准度。这类政府补助虽然种类较少、额度较低，但仍是老年人非常重要的收入来源。在连片特困地区农村老年人无力获取较多有效收入的情况下，这些补助能够帮助他们缓解生活压力。

 **案例 2 - 16　政府补贴是贫困老年人重要的收入来源**

宁夏西吉县吉强镇大营村庞爷爷，75 岁，文盲。

老人的老伴几年前去世了，他和儿子住在一起，但是儿子自己生活也比较困难，能给老人的帮助很少，只是在生活上能提供一点照料，几乎没有经济支持。据村干部说，庞爷爷能够获取的政府补贴只有农村基本养老金，但是谈到自己能够获取的政府资源，庞爷爷不能分清楚低保和养老金的区别，他只知道自己每个月能够拿到"国家给的几十块钱"，对于他来说，每个月几十元的政府补贴成了生活中最重要的收入来源。"现在政策好，国家照顾我们这些穷人，几十块钱怎么说也可以买一袋面粉吃。"

陕西独居贫困老人阎奶奶，70 岁。

阎奶奶家周边一共有 9 家人，有 8 家都是独居老人。老人的两个子女家境都不好，没有给老人生活费，只是偶尔看望一下阎奶奶。老人有时生病吃药需要花费不少钱，实在没办法就问儿子要一点生活费，但是她知道儿子也很困难，能不跟儿子要钱就不要，儿子给的钱一次大概几十元，也不够老人花。老人的主要生活来源就是基本养老金和低保，低保一年有 600 多元，养老金一个月 55 元，这几乎是老人一年里全部的收入。

## 2. 农村养老保险制度受益状况

新型农村社会养老保险制度是在政府主导下建立的，由政府、个人、集体共同分担，它是农村社会制度的一个重大创新（楚永生，2013）。通过调查发现，有 53.4% 的受访者能够从该项制度中受益，受益额度为平均每人每月 90.76 元。新农保制度的实行，对于经济困难老年人来说是非常有益的，老年人通过新农保政策领取养老金，可以缓解日常生活开支不足的问题。

案例研究表明（案例 2－17），农村养老保险对于生活困难的老年人帮助较大。在老年人子女无法提供足够赡养，老年人自身又缺乏劳动能力的情况下，农村养老保险制度以直接向农村老年人发放补贴的方式提供帮助，解决了众多老年人的基本生活问题。

**案例 2 - 17　受益于新农保的老年人们**

甘肃省华池县乔川乡徐背台村贺爷爷与贺奶奶，贺爷爷 81 岁，贺奶奶 77 岁。

两位老年人虽然有三个儿子，但三人都很不孝顺，几乎没有给过老人任何赡养费。如今两位老人已经没有能力再进行任何劳作，收入来源只有两项——每人每年 720 元的养老金和每年 1000 元的退耕还林补助，他们靠着这 2000 多元的收入勉强度日。虽然这 2000 多元不是很多，但是贺爷爷的看法却完全不同。他说现在国家的政策比较好，不用种地都能拿钱。他自豪地说："前几个月，习近平主席还来过咱们甘肃呢！"

江西省鄱阳县田畈街镇何彭村张奶奶，62 岁，老伴 66 岁。

张奶奶夫妇有两儿一女，但是两个儿子相继因病去世，只剩下已经出嫁的女儿了，女儿能够给老人的帮助也比较少。虽然张奶奶家还种了 1 亩多水稻，但是每年收获的大米也就刚够自己家吃，农业生产没有多少收入。目前家里的现金收入主要靠政策补贴，张奶奶和老伴都有基本养老金，目前是每人每月 55 元，谈到每月领取的养老金，张奶奶说："我们两口子一个月 100 多块钱，可以买点吃的，家里没有太多花销，这些钱吃饭是够了。"从 2013 年开始，村里考虑到老人家庭的特殊情况给老人申报了低保，他们每年还能领到 1000 多元的低保金，老人的生活基本不成问题了。

宁夏西吉县偏城乡上堡村残疾人马爷爷，73 岁。

自从老人领取养老金之后，村子里就取消了他的低保名额，所以老人现在的收入只有每个月的养老金。从 2010 年年底马爷爷开始领取养老金，2012 年是每个月 70 元，从 2013 年 3 月开始增加到每月 85 元，一月一发，直接打在卡上。老人说，每个月的养老金基本上都是按时发放的，现在国家养老金的政策非常好，如果没有这些养老金，自己就没有了任何的经济来源，都不能维持基本的生活。

　　农村养老保险制度尤其是新农保的推行在很大程度上是自上而下的行为，贫困地区老年人对于这一政策的认知程度局限于发放资金的额度等简单的层面，对于政策的了解程度并不高。通过调查发现（见表 2－17），30.5% 的受访老年人对该制度只是了解一点，比较了解和不太清楚政策的老年人分别有 28.1% 和 25.8%，而对于政策非常了解的老年人所占比例仅为 5.4%，此外还有 10.1% 的老年人没有听说过这一政策。由此可见，大部分老年人对于农村养老保险制度的了解仅限于一般层面，并不十分清楚具体的政策情况，甚至有部分老年人领取养老金，但并不知道这些钱究竟是根据哪项政策来的。

表 2－17　贫困地区老年人对农村养老保险制度的了解程度

| 选项 | 非常了解 | 比较了解 | 了解一点 | 不太清楚 | 没听说过 | 合计 |
|------|---------|---------|---------|---------|---------|------|
| 频数 | 67 | 349 | 379 | 321 | 126 | 1242 |
| 百分比（%） | 5.4 | 28.1 | 30.5 | 25.8 | 10.1 | 100 |

　　从老年人对该项政策的满意程度来看（见表 2－18），比较满意的人有 34.0%，说不清的有 30.6%，对政策不太满意的老年人有 13.8%，还有 5.1% 的老年人对政策很不满意。总体来说，由于养老保险制度尚不健全，对于老年人的补助金额不高，能够提供的帮助也是有限的，导致老年人满意度偏低。

表 2－18　贫困地区老年人对农村养老保险制度的满意程度

| 选项 | 非常满意 | 比较满意 | 不太满意 | 很不满意 | 说不清 | 合计 |
|------|---------|---------|---------|---------|--------|------|
| 频数 | 173 | 356 | 145 | 53 | 320 | 1047 |
| 百分比（%） | 16.5 | 34.0 | 13.8 | 5.1 | 30.6 | 100 |

　　案例 2－18 中几位老年人对养老金制度并不满意。养老金通过直接打到老年人个人账户的方式发放，很好地避免了中间过程可

能出现的问题，但是对于老年人来说，到银行取用养老金需要耗费时间，路途较远的还要支付交通费等，尤其是生活在偏远地区的老年人取用养老金不方便。此外，农村居民还深受家庭养老模式和"养儿防老"观念的影响，家庭人均收入水平越高，意味着自我养老能力愈强，更倾向于选择自我储蓄养老（楚永生，2013）。这种情况使得部分老年人及其子女不注重养老保险的缴费。

**案例 2 – 18　养老金带来的麻烦**

江西省田畈街镇桂花村留守老年人杨奶奶，79 岁。

老人目前每个月有 55 元的养老金，而得知有这样一项政策也是因为镇里的银行打电话通知。但是对于老人来说亲自去镇里把存在存折里的养老金取回来是一件非常困难的事情，她要和其他人一起坐车才能到银行，来回的路费就要花去她 20 元左右，并且每次取钱都要浪费她一天的时间，银行规定只有本人才能将存折中的钱取出，所以老人经常是一年取一次，每次把钱一次取出。

宁夏西吉县吉强镇大营村喜大爷，78 岁，老伴瘫痪在床，老两口独居。

老人从 2010 年 12 月份开始领取养老金，2010—2012 年都是每月领取 55 元，从 2013 年开始每月领取 70 元。养老金基本上都是按月发放，老人一般 3 个月左右取一次钱，老人讲每次取钱都是自己坐公交车去县城取，也是比较麻烦的。在问到老人如果养老金不是打在卡上而是交给村干部来发放心吗，老人说"肯定不放心，现在政策好，直接打卡"。

3. 农村五保供养制度受益状况

农村五保供养制度是我国社会救助制度的重要内容，也是农村社会保障体系的一部分，五保制度的实行为一部分困难老年人提供了生活支持，使其生活水平得到一定的改善。通过调查可以发现，有 4.2% 的受访者从五保制度中获益，其受益额度的平均值为每月每人 79.73 元，这部分五保资金能够满足老年人基本的生活必需品消费。五保制度能够使一部分老年人的养老问题基本上得到解决，但是不具有普遍性，因此也只能作为我国农村养老的一种补充模式（张飞霞，2013）。

案例 2-19 可以进一步表明五保供养对于生活困难老年人有一定的帮助，但作用并不是十分显著。农村享受五保的老年人经济基础有限，住房、就医、饮食等均需要较大花费，数额不高的五保补助起到的支持作用只是杯水车薪。政府提供的保障仅仅局限于吃、穿、住、医、葬这五个范畴，而忽视了五保对象的其他需求，五保对象往往连参加合作医疗的费用都没有，即使在政府的补助下参加了新农合，但对自费部分的费用以及住院期间的护理费也没有能力支付，而这部分费用的解决办法在相关农村医疗救助制度和其他法律法规中都没有规定（高峰等，2013）。

 **案例 2-19　几位五保老人的情况**

广西龙州县水口镇盲人老夫妇，老爷爷 66 岁，老奶奶 61 岁，都是盲人。

两个人有十几亩地，因为自己种不了，所以都让给其他人种了，种地的人相应给两位老人一些租金，一般来说一年一亩地给 50 多元的租金就算很好的了。因为老两口没有儿女，所以就成了五保户，医疗保险都是政府帮忙缴纳的。奶奶说，五保户一人一个月享受国家 60 元的补助，还有每人每月 30 斤的大米补助。再加上处于中越边境 3 公里的范围内，每人每月有 96 元的边境补贴。爷爷每个月有 80 元的养老金，奶奶虽然实际年龄到了，但是因为户口上的年龄只有 55 岁，所以奶奶还没有办法享受养老保险。五保补助和其他的补助是两位老人一年主要的经济来源，也解决了他们主要的生活费用问题。

宁夏西吉县吉强镇羊路村五保户杨大爷，60岁，未婚。

杨大爷从1999年8月2日开始成为五保户，补助标准是每年200元。据老人讲，他的低保资格是由村干部下派的，当时自己并没有去村里申请。在老人的五保存折上面显示了老人从2011年到现在的所有收支项目，包括代发低保、门诊费、物价补贴、一次补助、参合费、退耕还林、农资补贴、五保供养、农村低保、生活补助、民族团结、建市补贴、各项补助和临时救助等多项内容。在老人的家里有一个救济粮领取证，该证是1999年发的，上面记录杨大爷于1999年10月10日和2000年10月10日分别领取了41.6公斤的小麦。2012年村上给了杨大爷一件冬大衣，其他的补助（如米、面和油等）这些年都没有发过。

老人参加了新农合，费用由村主任上门来收，2013年收费标准是每人50元。杨大爷说，去医院检查的费用不能报销，只有住院的费用才能报销。老人有时去村卫生室拿药，可以报销一半，但是村卫生室有时候没有老人需要的药品，老人只能去县里拿药，老人说去县里拿药不能报销。

五保供养制度作为我国农村社会保障制度的一部分，其主要角色仍然是带有救济性质的制度，农村老年人对于该项制度的了解程度并不高。从老年人对该制度的了解程度来看，调查数据显示（见表2-19），对政策不太清楚的老年人比例最高，占30.8%，了解一点和比较了解的老年人分别为29.4%和25.9%，而对政策非常了解的老年人比例仅为2.3%，另外还有11.6%的受访老年人未听说过农村五保供养制度。大部分的老年人都有成年子女，因此无法享受五保供养。一方面地方政府对于五保制度的宣传讲解不多；另一方面五保政策的瞄准度很高，但覆盖面有限，在短时间内也难以提高效力，同时也不能有效地回应农村善文化的逐渐淡化、子女赡养传统逐渐消失等新的问题。

表 2 - 19　贫困地区老年人对农村五保供养制度的了解程度

| 选项 | 非常了解 | 比较了解 | 了解一点 | 不太清楚 | 没听说过 | 合计 |
|---|---|---|---|---|---|---|
| 频数 | 28 | 321 | 365 | 382 | 144 | 1240 |
| 百分比（%） | 2.3 | 25.9 | 29.4 | 30.8 | 11.6 | 100 |

从老年人对该项政策的满意程度来看（见表 2 - 20），表示说不清的人数最多，占 38.0%，表示比较满意的有 30.2%，对政策不太满意的有 17.2%，还有 8.7% 的老年人对五保制度很不满意。从数据可见，农村老年人对于五保制度总体上满意度不高。五保制度覆盖面小，保障资金数额不大，保障制度尚不健全，宣传不到位等都是老年人满意度不高的原因。

表 2 - 20　贫困地区老年人对农村五保供养制度的满意程度

| 选项 | 非常满意 | 比较满意 | 不太满意 | 很不满意 | 说不清 | 合计 |
|---|---|---|---|---|---|---|
| 频数 | 61 | 311 | 177 | 90 | 391 | 1030 |
| 百分比（%） | 5.9 | 30.2 | 17.2 | 8.7 | 38.0 | 100 |

总体来说，农村五保供养制度起到了对其他社会保障制度的补充作用，能够帮助生活极度困难的老年人解决基本生存需要，其积极作用是不可忽视的。但是由于制度尚不健全，制度实施过程不合理，保障效果不足以及宣传不到位等，农村老年人对于低保制度的了解程度和满意度都不高。

4. 农村计划生育户奖励扶助制度受益状况

农村部分计划生育家庭奖励扶助制度，是在各地现行计划生育奖励优惠政策基础上，针对农村只有一个子女或两个女孩的计划生育家庭的一种帮扶制度。通过调查发现，仅有 1.9% 的老年人通过该制度受益。一方面计划生育始于 20 世纪 80 年代初，当时的育龄夫妇现在刚刚进入老年，另一方面也与老年人养儿防老观念有关，受访老年人大多不止一个子女，甚至存在违反计划生育政策而致贫的案例。

表 2 - 21　贫困地区老年人对农村计划生育户奖励扶助的了解程度

| 选项 | 非常了解 | 比较了解 | 了解一点 | 不太清楚 | 没听说过 | 合计 |
|------|---------|---------|---------|---------|---------|------|
| 频数 | 31 | 163 | 297 | 453 | 282 | 1226 |
| 百分比（%） | 2.5 | 13.3 | 24.2 | 36.9 | 23.0 | 100 |

　　从老年人对制度的了解程度看，调查数据显示（见表 2 - 21），对政策不太清楚的有 36.9%，了解一点和没听说过该政策的老年人分别有 24.2% 和 23.0%，而对于政策非常了解的老年人只有 2.5%。从整体来看，老年人对该政策的熟悉和了解程度较低。

　　而从老年人对该项政策的满意程度来看（见表 2 - 22），说不清政策的有 53.3%，表示比较满意的有 24.7%，不太满意的有 12.8%，非常满意和很不满意的比例很小，分别为 3.9% 和 5.4%。由于该制度与很多老年人相关性不高，老年人了解程度不深，所以说不清楚的人数最多。从老年人对制度的评价来看，对该制度的养老保障和生育决策导向功能评价不太高，普遍对该制度长期执行信心不足（李明，2011）。并且由于奖励金额和奖励范围的限制，总体看来人们对计划生育奖扶制度保障老年人晚年生活的满意度不高。

表 2 - 22　贫困地区老年人对农村计划生育户奖励扶助的满意程度

| 选项 | 非常满意 | 比较满意 | 不太满意 | 很不满意 | 说不清 | 合计 |
|------|---------|---------|---------|---------|-------|------|
| 频数 | 39 | 248 | 129 | 54 | 536 | 1006 |
| 百分比（%） | 3.9 | 24.7 | 12.8 | 5.4 | 53.3 | 100 |

　　5. 社会服务及需求情况

　　农村经济发展水平相对于城市而言仍然有很大差距，从老年人享受的社会保障看，主要存在相关社会服务不足，难以满足老年人需求等问题。为了解连片特困地区农村老年人享受社会服务的情况及其需求，我们通过问卷调查（见表 2 - 23）对老年人生活起居、精神慰藉、看病就医和纠纷处理等方面进行了分析。

　　连片特困地区许多老年人都不止一个子女，但是在农民外出务工较为普遍的情况下，老年人依靠子女提供起居照料存在一定的困难。尤其是一些身体健康情况不好，居住在较为偏远地区的老年人，子女能够提供的帮助明显不足。而就村庄提供起居照料这一社会服务看（见表2-23），仅有5.7%的老年人所在村庄有相应的服务，绝大多数老年人无法获得相应的起居照料。调查也发现84.3%的受访老年人认为自己需要被提供起居照料，可见现实供应情况与老年人需求存在较大差距。

表2-23　老年人获得社会服务及需求情况

| 社会服务 | 有没有提供 | | | | 您是否希望提供 | | | |
|---|---|---|---|---|---|---|---|---|
| | 有 | | 没有 | | 是 | | 否 | |
| | 频数 | 百分比（%） | 频数 | 百分比（%） | 频数 | 百分比（%） | 频数 | 百分比（%） |
| 起居照料 | 73 | 5.7 | 1199 | 94.3 | 1072 | 84.3 | 199 | 15.7 |
| 精神慰藉，聊天解闷 | 102 | 8.0 | 1174 | 92.0 | 1068 | 84.8 | 191 | 15.2 |
| 组织社会和娱乐活动 | 271 | 21.2 | 1009 | 78.8 | 1118 | 88.9 | 140 | 11.1 |
| 提供保健知识 | 161 | 12.6 | 1115 | 87.4 | 1128 | 90.5 | 118 | 9.5 |
| 上门看病、送药 | 111 | 8.7 | 1167 | 91.3 | 1143 | 91.4 | 108 | 8.6 |
| 处理家庭邻里纠纷 | 355 | 27.7 | 925 | 72.3 | 1064 | 86.6 | 165 | 13.4 |

　　从调查数据可见（表2-23），仅有8.0%的老年人所在村庄能够提供精神慰藉和聊天解闷服务，21.2%的老年人所在村庄有集体组织的社会和娱乐活动。而就需求角度看，针对村庄提供精神慰藉服务及娱乐活动服务，分别有84.8%和88.9%的老年人认为需要该服务。

　　医疗卫生服务对于连片特困地区农村老年人而言相当重要，长期处于较为艰苦条件下的连片特困地区农村老年人身体健康状况不佳，又存在村庄看病贵、看病难的问题，导致仅有12.6%的老年人能够获得村庄提供保健知识的服务，8.7%的老年人能够享受上门看病、送药服务（见表2-23）。而调查中，老年人对于这两项服务的需求比例非常高，分别为 90.5% 和 91.4%。医疗服务的配置在规模和数量上都不均衡，在农村地区的供给和需求更是不均衡，导致老年人无法及时、可靠地获得这些服务。

在村庄提供的众多社会服务中，老年人能够获得处理家庭邻里纠纷服务的概率最高，比例为 27.7%。在农村地区，村干部在处理家庭纠纷方面发挥了重要作用，老年人通过村干部得到相应的帮助也相对比较容易。尽管这一服务提供的比例最高，但实际需求与现实之间仍有很大差距，86.6% 的受访老年人认为需要这一服务，其差距可见一斑。

# 六　小结

本章对连片特困地区农村老年人的养老状况进行了较为全面的分析，从现有情况看，连片特困地区农村老年人的养老保障还存在很大改进空间，老年人养老保障也面临较多的问题。就家庭在老年人养老保障中的作用看，目前的农村社会环境和发展状况正在淡化家庭理应发挥的积极作用。首先，传统家庭养老方式在现代社会遭遇了前所未有的冲击，连片特困地区青壮年外出务工的情况十分普遍，留在乡村的老年人不仅缺乏生活上的照料，在经济支持方面也面临困难，老年人不得不从事繁重的体力劳动以维持生计，家庭在养老方面未能发挥基础性作用。其次，连片特困地区经济发展相对缓慢，老年人及其子女都处于相对贫困的状态中，老年人自身经济状况较差，子女也大多从事缺乏稳定收入的职业，能够给予老年人的经济支持很少，在生活压力和现有农村养老风气的影响下，很多老年人还面临精神赡养被忽视的问题。

从正式的制度保障来看，一系列普惠型和瞄准型政策的实施对于缓解连片特困地区老年人经济困难的现状起到了十分重要的作用。在养老保障方面，新农保在全国范围内构建起农村养老保障的基本体系，本次调查发现，连片特困地区农村老年人通过新农保平均每人每月能够领取 90.76 元的养老金，这对在贫困线徘徊的老年人来说能够在很大程度上解决基本生活需求问题。农村五保制度也在逐渐完善，对于五保老人的供养涉及其日常生活的各个方面，在很大程度上缓解了生活困难老年人的压力。此外，农村计划生育家庭奖励扶助制度逐步为农村计划生育家庭年满 60 周岁的老年人提供补助。本次调查发现，在连片特困地区农村老年人中，1.9% 的人通过该制度受益，并且获取计生扶助的特殊困难家庭成员参加新农保、新农合能够得到补贴，还能优先安排其入住政府兴办的养老机构，该制度的建立进一步提高了计划生育家庭老年人养老保障水平，尤其对贫困老年人作用明显。在此基础上，2013 年，国务院发布《国务院关于加快发展养老服务业的若干意见》，要求加强农村养老服务，养老机构逐步开始改革，养老服务业在土地使用、税收减免、财政补贴等方面逐渐得到政策支持，中国养老服务业逐步向多元化发展。

但现有养老保障相关制度还有诸多不足之处，未来农村养老保障的制度体系还有待进一步完善，而且专门针对连片特困地区农村老年人养老保障的制度仍需进行明确，以更好地解决连片特困地区农村老年人的养老保障问题。在目前的制度安排下，农村老年人通过正式的制度保障受益的范围相对有限，保障的水平也相对不高，对于生活较为困难的连片特困地区农村老年人而言，现有保障水平并不能很好地改善其生活状况，老年人本身仍面临很大的生活压力。而且现有制度保障的内容较少，老年人养老保障涉及住房、医疗、交通、日常安全等诸多方面，目前的政策仅仅解决了很多老年人的基本生活问题，还未能达到让老年人安心养老的水平。此外，农村养老保障方面的社会服务十分欠缺，老年人通过社区和社会力量获得帮助的途径十分有限。

总体而言，目前农村经济发展水平相对于城市而言仍然有很大差距，从老年人享受的养老保障层面看，主要表现出相关社会服务不足、政策保障水平有限、政策保障内容较少等问题，难以满足老年人的需求。连片特困地区农村老年人大多不止一个子女，但是在青壮年外出务工较为普遍的情况下，老年人依靠子女提供起居照料存在一定的困难。尤其是一些身体健康情况不好，居住在较为偏远地区的老年人，子女能够提供的帮助明显不足。针对连片特困地区农村老年人生活中存在的诸多困难和问题，改善农村基础设施条件，在现有基础上给予连片特困地区农村老年人更多的物质补助，协助改善老年人住房条件，增强老年人健康生活观念，提高老年人整体生活水平势在必行。在农村地区整体经济发展相对缓慢，连片特困地区经济水平整体偏低的大背景下，解决老年人的养老问题应该从多方面入手，经济的发展是必要前提，但同时相关制度的完善也是重要保障，还应更好地发挥家庭的养老保障作用。

# 第三章
# 连片特困地区农村老年人经济情况

通过对以往研究的回顾可以发现（具体内容见第一章），学者们更多是将老年人的经济情况与生活现状相结合进行分析，从而将老年人的经济状况作为衡量和影响其生活现状的因素之一，并提出相关的政策建议。部分学者研究的对象是老年人当中的特殊人群，例如农村留守老年人、孤寡老年人、残疾人、老年妇女等，他们的经济状况一般较差，甚至难以维持生计，并且大多缺少子女的陪伴，精神生活也存在严重的缺失。总体而言，专门针对农村贫困老年人经济状况的研究较少，并且研究地点大多范围较小，针对贫困地区老年人经济状况的研究还有很大空间。

在对农村贫困老年人经济状况的研究中，大部分学者将侧重点放在收入来源、支出水平、支出范围等方面，同时对老年人从家庭获取经济支持给予了较多关注，对家庭养老的研究较多。就家庭养老及经济收入而言，方菲（2011）认为家庭养老主要包括经济供养、生活照料和精神慰藉三个方面，其中经济供养是老年人养老质量得到保证的基本前提；杜鹏和武超（2006）利用国家统计局的数据分析了中国老年人口的主要经济来源，认为截至2004年我国老年人的主要生活来源仍是以家庭成员供养为主，并且城乡和地区差异非常大；王金营等（2004）的研究结果类似，认为目前农村老年人仍然主要依靠子女获得生活来源，并且子女的多少和资本水平会在很大程度上影响老年人的经济情况；而孙征等（2012）、胡月婷（2011）以及胡飞龙（2013）等针对农村留守老年人的研究认为，留守老年人主要通过自身劳动获取收入，经济来源较为单一，生活水平不高。王蕾（2013）分析了贫困地区农村老年人的物质需求现状，发现贫困老年人的物质需求仍然停留在满足基本生活需求方面，经济收入难以有效支撑老年人的物质需求；黄爱荣（2012）认为农村老年人自养能力低主要源于经济收入低、子女赡养不足、为子女筹办婚事花费多和子女教育花费大等。

总体而言，以往学者关于农村贫困老年人收入状况的研究主要集中在老年人收入来源和收入水平等方面，缺乏较为全面的关于农村贫困老年人收入状况的分析，对老年人所在家庭、社区的研究较少。本研究以实地调查为基础，将连片特困地区农村老年人日常生活中与经济收入和日常开支相关的诸多方面作为研究内容，结合连片特困地区经济发展现状和国家宏观政策，深入剖析连片特困地区农村老年人的经济情况。本章将从老年人基本经济情况、主要生活来源、日常生活开支、饮食状况、居住条件等方面对连片特困地区农村老年人的经济供养问题进行探究，同时对相关政策概况和老年人的受益情况进行评价。

# 一　老年人基本经济情况

### 1. 老年人家庭总体经济情况较差

为了便于分析连片特困地区农村老年人经济、生活状况，本研究通过老年人自我评价的方式将其所在家庭分为富裕户、中等户和贫困户三类，在所调查的1288名老年人中，有1286人对经济状况进行了回答（见表3－1）。其中，自评为富裕户的老年人有53人，占总数的4.1%，自评为中等户的有752人，占总数的58.5%，而自评为贫困户的有481人，占总数的37.4%。为了充分了解贫困户和非贫困户老年人在经济收入及生活状况方面的差异，体现贫困老年人的艰难处境，本研究将富裕户与中等户的老年人进行合并，即将老年人的家庭经济状况分为贫困户和非贫困户两大类。其中，贫困户有 481 户，占总数的 37.4%，非贫困户有 805 户，占总数的 62.6%。通过调查数据可以看到，在本次调查的老年人当中，贫困老年人所占比例相当高，远高于 2014 年中国农村贫困发生率 8.5%，连片特困地区农村老年人总体经济状况堪忧。

表 3 - 1　老年人家庭在村里的经济状况

| 贫困程度 | 富裕户 | 中等户 | 贫困户 | 合计 |
|---|---|---|---|---|
| 频数 | 53 | 752 | 481 | 1286 |
| 百分比（%） | 4.1 | 58.5 | 37.4 | 100.0 |

2. 独居老年人比例较高

为了解独居老年人和与亲属共同居住的老年人在经济状况方面的差异，本研究将被调查的老年人分成了两大类：一类是独居或仅与配偶一起居住的老年人；另一类是与配偶及（或）其他亲属共同居住的老年人。通过调查数据（见表 3 - 2）可以看出，有 42.8% 的老年人是单独居住或者仅与配偶居住，这部分老年人在经济来源、子女照料等方面都存在相对较多的困难。结合访谈过程笔者发现，独居老年人当中存在一部分弱势群体缺少子女提供的经济支持，日常生活中又难以通过子女赡养获得生活照料，在遇到疾病、困难等情况时处于更为艰难的处境。

表 3 - 2　老年人居住安排情况

| 居住者 | 独居或仅与配偶居住 | 与配偶及（或）其他亲属共同居住 |
|---|---|---|
| 频数 | 551 | 735 |
| 百分比（%） | 42.8 | 57.2 |

3. 老年人职业种类单一、劳动强度较大

钱雪飞（2011）研究发现，劳动所得、子女补贴以及离退休金是农村老年人主要的三项收入来源，其中通过自身劳动获取收入是最主要的途径。由于农村老年人大多以务农为生，且子女难以提供足够的经济支持，通过自身劳动谋生成为必然选择。在本次调查的贫困老年人当中（见表3－3），曾经从事的主要职业为务农的老年人占了绝大多数（达到80.9%），外出务工居于第二位（所占比例为5.4%），大多数老年人曾经依靠体力劳动获取收入，而从事教师、公务员等相对稳定且有养老保障等职业的比例很小，大部分老年人不能通过以往的工作获取较为固定且持续的养老保障。连片特困地区的农村老年人受教育程度大多较低，其所处生活环境整体经济发展相对落后，老年人由于自身能力的限制和社会经济发展状况的约束难以从事农业生产以外的其他职业，以农业生产和外出务工为主的收入来源使老年人在晚年劳动能力下降时收入缺乏有效保障。

表3－3　老年人曾经的职业

| 职业 | 务农 | 外出务工 | 乡村教师或者医生 | 个体经营 | 乡村干部 | 专业技术人员 | 公务员 | 军人 | 无职业 | 其他* | 合计 |
|------|------|------|------|------|------|------|------|------|------|------|------|
| 频数 | 1042 | 70 | 35 | 31 | 27 | 32 | 8 | 11 | 17 | 15 | 1288 |
| 百分比（%） | 80.9 | 5.4 | 2.7 | 2.4 | 2.1 | 2.5 | 0.6 | 0.9 | 1.3 | 1.2 | 100.0 |

＊因调查对象职业较多，所以本研究将数量较少的几种职业归类为"其他"。

老年人当前的家庭富裕程度和曾经的职业有着密切联系。调查数据显示，80.9%的贫困老年人曾经以务农维生，随着劳动能力的下降，他们能够获得的经济收入日益减少，在现有政策支持不足且子女供养有限的情况下，很容易陷入贫困状态。对曾经从事非农工作的少数老年人来说，晚年可以获得退休金等养老保障，从事一些农业生产以外的工作也可获得部分收入。

结合案例3－1可以看出，对于以往职业比较稳定、经济来源渠道较多的老年人来说，其家庭经济条件和生活水平相比其他农村老年人要好。就原因而言，曾经从事非农工作的老年人可以获得较高的收入并且有养老金等社会保障，晚年无须依靠体力劳动谋生；对于一些以务农为主但经营方式多元化的老年人来说，其获得收入的渠道要更为广泛，收入水平也相对更高。而大多数贫困老年人依靠农业生产和打工谋生，收入水平低且缺乏有效的社会保障和养老条件，晚年生活存在很多困难。

 **案例 3-1　经济状况对比鲜明的两位老人**

云南省南美村李大爷。

李大爷是南美村书记兼村主任，每个月可以拿到 996 元工资，2013 年以前还搞养殖，主要收入来源为工资和养殖业收入。李大爷 2013 年的收入大概为 63000 元，其中作为村支书的工资收入 11952 元，其他是种植和养殖收入。2012 年 8 月份，因为政府要求植树造林，不能放牧了，李大爷卖了 70 只羊、2 头猪、2 头小牛，收入 5 万多元；家里还有 4 亩茶叶，每年收入 800 元左右；有 2 亩水田，出租给了大儿子，每亩的租赁费用为 700 元/年。李大爷还种了 15 亩核桃，但还没有挂果，所以还没有收益。现在李大爷饲养了 4 头猪、10 只鸡、9 头牛。

陕西贫困老人张大爷，67 岁。

老人没有子女，目前与老伴一起居住。张大爷家里有 1 亩多地，一般用来种玉米和土豆，这 1 亩多地就成了老人家里最主要的农业收入来源。每年到了收获季节，张大爷就要搬到地里去住，这样可以防止野猪把土豆偷吃了。因为劳动能力有限，老人在种地方面不能"精耕细作"，1 亩多地一年能够收获土豆 2000 斤，玉米 600 斤，这些产出除了留下一部分自己吃以外，剩下的都用来出售。张大爷说："有的时候土豆 8 毛钱一斤都没有人要，就只能自己吃，自己吃不完的就烂掉了。"家里除了种地收入外，张大爷和老伴经常在附近打零工，但是收入很不稳定，而且年龄大了也不好找工作，一年也就只有几千元打工收入，勉强能够维持老两口的生活。

### 4. 老年人贫困程度较高

关于老年人贫困程度的调查结果显示（见表3－4），51.5%的受访老年人认为自己的生活在当地属于一般水平，25.1%的老年人认为自己的生活在当地属于比较困难，有10.8%的老年人认为自己的生活在当地属于很困难，只有少数老年人认为自己的生活在当地比较富裕或很富裕。连片特困地区农村老年人对于自身经济水平的评价总体较低。虽然超过半数老年人在主观上认为自己的富裕程度在当地处于一般水平，但是自认为经济状况比较困难和困难的老年人仍然偏多，这反映连片特困地区农村老年人主观贫困状况相对突出。

表3－4　老年人在当地富裕程度的主观判断情况

| 程度 | 很富裕 | 比较富裕 | 一般 | 比较困难 | 很困难 | 不清楚 | 合计 |
|------|--------|----------|------|----------|--------|--------|------|
| 频数 | 6 | 150 | 660 | 321 | 138 | 6 | 1281 |
| 百分比（%） | 0.5 | 11.7 | 51.5 | 25.1 | 10.8 | 0.5 | 100 |

## 二　老年人收入情况

对于大多数老年人来说，其经济收入一般是多元化的，但主要收入来源的稳定性和可持续性才是决定老年人生活状况的关键因素。乔晓春等（2006）认为老年人的收入主要可以分为三部分，一是老年人的个人收入，比如老年人的退休金、个人劳动和经营收入、利息收入等；二是老年人从国家和当地政府、原工作单位和社区所得到的收入，包括具有救助性质的最低生活保障制度、政府和单位的补贴等；三是老年人的子女和亲属提供的经济支持，上述内容基本涵盖了老年人可以获得的全部收入来源。本研究借鉴这一分类标准研究老年人的收入情况。

目前，学者们对于老年人收入情况的研究主要包含老年人收入来源、城乡地区老年人收入差距、收入对老年人生活的影响等方面。就老年人收入来源，姜向群等（2013）对第六次全国人口普查的数据进行了分析，发现家庭成员的供养仍是我国老年人生活来源的最主要方式，占40.72%；第二位是依靠自己的劳动收入，占29.07%；第三位是依靠离退休金或养老金，占24.12%。杜鹏等（2006）利用国家统计局的数据分析了中国老年人口的主要经济来源，发现80%以上的老年人主要经济保障来自子女、亲属和自己，并且老年人的自我供养能力随着年龄增长而下降。唐建兵和许庆荣（2006）指出，贫困地区由于受传统"养儿防老"观念的影响，很多老年人将大部分收入用于子女教育和婚事安排上，在劳动能力逐渐丧失时几乎没有积蓄甚至欠债，缺乏有效的养老保障。

一些学者对农村老年人中的留守老年人、高龄老年人等特殊群体进行了专门研究。胡飞龙（2013）针对农村留守老年人的研究发现，留守老年人经济收入有限，大部分老年人除政府提供的少量养老金外缺乏其他养老保障，其经济来源主要是依靠自己劳动和子女赡养。姜向群和郑研辉（2013）认为，劳动收入是低龄老年人最重要的生活来源，农村低龄老年人与高龄老年人的生活来源相差较大，以家庭成员供养作为主要收入来源的老年人比例随年龄的提高而明显上升。

从以往学者的研究结果可以发现，我国农村老年人收入来源比较单一，在现有农村社会环境下，老年人主要通过家庭获取经济支持，在劳动能力下降的情况下，家庭发挥了重要的养老功能。这也从另外一个层面反映现有农村养老保障体系不够健全，老年人通过政策性补贴和较为有持续性的商业化保险等途径获取收入较少。

1. 众多老年人仍需劳动以获取生活来源

对于劳动能力逐渐减弱的连片特困地区农村老年人来说，子女能够提供的经济支持很有限，政策扶持的力度也难以充分满足其生活需求，通过自身劳动获取收入是必然的选择。在本次调查的老年人中，虽然 46.6% 的受访者主要由子女供养，但仍有 37.9% 的老年人仍需依靠自己的劳动才能获得生活来源，而依靠退休金或者政府补贴等正式制度养老的老年人数量非常少，分别占 5.8% 和 5.3%（见表 3-5）。这一结果与姜向群等（2013）和杜鹏等（2006）的研究结果类似，即老年人获取经济供养的主要方式依次是家庭成员供养、自己劳动、退休金及养老金。但在连片特困地区，老年人文化水平较低、大多以务农为生，加上地区经济发展较为落后且政府部门财力有限，能够获得退休金或者养老金的老年人比例更低，并且贫困户与非贫困户之间也存在一定差异，本次调查数据显示非贫困户生活保障来源于退休金的占到 6.1%，而贫困户中只有 5.2%。

表 3-5 老年人现在最主要的生活来源

| 生活来源 | 自己劳动或工作 | 配偶 | 子女 | 孙子女 | 其他亲属 | 当地政府或社团 | 退休金 | 其他 | 合计 |
|---|---|---|---|---|---|---|---|---|---|
| 频数 | 487 | 52 | 598 | 2 | 2 | 68 | 74 | 1 | 1284 |
| 百分比（%） | 37.9 | 4.0 | 46.6 | 0.2 | 0.2 | 5.3 | 5.8 | 0.1 | 100 |

为进一步了解不同居住安排的老年人在生活来源方面的差异，本研究将独居或仅与配偶居住的老年人与同配偶及（或）亲人共同居住①的老年人进行了对比（见表 3-6），发现独居老年人中主要生活来源为"自己劳动或工作"的比例最高，占总数的 46.0%；而与配偶及其他亲属共同居住的老年人当中，大部分人是由子女供养，占总数的 54.6%。可见对于独居或仅与配偶居住的老年人

---

① "同配偶及（或）亲人共同居住"包括多种情况：与配偶及子女等亲属一起居住、单身老年人仅与子女等亲属一起居住、与配偶及子女以外的亲属一起居住等。

而言，获得收入需要付出更多劳动，并且随着独居老年人年龄的增长，其获取生活来源的能力逐渐下降，生活的困难程度也将不断加深，独居或仅与配偶居住的老年人值得关注。

表 3 - 6　不同居住安排的老年人的主要生活来源

| 老年人居住安排 | | 您的主要生活来源 | | | | | | | | |
|---|---|---|---|---|---|---|---|---|---|---|
| | | 自己劳动或工作 | 配偶 | 子女 | 孙子女 | 其他亲属 | 当地政府或社团 | 退休金 | 其他 | 合计 |
| 独居或仅与配偶居住 | 频数 | 253 | 23 | 197 | 2 | 0 | 36 | 38 | 1 | 550 |
| | 百分比（%） | 46.0 | 4.2 | 35.8 | 0.4 | 0.0 | 6.5 | 6.9 | 0.2 | 100.0 |
| 同配偶及（或）其他亲人共同居住 | 频数 | 234 | 29 | 401 | 0 | 2 | 32 | 36 | 0 | 734 |
| | 百分比（%） | 31.9 | 4.0 | 54.6 | 0.0 | 0.3 | 4.4 | 4.9 | 0.0 | 100.0 |

从老年人目前的工作状态来看，在被调查的 1288 位老年人当中（见表 3 - 7），目前仍然处在完全工作状态中的老年人占 19.5%，另有 40.4% 的老年人偶尔工作。对于这部分老年人来说，虽然年事已高且劳动能力逐渐下降，但迫于生活不得不通过工作获取生活来源。尽管子女能够给予老年人一定的经济支持，但是贫困地区老年人从子女获得的经济帮助相对较少，本次调查发现众多老年人的子女生活也较为困难，在子女自身尚不能有效改善生活水平的情况下，老年人通过子女获取经济支持自然存在较多困难。

表 3 - 7　老年人是否还在工作

| 工作情况 | 完全工作 | 偶尔工作 | 不再工作 | 合计 |
|---|---|---|---|---|
| 频数 | 251 | 520 | 517 | 1288 |
| 百分比（%） | 19.5 | 40.4 | 40.1 | 100.0 |

案例 3 - 2 展示了贫困地区老年人晚年不得不从事工作甚至繁重体力劳动的情况。连片特困地区绝大部分老年人以务农为生，

缺乏正式的养老保障，并且子女大多难以给予老年人足够的物质赡养，出于子女婚嫁、建房以及自身生活、就医等方面的考虑，大部分有劳动能力的老年人会选择继续工作以维持生活。对于文化水平较低、劳动能力较弱的老年人来说，在生活压力下只能选择做一些体力劳动谋生。

 **案例 3 - 2　靠自己劳动获取生活来源的老年人**

江西省鄱阳县田畈街镇何彭村彭爷爷，64 岁。

老人的儿子儿媳在外打工，孙子与老人一起居住。老人家有 3 亩田地，主要用于种植水稻。他家的水稻一年种植两季，一季稻是 3—7 月，二季稻是 7—9 月。一季稻用于销售，二季稻则留作口粮。笔者调查的 2013 年 7 月份，他就以 122 元/100 斤的价格把一季稻全部卖掉了，收入 2300 元，但种苗、化肥、农药等成本就超过了 1000 元，老人通过销售水稻并没有获得太多收入。种地的利润虽然非常微薄，但是所需的劳动投入却很多。农忙时期，彭爷爷早上四点多就要起床，走上 40—50 分钟的路程到自家的田地开始劳作，夏季除草工作比较辛苦，因为除草剂不能清除所有的杂草，他不得不弯着身子把剩余的杂草拔掉。对于劳动了几十年的他来说，种田并不是一件容易的事，老人说："种这点田也就是为了养活自己，赚点生活费罢了。"

甘肃省华池县铁角城村赵爷爷，70 岁。

老人与老伴一起居住。2001 年因为交通事故左腿受伤，自从车祸之后，他跟老伴基本就不种地了，山上二十几亩地大部分荒废了，只能种点口粮地，现在主要收入来源就是靠家里不挂牌的小药店，一年能收入 5000 元左右，再加上新农保每年能领到 2400 元钱，这些收入不仅要维持老两口日常的开销，还要用来看病吃药等，生活很艰难。

　　本次调查中通过案例研究还可以发现（案例 3 - 3），农村地区存在一部分因为身患重病或身体残疾而处境较为特殊的老年人，他们一方面由于身体原因无法从事繁重的农业生产和体力劳动，在缺乏子女经济支持和有效的政策扶助的情况下，不得不选择从事一些收入微薄的工作；而另一方面因为疾病等因素，这部分老年人日常生活需要较多花费，导致其生活水平很低。

 **案例 3 - 3　孤苦无助的老人们**

　　江西省鄱阳县汪桥乡岑家村岑大爷，56 岁。

　　老人没有妻子，与 80 多岁的父亲一起居住。岑大爷的老父亲卧病在床，他自己又残疾，几乎没有任何劳动能力，靠捡垃圾为生已经四年多了。由于父亲需要照顾，他只能在方圆 1 公里左右的范围内收垃圾，再远的地方就不去了。他依靠卖废品每个月可以获得 20 元的收入，这也是他通过劳动所能获得的全部收入。

　　每逢过年或红白喜事时，当主人开始燃放烟花爆竹，岑大爷就站在一旁默默地看着，等着，等到大家都离开现场，他就拖着一个蛇皮袋，把一个个盒子装进袋里。烟花爆竹盒子体积大，虽然数量不多，但在他家也已经堆积如山了。按照行情，一个盒子现在可以卖 1 元钱，但是岑大爷认为这个价钱太低了，他不想卖。他说，他要等到价格再高一点的时候才卖，起码要到 2 元钱。他坚信，这个盒子以后一定可以卖到 5 元钱，所以他现在只是存着，一个都不卖。在烟花爆竹盒子的对面放着饮料瓶。每天吃过午饭之后，岑大爷就会带着一个大蛇皮袋出去捡废瓶子。等到傍晚回到家的时候，衣服早已湿透了。塑料瓶、罐头、牛奶纸盒，各种种类的饮料瓶都有。岑大爷说，饮料瓶的行情不稳定，有时候 2 角钱一斤，有时候 1 角钱一个，他也打算等到至少 1 毛钱一个时才卖，否则就把所有的瓶子留在家里。

　　甘肃省华池县悦乐镇土坪村贺爷爷，72 岁。

　　老人平时与老伴居住，儿子、儿媳在外打工。老人和老伴在经济上一直比较独立。因为做过手术，不能再负担农活，贺爷爷便在华池县承包了一间公共厕所，每年承包费用为 5000 元左右，他平时看管公共厕所并负责收费，还要保证公厕的清洁，除去每年的承包费用，一般情况下每月可以挣到 1000 元。为了方便看管公厕，贺爷爷直接住在离公厕不远的 5 平方米左右的小屋子里。尽管一个人生活十分辛苦，但他还是觉得现在这样的状态很好，因为可以给家里带来更多的收入，辛苦一些也没有关系。

　　对于老年人来说，其晚年能够从事的农业生产活动相对较少，从事其他劳动也往往难以有较好的工作待遇和工作环境。结合案例 3-4 可以发现，老年人通过农业劳动获取收入存在很多不确定性因素，农业生产受自然条件和市场价格影响很大，这导致劳动能力较弱的老年人收入很不稳定。而一些选择打工的老年人往往只能从事临时性的体力劳动，缺乏劳动保障并且收入水平很低。案例 3-4 表明了老年人从事农业生产面临的困难，同时老年人外出务工也受到很多限制，依靠自身从事农业生产和体力劳动维持生活的老年人生活处境较为艰难。

 **案例 3-4　艰难务农的老年人**

　　甘肃省华池县桥川乡铁角城村张爷爷，56 岁。

　　老人主要靠种地和养羊为生，由于当地的农业都是靠天吃饭，2013 年的雨水比较少，春天的气温也比较低，虽然土地比较广阔，但大部分都耕种不了。张爷爷家房子后边的土地种了很多果树，有梨树、桃树、苹果树、杏树等，但除了两棵苹果树之外，其他的果树都没有结果。老人说，2013 年春天这些树都已经开花了，但是下了一场雪，把花都冻死了。如果结果的话，到秋天还能把这些果子卖到镇里换些钱，但是 2013 年这部分收入基本就没有了。张爷爷家种了七八亩地，现在地里没什么活，他就到山下帮邻居放羊，这样等自家农忙时，邻居家也会过来帮忙，而别人家在农闲的时候会到县城里面打些零工。

江西省鄱阳县吴家村李大爷，53 岁。

李大爷目前在村里的砖厂上班，一个月平均要上 13—14 天的班，要碰到下雨天或是机器坏了，就只能歇着，所以每个月能挣到的钱不固定，通常在 800—1400 元，几乎全部花在吃饭上。李大爷家现在没有劳动力，加上这几年野猪比较多，经常破坏田地，地基本上种了也没有收成。他家里目前一共有 9 亩地，但是自己只种了 2 亩，主要是种花生、玉米、芝麻，基本上供应自家食用。三个儿子在外打工，但是因为外边的生活成本高，再加上有各自的家庭要经营，所以大儿子和小儿子基本上不给他钱。二儿子虽然没有家庭的重担，但是因为好赌博所以也攒不下钱，每到春节三个儿子回来的时候，不仅拿不回来钱，还要老人出钱购买过节所需要的东西。老人的经济一直都比较拮据。

## 2. 老年人所在家庭主要收入来源为打工和务农

在受访老年人中，2012 年家庭全年现金收入的平均值为 18544.83 元，其中，打工收入是农户的主要收入来源，其次是农业收入和经营性收入，财产性收入只占很小的部分。由本次调查的数据得出，打工年收入的均值为 9125.87 元，农业年收入的均值为 5051.53 元，经营性年收入的均值为 2357.79 元，财产性年收入的均值为 433.91 元。

就老年人所在家庭的全年收入情况看（见表 3-8），家庭年收入为 15001—30000 元的老年人比例最高，占 25.2%，其次为家庭年收入为 5001—10000 元的老年人，占 16.5%，而大部分老年人家庭年收入低于 15000 元（58.3%），甚至有 7.0% 的老年人家庭年收入低于 1000 元。就具体的收入类型来看，26.3% 的老年人家庭年收入中农业收入低于 1000 元，20.1% 的老年人家庭年收入中农业收入为 1001—3000 元，而大部分老年人家庭年收入中农业收入低于 10000 元（75.8%）。在打工收入方面，41.5% 的老年人家庭打工收入低于 1000 元，大部分老年人家庭年收入中打工收入低于 10000 元，仅有 11.5% 的老年人家庭年收入中打工收入为 15001—30000 元。经营性收入和财产性收入能够给老年人所在家庭带来的收入十分有限，其中家庭年收入中经营性收入低于 1000 元的老年人比例为 65.6%，家庭年收入中财产性收入低于 1000 元的老年人占 72.0%。

　　总体上来说，连片特困地区农村老年人所在家庭年收入偏低，大部分老年人所在家庭年收入低于 30000 元，并且农业收入仍是老年人所在家庭最主要的收入来源，打工收入居于第二位，而老年人及其家庭通过其他经营活动获取的收入相对较少。这一状况集中反映了连片特困地区农村经济发展总体较差的现实情况，在区域经济发展相对缓慢的大背景下，老年人及其家庭成员难以通过农业生产以外的其他方式获取比较多的收入，并且收入的多元化也受到限制，这会影响老年人的生活、养老、就医等。

表 3 - 8　　老年人所在家庭 2012 年的各项收入情况

| 收入（元） | 全年总收入 | | 农业收入 | | 打工收入 | | 经营性收入 | | 财产性收入 | |
|---|---|---|---|---|---|---|---|---|---|---|
| | 频数 | 百分比（%） | 频数 | 百分比（%） | 频数 | 百分比（%） | 频数 | 百分比（%） | 频数 | 百分比（%） |
| <1000 | 90 | 7.0 | 339 | 26.3 | 535 | 41.5 | 845 | 65.6 | 927 | 72.0 |
| 1001—3000 | 129 | 10.0 | 259 | 20.1 | 61 | 4.7 | 44 | 3.4 | 15 | 1.2 |
| 3001—5000 | 110 | 8.5 | 185 | 14.4 | 50 | 3.9 | 20 | 1.6 | 16 | 1.2 |
| 5001—10000 | 213 | 16.5 | 193 | 15.0 | 123 | 9.5 | 32 | 2.5 | 9 | 0.7 |

| 收入<br>（元） | 全年总收入 | | 农业收入 | | 打工收入 | | 经营性收入 | | 财产性收入 | |
|---|---|---|---|---|---|---|---|---|---|---|
| | 频数 | 百分比<br>（%） | 频数 | 百分比<br>（%） | 频数 | 百分比<br>（%） | 频数 | 百分比<br>（%） | 频数 | 百分比<br>（%） |
| 10001—<br>15000 | 107 | 8.3 | 26 | 2.0 | 53 | 4.1 | 10 | 0.8 | 2 | 0.2 |
| 15001—<br>30000 | 324 | 25.2 | 63 | 4.9 | 148 | 11.5 | 39 | 3.0 | 8 | 0.6 |
| 30000—<br>100000 | 177 | 13.7 | 14 | 1.1 | 67 | 5.2 | 15 | 1.2 | 0 | 0.0 |
| >100000 | 4 | 0.3 | 0 | 0.0 | 3 | 0.2 | 1 | 0.1 | 0 | 0.0 |
| 缺失 | 134 | 10.4 | 209 | 16.2 | 248 | 19.3 | 282 | 21.9 | 311 | 24.1 |
| 合计 | 1288 | 100.0 | 1288 | 100.0 | 1288 | 100.0 | 1288 | 100.0 | 1288 | 100.0 |

3. 不同居住安排的老年人家庭收入有所差异

从本次调查情况看，不同居住安排的老年人在获取经济和物质帮助方面会有一定差异，其所在家庭的整体收入也相应地存在不同之处。从表3-9可以看出，独居或仅与配偶一起居住的老年人中，有66.2%的人家庭年收入低于10000元，其中有30.5%的老年人家庭年收入低于3000元。而同配偶及（或）其他亲属共同居住的老年人当中，家庭年收入低于10000元的比例为32.9%，家庭年收入在10001—20000元和20001—30000元的分别为27.3%和20.1%。可见不同居住安排的老年人家庭收入有较大差异，独居或仅与配偶一起居住的老年人家庭收入水平明显偏低。这种情况出现的原因是多方面的。首先，独居或仅与配偶居住的老年人可能与子女已经分家生活，其家庭收入仅包括老年人自身的收入；其次，独居或仅与配偶一起居住的老年人中存在相当一部分孤寡、弱势老年人，其缺乏家庭的支撑。对于老年人来说，较好的家庭经济状况能够使其生活得到更好的保障，虽然在现实生活中，老年人的生活状况还要受到家庭人口数、是否患有疾病以及儿女的敬老程度等因素的影响，但家庭收入是保障老年人生活的基本条件，独居老年人应当得到更多关注。

表 3 - 9　不同居住安排老年人的家庭年收入

| 收入（元） | 独居或仅与配偶一起居住 | | 同配偶及（或）其他亲属共同居住 | |
|---|---|---|---|---|
| | 频数 | 百分比（%） | 频数 | 百分比（%） |
| < 3000 | 148 | 30.5 | 71 | 10.6 |
| 3001—5000 | 62 | 12.8 | 47 | 7.0 |
| 5001—10000 | 111 | 22.9 | 102 | 15.3 |
| 10001—20000 | 75 | 15.5 | 182 | 27.3 |
| 20001—30000 | 39 | 8.0 | 134 | 20.1 |
| 30001—50000 | 29 | 6.0 | 92 | 13.8 |
| 50001—80000 | 17 | 3.5 | 30 | 4.5 |
| > 80000 | 4 | 0.8 | 9 | 1.3 |
| 合计 | 485 | 100.0 | 667 | 100.0 |

为了进一步了解不同居住安排老年人家庭收入情况的差异，本研究分别对老年人所在家庭的农业收入、打工收入、经营性收入和财产性收入进行比较，以分析老年人居住安排与其收入来源的关系。

就不同居住安排老年人家庭年收入中农业收入的情况看（见表 3 - 10），独居或仅与配偶居住的老年人收入水平明显偏低。其中，28.0% 的独居或仅与配偶一起居住的老年人中家庭农业年收入低于 500 元，而与配偶及（或）其他亲属共同居住的老年人这一比例则相对较低。同时，只有 21.4% 的独居或仅与配偶一起居住的老年人家庭农业年收入大于 5000 元，而与配偶及（或）其他亲属共同居住的老年人中，这一比例明显较高。可见独居或仅与配偶居住的老年人通过农业生产获得收入的能力相对较低，一方面与家庭成员数量有关，另一方面也与老年人在农业生产方面可以获得的帮助有关，独居或仅与配偶居住的老年人家庭人口数量少，农业生产劳动力较少，能够经营的土地规模也比较小。

表 3 – 10　不同居住安排老年人的家庭农业（种植、养殖业）收入

| 收入水平（元） | 独居或仅与配偶一起居住 | | 同配偶及（或）其他亲人共同居住 | |
| --- | --- | --- | --- | --- |
| | 频数 | 百分比（%） | 频数 | 百分比（%） |
| ＜500 | 123 | 28.0 | 151 | 23.7 |
| 501—1000 | 26 | 5.9 | 39 | 6.1 |
| 1001—1500 | 16 | 3.6 | 14 | 2.2 |
| 1501—2000 | 59 | 13.4 | 61 | 9.6 |
| 2001—3000 | 53 | 12.0 | 56 | 8.8 |
| 3001—5000 | 69 | 15.7 | 115 | 18.1 |
| ＞5000 | 94 | 21.4 | 201 | 31.6 |
| 合计 | 440 | 100.0 | 637 | 100.0 |

通过案例 3 – 5 可以看出，对于独居或仅与配偶一起居住的老年人来说，农业生产是他们最主要的收入来源，但由于自身劳动能力下降，能够获得的帮助很少，老年人无法通过农业生产获得较高的收入。加上农产品价格相对较低，连片特困地区农产品的储存、销售也存在困难，对于本来就比较贫困的老年人来说，既无力扩大农业经营规模，也无法从事高收入的农业生产。

 **案例 3 – 5　靠农业生产谋生的老年人**

陕西柞水县汪大爷，60 岁。

老人的配偶去世了，儿子患有精神病。老人家里种着 4 亩多的地，不过大部分在深山里，平时也就是种一些土豆、玉米和黄豆。只是近两年由于封山育林保护野生动物，山里的野猪太多，野猪经常会到农户的田地里偷吃庄稼，汪大爷说自家的玉米、土豆总是会有野猪偷吃，晚上住在田边的棚子里都吓不走它们。除了务农之外，汪大爷现如今也没有其他的事情可以做了。早些年，汪大爷还年轻，身体经得住重活，就在家乡的修路队里打工挣钱。

因为家里情况特殊，村里将汪大爷评为低保户。由于是第一

次拿低保，他连具体的补助金额也不清楚。2012 年，家里靠种植核桃挣了 2000 元，2013 年 3 月持续下雪，很多核桃树都被冻死了，就没有核桃可卖，低保就成了家里唯一的收入来源。

甘肃省华池县乔川乡铁脚城村王大娘，独居，儿子在外打工。

老人家里现在的主要收入来自养羊，由于夏天雨水量大，荞麦苗经常被水淹没导致绝收。她说："种田是赚不了钱的，种田太辛苦了！"她家 2013 年养了 50 只山羊。现在山羊的价格每斤 10—13 元，这 50 只山羊可以卖到 1 万多元。虽然封山禁牧使得山区逐渐恢复了生态环境，但是给山区村民也造成了不同程度的损失，并且未提供任何补偿。迫于无奈，大娘家只好偶尔在附近的小山洼里偷偷放羊。绝大多数时间大娘要自己去草地里割草，放在自己编的竹筐里背回来喂给羊吃。这样的喂养方式使山羊的品质受到影响，销售价格也随之下降。

陕西柞水县秦丰村苏爷爷，72 岁。

老人的主要收入来源之一是去山上采摘核桃，老人说 2013 年采摘核桃不赚钱，也就 300—400 元的收入，2012 年的时候则是 1000 多元。另外，老人还靠种地养活自己。苏爷爷本来有 4 亩地，后来被三儿子分走了 2 亩，自己现在和老伴儿只能靠剩下的 2 亩过活，平时就种些玉米、土豆和黄豆，土豆留着自己吃，黄豆和玉米全都卖了买粮食吃。老人说，2012 年自己收获了 800 斤玉米和 300 斤黄豆，玉米市价每斤 1 元钱，黄豆市价每斤 2 元钱，这一年从地里收入了 1400 元左右。另外，苏爷爷和老伴儿都到了拿养老金的年龄，每人每个月能拿 60 元钱。这些就是苏爷爷家里一年的全部收入。

在打工收入方面，不同居住安排的老年人差异非常大（见表 3-11）。首先，独居或仅与配偶居住的老年人中，有 71.1% 的老年人家庭全年打工收入低于 500 元，意味着这部分老年人没有或者很少通过打工换取收入；而在同配偶及（或）其他亲属共同居住的老年人中，这一比例则为 34.7%。其次，独居或仅与配偶居住的老年人中，只有 19.1% 的老年人家庭全年打工收入能够超过 5000 元，而同配偶及（或）其他亲属共同居住的老年人中，有 50.2% 的老年人全家年打工收入能够超过 5000 元。从上述情况来看，独居或仅与老伴一起居住的老年人通过打工获取收入的水平相对较低，其生活来源的多样性程度不高。在目前的农村社会发展阶段中，打工是农村居民尤其是连片特困地区农村居民在农业生产以外获取收入的重要途径，老年人因劳动能力下降而无法外出打工，独居或者仅与配偶一起居住的老年人在农业生产以外无法获取更多的收入，其经济来源自然会受到限制。虽然与配偶及（或）其他亲属共同居住的老年人所在家庭的打工收入可能并不是来源于老年人的工作，但其家庭总体收入的增加对老年人改善生活质量无疑会有一定的帮助。

表 3 - 11　不同居住安排老年人的家庭打工收入

| 收入（元） | 独居或仅与配偶一起居住 | | 同配偶及（或）其他亲属共同居住 | |
|---|---|---|---|---|
| | 频数 | 百分比（%） | 频数 | 百分比（%） |
| <500 | 291 | 71.1 | 218 | 34.7 |
| 501—1000 | 8 | 2.0 | 16 | 2.5 |
| 1001—1500 | 0 | 0.0 | 2 | 0.3 |
| 1501—2000 | 7 | 1.7 | 27 | 4.3 |
| 2001—3000 | 9 | 2.2 | 16 | 2.5 |
| 3001—5000 | 16 | 3.9 | 34 | 5.4 |
| >5000 | 78 | 19.1 | 316 | 50.2 |
| 合计 | 409 | 100.0 | 629 | 100.0 |

在经营性收入方面，如表 3 - 12 所示，独居或仅与配偶一起居住的老年人当中，有 87.5% 的人家庭经营性收入低于 500 元，且只有 6.7% 的老年人家庭全年经营性收入高于 5000 元。而在同配偶及（或）其他亲属共同居住的老年人当中，有 78.8% 的老

年人家庭全年经营性收入低于500元，有11.6%的老年人家庭经营性收入高于5000元。由此可以看出，非独居老年人在经营性收入方面要好于独居老年人，独居老年人获得经营性收入的途径较少且额度较低。但总体而言，被访老年人的经营性收入普遍偏低。

表 3 – 12　不同居住安排老年人的家庭经营性收入

| 收入（元） | 独居或仅与配偶一起居住 | | 同配偶及（或）其他亲人共同居住 | |
|---|---|---|---|---|
| | 频数 | % | 频数 | % |
| < 500 | 351 | 87.5 | 475 | 78.8 |
| 501—1000 | 6 | 1.5 | 11 | 1.8 |
| 1001—1500 | 1 | 0.2 | 0 | 0.0 |
| 1501—2000 | 6 | 1.5 | 21 | 3.5 |
| 2001—3000 | 4 | 1.0 | 12 | 2.0 |
| 3001—5000 | 6 | 1.5 | 14 | 2.3 |
| > 5000 | 27 | 6.7 | 70 | 11.6 |
| 合计 | 401 | 100.0 | 603 | 100.0 |

在财产性收入方面（见表 3 – 13），不同居住安排的老年人差异非常明显。首先，独居或仅与配偶一起居住的老年人中，有95.6%的老年人家庭全年财产性收入低于500元，只有0.5%的老年人家庭全年财产性收入高于5000元。换言之，大部分独居或仅与配偶一起居住的老年人几乎没有财产性收入。其次，同配偶及（或）其他亲属共同居住的老年人中，家庭全年财产性收入在500元以下的为89.4%，大于5000元的则为2.9%。相对于独居老年人来说，与亲属共同居住的老年人家庭财产性收入偏高。但是总体而言，连片特困地区农村老年人家庭财产性收入处于较低水平，老年人通过财产性收入获益的可能性较小。

表 3 - 13　不同居住安排老年人的家庭财产性收入

| 收入（元） | 独居或仅与配偶一起居住 | | 同配偶及（或）其他亲属共同居住 | |
|---|---|---|---|---|
| | 频数 | 百分比（％） | 频数 | 百分比（％） |
| < 500 | 372 | 95.6 | 524 | 89 4 |
| 501—1000 | 7 | 1.8 | 22 | 3.8 |
| 1001—1500 | 1 | 0.3 | 2 | 0.3 |
| 1501—2000 | 3 | 0.8 | 5 | 0.9 |
| 2001—3000 | 3 | 0.8 | 1 | 0.2 |
| 3001—5000 | 1 | 0.3 | 15 | 2.5 |
| > 5000 | 2 | 0.5 | 17 | 2.9 |
| 合计 | 389 | 100.0 | 586 | 100.0 |

案例研究（案例 3 - 6）发现，虽然不同居住安排的老年人家庭收入情况有较大差异，但是对于众多的连片特困地区农村老年人及其家庭成员来说，通过农业生产能够获取的收入非常有限，大多只能满足基本的口粮需求，大部分有劳动能力的老年人及其家人会选择外出务工，但这部分外出务工人群往往从事体力劳动，收入较低且劳动强度较大，其生活水平依然不高。在连片特困地区，由于区域经济发展水平较低，老年人及其家人在本身收入水平不高的情况下难以获得财产性收入和经营性收入，尤其是对处境困难的贫困老年人来说，其收入来源更为有限。

 **案例 3 - 6　艰难谋生的老年人及其家人**

宁夏西吉县吉强镇南台村杨奶奶，回族，84 岁。

老人有两儿两女。老人自己的收入只有高龄补贴和农村基本养老金，而老人家里的其他收入来源包括子女外出务工和退耕还林补贴两项。老人家退耕还林地一共 10 亩，前些年的补贴是每亩每年 4—5 袋麦子，从 2013 年开始每亩 80 元钱。老人的小儿媳妇（肩部因车祸受伤，不能从事高强度劳动）一直在建筑公司做装卸工，每天的工资少则二三十元，多则八九十元，这是她家主要的收入来源。老人的小儿子身体一直不好，2012年还能在工地上打一点零工，但2013年之后就不能再干活了，如今只能待在家里，每天都要吃药。老人的孙媳妇每年大约有2—3个月到建筑工地当小工，每天有七八十元的收入，其余时间在家照顾老人和其他家庭成员。

陕西秦丰村王奶奶，84岁，四世同堂。

王奶奶每个月有75元钱的养老金，每年还有1200元左右的高龄补贴。另外，由于儿子年纪也大了，无法出去打工，村里特意给王奶奶一个三级低保名额，每个月有几十元钱。但她儿子说，这些钱王奶奶都不要，也不管，每次都是他帮忙取出来，半年取一次。王奶奶儿子家里的生活条件也不是十分富足，家里面主要的经济收入来源是外出务工，由于经常腿痛，儿子现在也不怎么出去找活干了，偶尔会在村里帮着建筑队劈石头，一天赚100元钱。家里现在主要靠王奶奶的两个孙子在外面奔波。大孙子28岁，虽然已经结婚，有两个孩子，但还没有分家，是家里目前的顶梁柱。只要天晴无事，大孙子就会去村口的一个厂子里面给人家打工，做空心砖，一天能赚120元钱。小孙子26岁，也在外面打工，虽然每个月能收入1500元钱，但是只够自己吃喝。除此之外，家里没有其他经济收入。

陕西贫困老人汪爷爷，70岁。

老人全家6口人生活主要依靠大儿子夫妇和大孙子在西安打工，每年收入在35000元左右。除了大儿子夫妇的收入之外，国家对农村老人的补助也是汪爷爷生活所需的来源。由于对低保政策不了解，汪爷爷这几年一直都没有向村里申请过低保，汪爷爷准备这几年让儿子找时间向村里申请。每月55元的养老金发在信用合作社的卡里，汪爷爷会在年底的时候去镇上领取。政府给高龄老年人发放的每月50元的养老补贴也同样是在每年年底领取。除此之外，最近两年县上的干部在过年的时候下乡来到家里看望过老人两次，每次都给汪爷爷带来200元的生活补助。

通过连片特困地区农村老年人的案例研究还发现（案例3－7），一部分贫困老年人由于劳动能力不足，基本无法从事繁重的农业生产，更难以外出务工获得收入，尤其是子女经济条件差的老年人，可以获得的生活来源非常有限。老年人晚年本应享受子女的赡养，但是子女家庭生活负担较重，往往难以给予老年人应有的赡养。在以家庭养老为主的连片特困地区，贫困老年人的处境就难上加难。

 **案例3－7　劳动力有限影响了家庭收入**

宁夏西吉县苏堡乡张岔村姚爷爷，丧偶，与小儿子一起居住，77岁。

老人由于年老体弱已经基本没有劳动能力，家里的农活基本上是小儿子在做。小儿子要照顾老人和两个未成年的孩子，没办法出去打工，只能在家里种地，因此收入不高。小儿子一共种了20亩地，因为土地贫瘠和气候原因，基本上种的是五谷杂粮，没什么经济作物，一年能收入3000—4000元，用老人的话讲就是"吃是够了"。2012年曾有一个江苏记者到他家采访，得知老人的两个孙女一个在上六年级另一个在上初二，之后就每月给孩子每人寄200元钱。据了解，这是江苏一个私人企业家的钱，重点资助西海固地区的贫困家庭。

甘肃省王民乡大岔村包家河组马爷爷，回族，77岁。

老人有一个儿子和四个女儿，现在与儿子一家住在一起。老人说现在所有的子女都不给自己生活费，平时所有的生活都是儿子和儿媳照管。老人的儿子现在在家务农，家里以前种了四十几亩地，但是由于没有劳动力（孩子常年在外打工，不回家），2012

年就减少到 27 亩，2013 年只种了 22 亩。这些耕地主要种植的是土豆、高粱和胡麻等，除去自家吃掉的，一年的净收入在 3000—4000 元，够维持一家人一年的生活，几乎没有多余的。2012 年家里一共种了 10 亩土豆，每亩的产量 1000 斤左右，平均每斤 0.5元，收入 5000 元；8 亩胡麻，每亩的产量 100 斤左右，平均每斤3.2 元，收入 2560 元；5 亩高粱，主要用来喂牛羊，不食用也不出售；3 亩糜子，平均每斤 1 元，一般用来换麦子，换的麦子基本够解决全家一年的吃饭问题。

　　广西龙州县金龙镇武联村陈爷爷，64 岁，老伴去世多年。

　　老人身体状况一直不好，儿子在老人得病之前在深圳打工，每个月的工资大约有 2000 多元，由于生活费比较高，每个月最多剩下 1000 元钱，自从老人生病，儿子就回来了。家里现在种了 4亩地，都是儿子在耕种，其中 1 亩多种水稻，其他种甘蔗，水稻全部用来自己吃，一般够吃，有时不够吃了也会买一点点。甘蔗主要用于出售，每年能收 40 吨左右，每吨甘蔗 460 元（山里路不好走），算下来每年出售甘蔗的收入大约有 1.8 万。老人的儿子说，现在需要有人在家里照顾爸爸，而且家里的地也需要人耕种，所以自己没有办法出去打工，只能在家干一些农活。

### 4. 老年人在家庭中经济地位不高

　　老年人在家庭中的经济地位会影响到老年人的生活开支和生活质量，就独居或仅与配偶一起居住的老年人而言，家庭经济开支一般可以独立掌握，但是对同配偶及（或）其他亲属共同居住的老年人来说，自身在家庭中的经济地位往往受到很多因素影响，老年人劳动能力、家庭养老传统、子女敬老程度、家庭整体经济状况等都会影响老年人在家庭中的经济地位。针对与配偶及其他亲属居住老年人在家庭中的经济地位的调查情况可以发现（见表3-14），虽然 23.5% 的老年人能够完全做主家庭经济开支，22.6% 的老年人能够决定非主要的家庭开支，但更多的老年人无法参与到家庭经济决策中，有37.1%的老年人只能对自己的开支做主，还有13.4%的老年人完全不能做主。这种情况与农村家庭结构有密切联系，连片特困地区农村老年人与配偶及其亲属居住，但是家庭内部可能已经分家，老年人仍然需要通过自己的劳动获取收入，子女能够给予的物质赡养较少，分家之后虽然居住在一起，但是老年人只能决定自己的开支。而对于无经济来源的老年人来说，只能依靠子女赡养，物质收入完全取决于子女，老年人很难做主。

谭深（2009）认为，在外出务工越来越成为农村主要收入来源的背景下，不能外出打工的老年人逐渐被边缘化了，家庭权力明显下移，老年人已经失去了权威，很多大事由子女辈做主，老年人能够做的就是帮助子女料理他们在家乡的具体事务，如种田和照料孙子女。如果老年人不能对家庭开支做主，便会处于较为被动的局面，尤其是当身体健康、住房条件等方面出现困难时，可能会因此而陷入困境。

**表 3 – 14　与配偶及其他亲属居住老年人在家庭中的经济地位**

| 老年人经济地位 | 几乎所有家庭开支都做主 | 一些非主要家庭开支做主 | 只能对自己的开支做主 | 对任何开支均不能做主 | 不知道 | 合计 |
|---|---|---|---|---|---|---|
| 频数 | 166 | 160 | 262 | 95 | 24 | 707 |
| 百分比（％） | 23.5 | 22.6 | 37.1 | 13.4 | 3.4 | 100.0 |

5. 三分之一的老年人生活来源不足

通过以上研究可以发现，连片特困地区农村老年人收入水平低，能够获得的子女及其他亲属的赡养水平不高，在现有农村社会保障制度仍然不完善的情况下，老年人处境堪忧。不少学者针对老年人收入情况的调查显示，贫困地区老年人收入水平总体仍然不高。王蕾（2013）分析了贫困地区农村老年人的物质需求现状，指出贫困地区农村老年人的基本消费需求和医疗保健需求难以得到满足，农村家庭的可支配收入较低，农民的收入水平直接决定他们养老的物质需求是否能得到满足，对于那些基本物质需求难以得到满足的老年人来说，其精神生活就更加贫瘠了。叶敬忠等（2008）针对留守老年人的研究发现，80.9%的留守老年人依靠自己的劳动自养，但老年人从事农业生产或其他副业的自我劳动收入往往仅能满足基本生活需求，有时甚至不足以自养；子女外出务工对留守老年人的影响是负面的，很多农村留守老年人不仅基本的养老需求无法获得满足、承受沉重的劳动负担，还要肩负抚养孙辈的重担。

针对老年人生活来源是否够用这一问题，本次调查发现（见表3-15），66.4%的被访老年人认为其生活来源是够用的，同时33.6%的老年人认为生活来源不够用，而且不同居住安排的老年人在这一问题的回答上差异并不显著。为了进一步了解贫困户和非贫困户老年人在收入是否够用方面的差异，本研究将两类老年人进行了对比，发现非贫困户中有21.2%的老年人认为其生活来源不够用，而在贫困户中则有56.9%的老年人觉得其生活来源不够用。由此可见，在贫困户老年人中，生活来源不够用的现象尤为严重。如此高比例的老年人生活来源不够用，一方面反映连片特困地区农村整体经济发展水平仍然不高，老年人生活状况有待改善；另一方面也说明贫困地区老年人缺乏有效的社会保障支撑，可能连基本生活需求都难以得到满足。

表3-15 老年人生活来源是否够用

| 生活来源是否够用 | 独居或仅与配偶居住 | | 同配偶及（或）其他亲人共同居住 | | 合计 | |
| --- | --- | --- | --- | --- | --- | --- |
| | 频数 | 百分比（%） | 频数 | 百分比（%） | 频数 | 百分比（%） |
| 够用 | 358 | 65.9 | 482 | 66.7 | 840 | 66.4 |
| 不够用 | 185 | 34.1 | 241 | 33.3 | 426 | 33.6 |

进一步的案例研究发现（案例3-8），对于身体健康状况比较

好，家庭没有重大变故的老年人来说，其生活花费一般比较少，主要以基本生活需求为主，在获取政府提供的养老金和其他政策性补助及子女赡养后，其生活基本能够得到满足。但是对身体健康状况差、生活开支较高的老年人而言，其生活需求很难得到满足。

 **案例 3 – 8　老年人生活来源是否够用？**

陕西柞水县秦丰村张爷爷，69 岁，独居。

张爷爷的老伴几年前去世了，他自己一个人住，因为年纪比较大并且身体不太好，他只是简单地种了一点地。老人一年里能拿到的低保金和养老金不到 1400 元，当询问老人这些钱是否够用时，老人回答道："够！我又不买什么东西，就整天吃一两顿饭，买些油啊、肥皂啊，交个电费。我已经对生活很满意了，共产党的政策好啊！之前没有低保嘛，老了之后又不能做活，没有钱花也得过。现在有补助，过起来轻松多了！"

陕西患病贫困老年人陈奶奶，63 岁。

陈奶奶的老伴 2011 年因病去世了，因为很早就和子女分家了，老人一个人居住，收入主要来自养老金和儿女的赡养费。儿女的赡养费不定时给，一般每年只有几百元，偶尔子女们会给老人送点吃的和其他生活用品。养老金每个月 55 元，陈奶奶一般都是攒几个月才取一次。当问到陈奶奶这些钱是否够用时，陈奶奶无奈地说："没钱啊，就这么一点点钱，逢年过节还要送人情，剩不了多少。"

甘肃省大岔村包家河组失明老年人王爷爷，84 岁，回族。

老人是村里的五保户，因白内障失明八九年了，无亲生子女，只有一个从兄弟家抱养的女儿。老人家的收入来源主要来自女儿、女婿种地和外出打工。女婿在附近的乡镇帮别人盖房子，每天工资100元左右，没事做的时候就在家种地。老人的女婿家种了十几亩地，其中六七亩土豆，两三亩玉米，玉米大部分用来自己吃，一般也卖不了钱，土豆每年会卖一部分，但是市场行情很不稳定，每年的收入变化比较大。女儿女婿能够给王爷爷的经济帮助并不多，只是在生活上会有一些照顾。老人两项重要的经济来源就是养老金和五保户的补贴，这些收入除了满足老年人的基本生活需要外基本没有剩余。

## 三 贫困老年人生活开支负担较重

从以往学者的研究可以发现，老年人生活成本主要包括四个方面：①老年人的日常生活开支，主要包括食品、衣物、住房、出行等；②老年人的医药支出，包括就诊、买药、治疗、手术等；③老年人在娱乐休闲方面的开支，如旅游、运动、电影报刊等；④与亲友或其他人交往的费用，如对子女、孙子女的资助，与亲友的礼尚往来等（陈新锋，2005；邓颖，2004；于洪彦，2008）。随着社会经济的不断发展，大部分老年人都不存在温饱问题（李宇卫，2012）。但在一些贫困地区，家庭自养功能严重不足，老年人的物质生活非常艰难，特别是一些贫困家庭中子女本身经济状况就比较差，难以负担老年人的养老支出，老年人无法从子女那里得到充足的物质赡养，客观上造成了家庭养老压力大，部分老年人只能过着"种地糊口，养鸡换盐"的自养生活（曹国选，2009）。从本次调查的情况看，贫困地区老年人在医疗、饮食等方面花费较多，同时一部分老年人给予子女的经济帮助也增加了他们的负担。

1. 老年人看病和食品支出比重较高

对连片特困地区的老年人来说，基本的温饱都能得到保障，但由于农村社会保障制度仍然不健全，老年人无法得到足够的正式社会保障支持，而家庭能够给予老年人的物质赡养也相对不足，老年人的经济压力实际上非常大。本次调查发现，连片特困地区农村老年人看病就医、饮食、生活用品消费是家庭日常开支中最主要的三项内容。调查结果显示（见表3－16），32.4%的老年人认为看病吃药花费最多，31.5%的老年人认为食品支出最多，20.3%的老年人认为生活用品支出最多，其他开支所占比例则相对较少。在花费第二多的选项上（见表3－17），占据前三位的是食品、生活用品和看病吃药。可见，医疗、饮食和生活用品消费是老年人家庭开支中最主要的三项。值得注意的是，更多的老年人认为看病吃药消费超过食品开支，这表明医疗负担已经影响到老年人及其家庭的生活质量。

表3－16　老年人家庭中支出最多的项目

| 选项 | 看病吃药 | 食品 | 生活用品 | 衣物添置 | 购置家电等大件商品 | 给子女或孙子女的支出 | 房子相关 |
|---|---|---|---|---|---|---|---|
| 频数 | 416 | 404 | 261 | 29 | 22 | 47 | 8 |
| 百分比（%） | 32.4 | 31.5 | 20.3 | 2.3 | 1.7 | 3.7 | 0.6 |
| 选项 | 雇佣他人 | 交房租 | 生产经营 | 不确定 | 礼金 | 社会活动 | 业余爱好 |
| 频数 | 6 | 3 | 53 | 5 | 22 | 7 | 1 |
| 百分比（%） | 0.5 | 0.2 | 4.1 | 0.4 | 1.7 | 0.5 | 0.1 |

表3－17　老年人家庭中支出第二多的项目

| 选项 | 食品 | 生活用品 | 衣物添置 | 购置家电等大件商品 | 给子女或孙子女的支出 | 看病吃药 | 业余爱好 |
|---|---|---|---|---|---|---|---|
| 频数 | 372 | 392 | 66 | 19 | 51 | 254 | 2 |
| 百分比（%） | 30.3 | 32.0 | 5.4 | 1.5 | 4.2 | 20.7 | 0.2 |
| 选项 | 雇佣他人 | 交房租 | 生产经营 | 没注明 | 礼金 | 社会活动 | 房子相关 |
| 频数 | 3 | 1 | 51 | 5 | 5 | 4 | 1 |

续表

| 选项 | 食品 | 生活用品 | 衣物添置 | 购置家电等大件商品 | 给子女或孙子女的支出 | 看病吃药 | 业余爱好 |
|---|---|---|---|---|---|---|---|
| 百分比（％） | 0.2 | 0.1 | 4.2 | 0.4 | 0.4 | 0.3 | 0.1 |

通过典型案例研究进一步发现（案例3-9），连片特困地区农村老年人身体健康状况普遍较差，一些老年人身患多种疾病或严重疾病，日常生活中用于看病就医的支出非常大。在家庭经济条件有限的情况下，子女能够给予老年人的经济支持很少，更难以为老年人看病就医提供帮助。对于劳动能力逐渐丧失的老年人而言，通过自己劳动获取收入已经越来越难，但同时必须在医疗和饮食等方面支出大量费用，其生活压力不言而喻。

 **案例3-9　主要开支是购买食物和看病的老年人**

宁夏西吉县吉强镇上河村马奶奶，80岁，回族。

老人在村里能够领取低保金、养老金等，这是她最主要的生活来源。马奶奶说之前有一次让孙子给自己取钱，孙子拿着钱花掉了，因此现在领取低保和养老金的存折都是自己拿着，虽然行动不方便，但老人也只能自己去镇上的银行取钱。老人大部分的钱用于购买食品，另外老人身体不太好，经常需要看病吃药，也要花很多钱。谈到儿女们能否给老人帮助，马奶奶很失落地说："他们自己都很困难，哪有钱给我！"

宁夏西吉县吉强镇南台村杨奶奶，回族，84岁，有两儿两女。

老人家里每年支出最多的是医药费用，杨奶奶每年要花3000—4000元的医药费，孙女身体残疾也要每天吃药，每年的药费大约2000元。据杨奶奶的家人讲，要治好孙女的病需要更换病患部位关节，需要十几万的费用，家里根本就出不起这么多钱，病也只能拖着。另外一笔不小的开支是冬天取暖用的燃料，每年需要购买两吨炭，每吨炭的价格是 700 多元。其余的花费还有与村民和亲人之间的人情往来，数目也不小。

甘肃省华池县徐背台村王爷爷，71 岁。

王爷爷以前是公职人员，现在退休后能够领取一部分退休金。由于王爷爷和老伴的身体都不好，所以家里的地都给亲戚种，亲戚会回报给他们一些土豆和玉米。大儿子住在村里，平时会送来一些米面和蔬菜，所以老两口的食品不用花费太多。虽然王爷爷每年有将近 4 万元的退休金，但是都花在了看病上，再加上没有其他收入来源，家里基本没有多余的钱。用王爷爷的话来说："退休金都送到医院了！要不是儿女给点粮食，我们老两口得饿死。"

通过对案例分析可以发现（案例 3 - 10），在一些贫困地区，农村老年人用于婚丧嫁娶的人情消费非常多。农村社会传统风俗仍然保留比较多，尤其是在经济相对不发达的贫困地区，红白喜事对整个村庄都非常重要，老年人作为村庄内部的一员往往需要参与到这些活动中，人情往来的"份子钱"让很多贫困老年人"吃不消"。此外，老年人的亲人、朋友遇到红白喜事也需要出钱。在传统风气和宗教比较流行的地区，老年人用于上坟、宗教信仰的支出很高，这甚至成为一些老年人花费最多的项目。而北方地区的老年人在取暖方面需要一定的花费，对缺乏劳动能力的老年人来说，购买煤炭取暖是一笔不小的开销。

 **案例 3 - 10　婚丧嫁娶占用老年人大量支出**

陕西秦丰村独居老人万爷爷，79 岁。

老人主要的经济收入是每个月 65 元的养老金，再加上一年 1100 元的高龄老年人补贴，这些收入用来购买食品和缴纳电费等日常开支。万爷爷说，他老了，因此省去了给村里人送礼的钱，但是村里有时候有红白喜事以及孩子考上大学等情况，作为村里的一分子，如果收到人家吃酒席的邀请，就要去送一份礼物，这是当地的一种习俗。

广西龙州县金龙镇武联村陈爷爷，64岁。

陈爷爷身体不好，每年医药费开支很大，为了给老人看病家里的积蓄基本花光了。但是据他说，近几年家里花钱最多的地方是走人情，姐姐家有人结婚的时候给了2000元，表哥家有人结婚给了500元，2012—2013年的人情花费就超过了5000元。家里买化肥和农药每年也需要五六千元，全家每年的支出最少1万元，挣的钱刚刚够花。

宁夏西吉县吉强镇大滩村马爷爷，回族，74岁。

马爷爷是村里的孤寡老人，无子女，信仰伊斯兰教并且是阿訇。在经济支出方面，老人支出最多的是上坟，他每年都要去兰州、银川、平凉等地，每次的花费200—300元，这些花费主要包括路费、吃住和寺庙供奉，一年加起来最少花费1000元。花费第二多的是冬天取暖用的煤炭，一年1000元左右。另外，走人情每年也要花1000多元。据老人讲，村里人对他特别好，因此每逢婚丧嫁娶老人都会根据亲疏远近出份子钱，不出钱心里过意不去，结婚的份子钱一般是30—50元。老人偶尔会去侄儿家吃饭，村民有时候也会给他送吃的，他每年购买食品的支出不到1000元。另外，老人的亲人朋友过世的时候会进行念锁儿（祭日），这对他来说也是一笔支出。

宁夏西吉县大岔村失明老人王爷爷，五保户，84岁。

老人目前跟自己唯一的女儿一起住，女儿家每年的收入在1万元左右。老人最大的花销是吃饭，如果不够的话就先借一下，等有了钱再还上。当问老人的女婿家里有没有存款时，他很无奈地笑了："吃都吃不饱，还要借钱，哪里还能有什么存款。"老人一家所在的村子里没有水井，因此所有的生活用水都需要去附近的乡镇买，这对一家人来说是一笔不小的开支。老人的女婿开三轮车去拉水，一次拉三四桶，每桶水售价1.5元，这些水可以供一家人吃十来天。另一笔重要支出是每年的取暖用炭，老人一家每年大约需要1吨半的炭，需要花费1700元左右。

### 2. 较多老年人仍需给予子女经济帮助

在受传统文化影响比较深的中国农村地区，老年人与子女之间的经济流动一般是双向的，老年人在子女婚嫁、建房、上学等方面提供经济支持，子女则反过来赡养老年人，这种代际间的经济流动对老年人生活有重要影响。调查显示，目前大约有65%的中国家庭存在"啃老"现象，更有30%左右的成年人仍然依靠父母生活。黄爱荣（2012）认为，农村老年人自养能力低的一个重要原因是年轻时创造的财富基本上都用于家庭投资，如子女的婚嫁、教育等，而对自己的投资则很少，因此在经济上只能依赖子女，但是老年人所得的赡养费用远远低于供养子女的费用，代际之间存在严重不均衡的互惠现象。

本次调查发现（见表3－18），老年人给予子女经济帮助的现象在连片特困地区非常普遍，通过对老年人过去一年中给予子女经济帮助情况的统计发现，老年人给予子女经济帮助的均值为1034.13元。就给子女经济帮助的数额看，18.9%的老年人给予子女500元以下的帮助，10.1%的老年人帮助金额在501—1000元，有9.2%的老年人经济帮助数额在1001—3000元，甚至有4.9%的老年人经济帮助数额超过3000元。在现有农村社会环境下，老年人给予子女经济和物质帮助是较为普遍的现象，连片特困地区经济发展水平较低，很多老年人在子女家庭生活困难，子女建房、婚嫁等时候会为子女出钱。连片特困地区老年人本身经济压力就比较大，还要为已经成年的子女提供经济帮助，其晚年经济负担可见一斑。

表 3-18　受访老年人过去一年中给予子女的经济帮助

| 总额 | 0 | <500 | 501—1000 | 1001—3000 | 3001—10000 | >10000 | 合计 |
|---|---|---|---|---|---|---|---|
| 频数 | 644 | 219 | 117 | 107 | 57 | 13 | 1157 |
| 百分比（%） | 55.7 | 18.9 | 10.1 | 9.2 | 4.9 | 1.1 | 100.0 |

**3. 子女婚嫁及建房增加了老年人压力**

对于一些子女较多或者子女有经济压力的老年人来说，往往要给予子女一定的经济支持。子女上学、婚嫁、建房甚至孙子女抚养等都会有老年人提供经济支持。在调查中收集到为子女婚嫁、建房等出钱的有效问卷数 556 份，其中老年人借钱为子女开支的有 115 位，占总数的 20.7%，没有借钱而是用自己的钱资助子女的有 441 位，占总数的 79.3%。老年人本应该得到子女的赡养，但是由于贫困地区老年人一般子女较多，子女上学、婚嫁和建房等问题给老年人带来很大的经济负担。

在针对农村老年人为子女婚嫁花费的调查中，745 位老年人对此问题做出回应，其中子女未婚的有 54 人，占总数的 7.2%，而子女已婚的则占到了 92.8%。在老年人为已婚子女的花费方面，花费在 3000 元及以下的最多，占总数的 36.0%，花费在 3001—5000 元和 5001—10000 元的分别占到了总数的 20.3% 和 21.0%，花费在 10001—30000 元的人占总数的 13.7%。花费的多少不仅仅与老年人家庭的经济情况有关，也和所在地区经济发展情况、具体婚嫁时间、地方风俗等有重要关系。子女婚嫁耗费了老年人相当大一部分收入，成为老年人不得不面对的一道难题，也给其生活带来了较大的负面影响。

表 3-19　老年人为子女结婚的花费情况

| 数额 | 3000 元及以下 | 3001—5000 元 | 5001—10000 元 | 10001—30000 元 | 30001—50000 元 | 50000 元以上 | 合计 |
|---|---|---|---|---|---|---|---|
| 频数 | 213 | 120 | 124 | 81 | 32 | 21 | 591 |
| 百分比（%） | 36.0 | 20.3 | 21.0 | 13.7 | 5.4 | 3.6 | 100 |

案例3-11中，老年人为子女婚嫁艰难借款的情况说明子女婚嫁给老年人带来了巨大的负担，尤其对子女众多的老年人来说，多个子女婚嫁更加重了其经济压力。一些长期经济条件不好、积蓄较少甚至没有积蓄的老年人，在子女婚嫁时需要拿出自己的绝大部分积蓄甚至被迫负债，以致给其之后很长时间的生活带来极大不利影响，在经济上面临更大困境。

 **案例3-11　为了儿女婚姻负债的老年人**

甘肃省华池县乔川乡徐背台村贺爷爷与贺奶奶，贺爷爷81岁，贺奶奶77岁。

老两口有三个儿子，都已经成家了。其中小儿子离过一次婚，结了两次婚。这三个儿子结婚总共花了他们老两口大约4万元的积蓄，儿子自己未出过一分钱，全部由两位老人负担。老人笑着说，幸好儿子结婚早，早年的彩礼都不贵，不像现在，娶个媳妇都要十几万甚至几十万元。三个儿子中，大儿子结婚最为艰难，因为大儿子腿部有残疾，一般别家的姑娘根本看不上他。最后，通过邻居介绍，他娶了一位哑巴姑娘。但是，想要把媳妇娶进家门，彩礼是少不了的。近二十年前大儿子结婚的时候，他们老两口还有力气种地，另外还养了五六十只山羊，可以凑出一部分钱来，其余的只好去借。"当年，几百元都很难借到，为了借钱我跑了四天的山路，只借来80元。"贺爷爷主要是向他们家族的一些亲戚借钱，但是每家每户住得都很远，距离有一二十公里路，最远的一天甚至走了三四十公里路。"当时我还年轻，三四十公里路一天就走下来了！"就这样每家借个10元或20元的，最终凑齐了80元拿给儿子结婚。他认为，为了儿子的婚姻大事，这么做是完全值得的。

甘肃省华池县铁角城村赵大爷，70岁。

赵大爷一共有四个儿子，三个儿子已经结婚，小儿子刚大学毕业两年，现在在上海工作。四个儿子平时都很少回来，经济状况都不是很好。二儿子结婚贷款 4 万元钱，二儿子说要自己还。小儿子读大学的时候，学校的助学贷款没有申请到，上学的费用全部依赖家里，每年家里要拿 1.5 万—1.7 万元，这些费用有很大一部分要跟亲戚借或者借高利贷。赵大爷说他的小儿子还没有成家，所以他以后可能还要去借钱给小儿子结婚，但是现在他年纪大了，很多人担心他还不起钱所以一般也不爱借给他。所以一想到未来小儿子结婚的事情老两口就比较愁，担心自己因帮不上太多忙而耽误小儿子结婚。

本次调查发现，虽然连片特困地区青壮年外出务工较多，但在农村各家一般都要有自己的房子。对于将要结婚的子女而言，父母为其修建或购买婚房成为必然，这也是很多老年人不得不面对的一个大问题。本次调查中有 757 位老年人回答了"为子女建房的花费"这一问题，其中，老年人没有为子女盖房的有 351 人，占总数的 46.4%。在其余 53.6% 的为其子女盖房出钱的老年人中，花费在 1001—5000 元的老年人最多，占 32.8%，其次是 10001—30000 元和 30000 元以上的，分别占 20.4% 和 17.2%，花费 1000 元以下和 5001—10000 元的分别为 16.5% 和 13.1%（见表 3 - 20）。总体来说，老年人为子女建房子的花费相对较高，对于生活在连片特困地区的老年人而言，这笔费用带来很大的经济负担。

表 3 - 20　老年人为子女建房花费

| 数额 | 1000 元及以下 | 1001—5000 元 | 5001—10000 元 | 10001—30000 元 | 30000 元以上 | 合计 |
|---|---|---|---|---|---|---|
| 频数 | 67 | 133 | 53 | 83 | 70 | 406 |
| 百分比（%） | 16.5 | 32.8 | 13.1 | 20.4 | 17.2 | 100 |

通过案例 3 - 12 可以进一步看出，老年人对于子女建房结婚这一问题非常关心，为了子女的婚姻情愿将自己的积蓄花光，甚至

借款、贷款为子女建房。连片特困地区农村经济总体较为落后，老年人及其家庭积蓄较少，但在传统农村文化背景下子女结婚必然要有婚房和彩礼等，老年人不得不为子女结婚出钱。而且出于对子女的关爱，大多数老年人宁愿让自己背负很大的生活压力也要极力帮助子女建房结婚。由于建房带来的老年人经济负担加重，生活质量下降的情况比较突出。

 **案例 3 - 12 为子女花钱建房的老年人**

广西龙州县水口镇合平村谭爷爷，64 岁。

谭爷爷住在山脚下，目前居住的房子属于危房，并且山脚下很不安全，政府正在进行的危房改造工程对于谭爷爷来说十分重要，他希望通过政府资助改善一下住房情况。虽然老人并不知道自己能不能顺利申请到政府的危房改造工程，但是他说要是能申请上他肯定会盖房子的，借钱也要把房子盖起来，这样自己有房子住，以后小儿子结婚也有房子。小儿子在外地打工，平常也会给老人寄钱，笔者调查前不久小儿子寄回了 2000 元，但是谭爷爷自己舍不得用，给小儿子存着以后盖房子娶媳妇。谭爷爷说："儿子也不小了，该找媳妇了，怎么也要凑点钱帮他盖房子，要不哪有姑娘愿意嫁过来。"

云南省南美村退休教师杞大爷，69 岁。

杞大爷总共有八个孩子，四个女儿都已出嫁，三个儿子在别的村里住，他和老伴与小儿子一家住在一起。小儿子 2011 年去世，现在他和儿媳妇（34 岁）、大孙女（13 岁，初二）、小孙女（10 岁，二年级）一起生活。杞大爷现在住的房子是自己花钱为小儿子盖的，总共花了 13 万多，其中国家补贴了 6 万，贷款 4 万（还没有还），女儿、儿子们凑了 1.5 万，自己出了 1.5 万。小儿子去世后，儿媳妇收入很少，老人不得不从退休金里面拿出一部分钱还贷款。

甘肃省华池县乔川乡铁角城村章奶奶，64 岁。

章奶奶目前跟二儿子住在一起，2012 年二儿子盖了三间砖瓦房，花了 7 万多，贷款 3 万多。为了帮儿子把房子建起来，章奶奶把自己攒下的几千元钱给了儿子盖房。在盖房子期间，二儿子本想着以每天 100 元的价格请别人来给家里的泥瓦匠和帮工们做饭，但是章奶奶坚决不同意，自己亲自给十几个人做饭，一天三顿，为的只是给儿子省钱。

### 4. 较多老年人曾为子女借款

总体而言，子女婚嫁、建房花费容易导致贫困区老年人借贷，严重增加其经济负担，甚至导致子女因为还婚嫁借款而忽视对老年人的经济赡养。在一些地方，高额的礼金、聘金等是老年人及其子女不得不面对的现实，婚嫁和建房花费过高甚至造成子女与父母之间的矛盾。子女婚姻和住房问题给贫困区老年人生活带来很大的经济压力，甚至使其晚年生活处于极度困难的境地。在了解老年人是否曾为子女而借贷时，调查数据显示（见表 3 - 21），有 20.9% 的老年人表示有借款。

表 3 - 21　为子女出钱时是否有借款

| 是否出钱 | 频数 | 百分比（%） |
| --- | --- | --- |
| 是 | 117 | 20.9 |
| 否 | 443 | 79.1 |
| 合计 | 560 | 100.0 |

表 3 - 22 为老年人目前借款的累计金额。半数老年人借款金额在 1000 元及以下，20.5% 的老年人累计借款超过 10000 元，其中更是有 7.8% 的老年人背负超过 30000 元的债务。对于贫困农村地区的老年人而言，这无疑是沉重的负担。

表 3 - 22 借款的累计金额

| 金额 | <1000元 | 1001—2000元 | 2001—3000元 | 3001—5000元 | 5001—10000元 | 10001—20000元 | 20001—30000元 | >30000元 | 合计 |
|---|---|---|---|---|---|---|---|---|---|
| 频数 | 52 | 7 | 3 | 6 | 13 | 10 | 3 | 8 | 102 |
| 百分比（％） | 51.0 | 6.9 | 2.9 | 5.9 | 12.7 | 9.8 | 2.9 | 7.8 | 100.0 |

5. 贫困老年人借款途径有限

由于收入有限，连片特困地区农村老年人的收入一般只能满足其日常生活开支，很难有较多积蓄，一些极度贫困的老年人甚至连基本生活都难以为继，当子女的婚事和建房等需要大量资金，或遇到生病或者急事需要用钱的时候，就会捉襟见肘，只能选择借款。农村老年人借钱的途径往往很少，主要是向亲戚和邻里借钱，甚至转而寻找高利贷等其他渠道。

通过案例研究发现（案例 3 - 13），有很多老年人因为生活所迫，急需用钱却无处筹借，因为不懂得如何向银行贷款或者是因缺乏担保而无法贷款，只能通过高利贷的方式获取现金。而想要借到高利贷还需要请客吃饭、送人情等，这又是一笔额外的花销，仅仅高利贷的利息负担就让老年人苦不堪言。有些老年人只能过着"拆东墙补西墙"四处奔波借钱的日子。

 案例 3 - 13 老年人贷款不是一件容易事

甘肃省华池县铁角城村赵爷爷，70 岁。

本来赵爷爷家在村里的经济条件还不错，但是 2001 年起赵爷爷发生交通事故后，生活就每况愈下，那时起他们家就开始靠贷款维持生活。而且儿子上学、结婚欠下了近 8 万元的债务，至今还没有还清。车祸致腿受伤后，赵爷爷基本丧失劳动能力，所以银行不愿意将钱贷给他，他只能跟亲戚借或者借高利贷，但高利贷也不是随便谁都能借到的，需要有熟人做担保，所以赵大爷就经常请担保人吃饭或送礼。贷款利息比较高，一般要 2%—5%，每年都要还利息，利息也只能从亲戚那借或从其他高利贷借。赵爷爷说他们家一到还款期限的时候就"倒着借倒着还"，靠"拆东墙补西墙"的借还方式保住自己的信誉，以便日后继续借钱，有的高利贷要四五年才能将本息还完。很多亲戚知道他们家的情况，这几年也不催促他们还钱，但是放给他们高利贷的人每年都会过来催款，赵大爷只能一边说好话，一边再四处借钱还利息，这两年由于债务越积越多，再加上老两口年纪大没有还款能力，根本借不到什么钱了。

甘肃省华池县乔川乡铁角城村残疾军人徐爷爷，80 岁。

徐爷爷家里开了一个小商店，是他目前主要的收入来源。三年前当徐爷爷的老伴和大女儿决定经营商店时家里没有太多钱，听邻居说农村信用合作社可以贷款，老人便打算去那里贷 1 万元。但是由于准备不足，没有担保人到场，第一次贷款没有成功，信用社告知他们要有两个担保人，其中一个必须是乡政府的工作人员，所以老人只能先找到两个担保人再来贷款。老人找到了在附近县城做生意的侄子做担保，侄子答应为他们介绍一位乡政府干部作为担保人。找乡政府干部做担保非常不容易，老人和女儿前后去乡政府找了四次才找到了那位干部，最后在侄子和乡政府干部的共同担保下，大女儿成功从农村信用社贷款 1 万元。偿还方式是每年还息一次，1000 元左右，到期再把本金归还。尽管过程不是很顺利，但是一家人还是十分高兴可以从信用社成功贷款，因为这笔钱可以解决他们的燃眉之急。

## 四　经济状况影响老年人饮食健康

对于生活在连片特困地区的老年人而言，日常生活开支中食品支出占据很大一部分，在经济状况总体较差、可以获取的收入来源相对较少的情况下，老年人不得不压缩用于饮食的开支。从目前的状况来看，连片特困地区农村老年人日常饮食种类较为单一，鱼肉奶蛋等的摄入量相对较少，而且饮食习惯不够健康，部分地区老年人饮水存在困难，另有部分老年人吸烟、喝酒等花费较多，这些都从不同角度反映了连片特困地区农村老年人较差的经济状况。

1. 老年人主食结构较为单一

饮食行为是决定老年人营养状况和影响老年人健康的重要因素（刘弘、郭红卫等，2007）。对老年人饮食结构的调查可以发现，随着生活水平整体上的改善，老年人的温饱已经基本上不存在问题，但仍存在日常主食单一以及鱼、肉、奶、蛋、蔬菜等搭配不合理等问题。在对连片特困地区农村老年人的生活现状及需求的调查中，共有1286位受访老年人给出了回应。调查结果显示，老年人的主食主要是大米和面粉，还有少量杂粮（见表3－23）。其中以大米作为主食的比例最高，占57.3%，其次是面粉，占20.6%，大米和面粉各半则占14.9%，对人体非常有益的杂粮只占到4.9%，其他则占了2.2%。

表 3 - 23　老年人主食结构

| 主食 | 大米 | 杂粮 | 面粉 | 大米、面粉各半 | 其他 | 合计 |
|---|---|---|---|---|---|---|
| 频数 | 738 | 63 | 265 | 192 | 28 | 1286 |
| 百分比（%） | 57.3 | 4.9 | 20.6 | 14.9 | 2.2 | 100 |

从被访老年人的家庭经济状况来看（共有1284位受访老年人给出了回答），富裕户受访老年人大米的食用比例是最高的，为60.4%，而以杂粮作为主食的比例为9.4%。在中等户的受访老年人中，以大米作为主食的比例也是最高（55.5%），而以杂粮作为主食的比例仅为5.6%。在贫困户中，以大米作为主食的比例为60.0%，以杂粮作为主食的比例仅为4.9%。由此可见，由于家庭经济状况的不同，老年人主食的组成结构也不同，家庭经济状况越好的老年人，以杂粮作为主食的比例越高，反映了经济条件与营养保健的相关性。

案例 3 - 14 是老年人主食结构单一的证明。生活在连片特困地区的农村老年人由于经济条件较差，往往选择购买在当地容易获得且价格较低的主食。对于与子女共同居住、生活的老年人来说，往往要与子女的选择一致，还要考虑到子女的花费，在增加主食种类方面自主权有限。这与刘弘和郭红卫的调查结果类似，老年人选择食物的顺序依次为口味、个人喜好、食品卫生、营养等，其饮食结构在总体上不合理，不健康饮食习惯较多（刘弘、郭红卫，2007）。

 **案例 3 - 14　以大米为主食的两位老年人**

江西省鄱阳县汪桥乡岑家村岑大爷，56 岁，单身。

岑大爷家是村子里最贫困的家庭，他身患残疾，几乎没有任何劳动能力，只能靠捡垃圾为生。因为没有能力下田种地，岑大爷主要买米吃。对他来说，每次从街边商店把袋装的大米扛回家都是一次不小的考验。在自家的少量田地里，他只种了一点芝麻、辣椒和地瓜等，因为这些作物对身体条件的要求比较低，他一个人可以慢慢完成。没有钱的时候，他只吃米饭和地瓜；有点钱的时候，他会去附近买一点肉，按照他的说法，"只要买了肉，蔬菜就不再吃了"。对于岑大爷来说，由于家庭贫困而且自己劳动能力不足，他基本上是一天一顿饭，大多数时候只吃一个菜。

云南省南美村罗奶奶。

罗奶奶和老伴虽然与儿子分家了，但仍然一起住，很多时候也是与儿子一起吃饭。对她来说，日常主食基本上是大米，因为当地主产大米，而且购买方便。水果、蔬菜也经常吃，一般五天赶集一次买回来吃几天的量，有时候自己家种的蔬菜、水果成熟了也能吃一段时间。因为当地有杀年猪的传统，家家户户都会储存一些腊肉，所以肉类基本是想吃就吃，一般是三五天吃一次，但是对于鲜肉的食用较少，老人偶尔也会吃鸡蛋。老人家里经常做腌菜，各种腌菜是老人日常饮食中的一部分。喝水既喝开水也喝生水，但喝得最多的是生水。

　　2. 老年人副食品摄入量较少

　　鱼肉奶蛋等副食品的摄入量与老年人生活水平和生活质量密切相关，也是对老年人经济水平和生活方式的一种较为客观的反映。老年人所需蛋白质除从粮食中摄取一部分外，还应从豆制品、蛋类、肉类、禽类、海产品等补充，因此应该调节好老年人的主副食结构（福如海，2004）。

　　针对老年人食用水果、蔬菜、鱼肉等食品情况的调查显示，连片特困地区农村老年人最容易获得的主要是新鲜蔬菜，每天吃和经常吃的比例分别达到28.5%和38.1%。而对于水果、鱼肉以及蛋类等农村相对不易获得且价格较高的食物，老人的食用量明显较少（见表3-24）。从调查数据看，分别有32.6%、17.2%、23.5%的老年人很少或者从来不吃新鲜水果、鱼肉以及蛋类，部分老年人对于副食品的摄入仍然存在较大困难，经济情况不允许、难以购买和储存等都影响老年人对于副食品的获得。值得关注的是，农村贫困老年人对于咸菜和泡菜等依赖程度较高，12.7%的人每天食用，31.0%的人经常吃（见表3-24），这种饮食习惯受到气候、地理条件的影响，也反映了连片特困地区市场基础的滞后，以及老年人食品支出的窘迫。

表3-24　老年人副食品食用情况

| 选项 | 每天/几乎每天吃 | | 经常吃 | | 有时吃 | | 很少或从不吃 | | 合计 |
|---|---|---|---|---|---|---|---|---|---|
| | 频数 | 百分比（%） | 频数 | 百分比（%） | 频数 | 百分比（%） | 频数 | 百分比（%） | |
| 经常吃新鲜水果 | 29 | 2.3 | 268 | 20.8 | 570 | 44.3 | 420 | 32.6 | 1287 |
| 经常吃新鲜蔬菜 | 367 | 28.5 | 491 | 38.1 | 332 | 25.8 | 98 | 7.6 | 1288 |

续表

| 选项 | 每天/几乎每天吃 | | 经常吃 | | 有时吃 | | 很少或从不吃 | | 合计 |
|---|---|---|---|---|---|---|---|---|---|
| | 频数 | 百分比（％） | 频数 | 百分比（％） | 频数 | 百分比（％） | 频数 | 百分比（％） | |
| 经常吃肉类或鱼类 | 124 | 9.6 | 315 | 24.5 | 627 | 48.7 | 222 | 17.2 | 1288 |
| 经常吃蛋类 | 37 | 2.9 | 318 | 24.7 | 628 | 48.9 | 302 | 23.5 | 1285 |
| 经常吃腌咸菜或泡菜 | 163 | 12.7 | 397 | 31.0 | 418 | 32.6 | 304 | 23.7 | 1282 |

案例 3－15 进一步说明了老年人日常生活中对于腌制食品的依赖，以及鱼肉奶蛋和水果等副食品购买存在一定困难。农村老年人尤其是贫困老年人由于经济原因较难获得新鲜蔬菜等副食品，而腌制蔬菜易于长期储存、食用方便，使得老年人对腌制蔬菜比较依赖。与张璟等的研究结果类似，经济状况是制约老年人享有卫生服务、物质消费等的主要因素，较差的物质生活又会直接影响老年人的身体健康，而且对其精神上造成一定压力（张璟等，2009）。

 **案例 3－15　两位贫困老年人的饮食**

陕西残疾老年人杨大爷，62 岁。

杨大爷的老伴两年前因为高血压全身瘫痪，她的日常生活基本都是杨大爷照料，现在家里面除了老两口，还有杨大爷的丈母娘和他们住在一起，老人已经 81 岁了。平常家里只有杨大爷一个人有劳动能力，他既要照顾自己，还要照顾瘫痪的老伴和年迈的丈母娘。杨大爷平时给妻子做的饭就是很简单的稀饭，上面撒上一些花生米和咸菜，因为家里经济条件较差，杨大爷几乎没有办法给老伴改善伙食。

宁夏西吉县吉强镇上河村马奶奶，回族，80 岁，腿部有残疾。

马奶奶现在和自己的小儿子、儿媳在一起生活，每天吃饭也在一起，最近三年马奶奶经常胃痛。谈到日常吃饭，老人说："我吃不进去呀，每顿就吃一点点，胃痛受不了啊！"除了偶尔能够吃到自家产的蔬菜外，老人一般吃不到蔬菜、水果，一方面是因为自己家庭的经济情况较差，买不起蔬菜水果；另一方面是因为害怕吃了之后胃痛。

3. 部分老年人饮水问题较大

从老年人的饮用水情况看，调查结果显示（共有 1279 个受访老年人给出了回应），88.2% 的老年人饮用开水，但也有 11.8% 的老年人饮用生水。能够获得自来水的老年人仅有 29.2%，而大多数老年人饮用井水或泉水（分别为 48.8% 和 12.2%）。虽然大多数老年人能够饮用开水，但是由于自来水普及率低、水源匮乏等，获得饮用水对于部分老年人来说还是个难题。从案例 3－16 可以看出老年人的饮水习惯和饮水困难，长期形成的生活习惯是老年人饮用生水的重要原因，主观意识中对于生水的"不排斥"使得老年人忽略了生水的不健康因素。另外，一些农村地区基础设施相对落后，老年人获得饮用水需要花费较大的体力和精力，取水成为水源不足地区老年人生活中很重的一项任务。

 **案例 3－16　爱喝生水的李大爷和饮水困难的张大爷**

*云南省南美村李大爷，村主任兼党支部书记。*

像很多南方居民一样，大米是李大爷家最喜欢的主食。因为自家种了不少蔬菜，所以几乎每天都会吃新鲜蔬菜（李大爷在自家房子周边种了白菜、油菜、豆子、南瓜和土豆等），但是李大爷家很少吃水果和蛋类食品（李大爷非常不喜欢吃蛋类食品）。他家里过年时一般会杀 1 头猪，做成腊肉等可以吃半年，吃完之后就会去周边集镇购买肉，大概十天买一次，一次最多买 3 斤。自己会做咸菜和泡菜，所以经常吃。他喜欢喝生水，李大爷说"喝酒的人爱喝生水"，饮用的是没有污染的山泉水。

甘肃省华池县白马乡白马村张大爷，66 岁。

张大爷家的院子内摆放了一个 1 米多高的大水桶，和四个小水桶，全部用来装水。他说收集到雨水主要用来洗衣服、喂牲口等。吃水一般都是水窖水，也就是在地面挖一个大坑，周围用水泥加固，窖底仍然是土质，便于雨水在窖中的循环，水窖里采集的雨水一般要净化一段时间才能饮用。

4. 吸烟、饮酒等不健康生活习惯较普遍

对烟酒等的过分依赖对老年人身体健康产生了较大影响，同时加重了其生活负担。通过对特困地区老年人吸烟问题的调查（共有 1273 个受访老年人给出了回应），受访老年人中吸烟的占 30.6%。其中，每天吸烟数量在 1—5 支的比重最大，占 49.1%，每天吸 5—10 支的比重为 31.1%，每天吸 15—20 支的占 10.5%（见表 3 - 25）。老年吸烟者一般都会有较长吸烟史，在吸烟对身体健康产生实质性危害之前，在主观认知上依赖于烟草的精神慰藉而没有意识到吸烟可能会对健康产生负面影响的潜在威胁（朱建民，2006）。对于本身经济就很困难、就医条件较差的连片特困地区老年人而言，吸烟引发的一系列疾病将导致其身体状况不断恶化，同时也带来不必要的医药费用支出。

表 3 - 25　老年人每天吸烟情况

| 吸烟数量 | 1—5 支 | 5—10 支 | 11—15 支 | 15—20 支 | 大于 20 支 | 合计 |
|---|---|---|---|---|---|---|
| 频数 | 191 | 121 | 23 | 41 | 13 | 389 |
| 百分比（%） | 49.1 | 31.1 | 5.9 | 10.5 | 3.3 | 100 |

对特困地区贫困老年人饮酒情况的调查显示（共有 1254 个受访老年人给出了回应），受访老年人中经常饮酒的占 21.6%，不经

常饮酒的占 78.2%。在经常饮酒的老年人中，所饮酒为高度白酒
（38 度或以上）的占 50.2%，低度白酒（38 度以下）的占
26.3%，米酒、啤酒分别占 7.1% 和 6.0%。对于很多老年人尤其
是男性老年人来说，饮酒是长期生活中形成的一个习惯，在农村
传统习俗和日常交往中老年人饮酒较多，其生活开支也因此而增
加，并且容易引发身体健康问题。

案例 3-17 反映了部分老年人对于烟酒的依赖情况。烟酒消费
占据了老年人生活开支的重要一部分，使得本来经济上就不宽裕
的老年人生活压力更大。对于部分老年人来说，吸烟与饮酒是相
伴随的，长期形成的生活习惯难以改变。老年人一般知道烟酒对
于身体的危害，但是对于戒烟戒酒存在一定的抵触心理，很难戒
烟戒酒。

 **案例 3-17　经常喝酒抽烟的老年人**

云南省南美村罗大爷，退伍军人。

罗大爷平时每天八九点钟起床，早饭和午饭就一起吃了，晚
饭一般要到晚上六点以后才吃，食物主要为米饭和蔬菜，肉两三
天吃一次，有腊肉也有鲜肉，因为老人独居，他的日常三餐一般
由外甥提供。他本人喜欢饮酒、喝茶、吸烟，50 度左右的白酒每天
至少要喝 2 两，平时喝的酒主要是村里人自家酿的，罗大爷会不定
期去找村民买酒，有时候自己也会酿一些。他每天抽烟较多，据他
说一般每天能抽 20 支烟，烟瘾比较大，很难戒烟。罗大爷自己的钱
（退伍军人津贴）相当一部分用来买酒买烟了，一年要花 400—
500 元。

云南省南美村退休教师杞大爷，69 岁。

李大爷身体不太好，患有胆结石，不能从事太强的体力劳动。
但是他有吸烟的习惯，平均一天吸烟 20 多支。跟很多当地老人一
样，他也有饮酒的习惯，一般喝高度白酒（村民自酿白酒度数都

较高），一天能喝1斤左右。杞大爷一般早上六点多起床，起床后喂猪、吃早饭，也少不了喝酒和抽烟。对于这两个坏习惯，杞大爷说，"几十年的习惯了，不是说改就能改的"。为了锻炼身体，杞大爷几乎每天都会在村里走动，也会帮老伴做一些家务劳动。

陕西贫困老年人郑奶奶，67岁。

郑奶奶有冠心病，有的时候喘不过气来，做家务活或者其他体力劳动需要很长时间才能恢复过来，这样的情况已有三四年了。但郑奶奶一直有抽旱烟的习惯，烟叶主要是自己家种的，每年地里收上来的烟叶她都会晒干存放起来。谈到抽烟，郑奶奶有点不好意思，她说，"抽烟是年轻时候养成的习惯，现在改不掉了，又怕花钱，所以就自己种烟叶"。郑奶奶知道自己的身体条件是不允许她抽烟的，但是烟瘾太大就是戒不掉。

通过调查可知，农村老年人不健康饮食习惯对其身体健康和生活质量带来很大负面影响，尤其是连片特困地区农村老年人，在经济和生活压力下，无法十分重视自身饮食，久而久之形成了不健康的饮食习惯。我们的调查结果与以往学者的研究结论基本一致，例如，王敏等发现吸烟、膳食结构不合理、缺乏有效锻炼等都提高了老年人群的危险因素水平（王敏等，2009）；全英玲等研究认为农村中老年人健康保健意识淡薄，大部分人对自身的健康状况认识不足，认为能吃身体就健康（全英玲等，2011）。总体来说，连片特困地区农村老年人的健康意识仍然较弱，老年人生活质量和生活方式仍然有待改善，在目前连片特困地区农村经济发展较慢、老年人经济状况较差的情况下，其生活水平的提升还存在很多困难。

## 五　经济状况影响老年人住房

连片特困地区农村老年人住房条件不仅能反映其经济情况，

也是对子女赡养情况、子代与亲代关系、传统观念等诸多方面的一种较为客观的反映。对特困区老年人居住情况的调查总体上体现了老年人在居住条件方面的困难，对改善老年人居住环境、提高老年人生活质量有一定的参考意义。

1. 老年人住房条件较差

从"居有定所"这一角度看，在所有被调查的老年人中，现在居住的房子属于自己的最多（见表3-26），共有829人，占总数的64.5%，其次是居住的房子属于子女的，占总数的33.9%，其他情况所占比例均很少。虽然大多数老年人都有自己的居住场所，但是从居住环境看，老年人的住所条件一般比子女差，安全性相对较低，相应的设施也更为不健全，由住房条件等因素导致的安全和生活质量问题不容小觑。

表 3 - 26　老年人住房情况

| 房屋所有情况 | 自己的 | 子女的 | 与别人共同拥有的 | 租赁别人的 | 借住别人的（不交租金） | 村集体房屋 | 合计 |
|---|---|---|---|---|---|---|---|
| 频数 | 829 | 436 | 2 | 6 | 9 | 4 | 1286 |
| 百分比（%） | 64.5 | 33.9 | 0.2 | 0.5 | 0.7 | 0.3 | 100.0 |

案例3-18反映了特困地区老年人在住房方面存在的困难。相对于子女居住的较新的房子，老年人往往居住在有较长年岁的房屋内，年久失修的住房在安全性和舒适性方面明显不足，甚至存在严重的漏雨、裂缝、坍塌等情况。经济条件较差的老年人在房屋出现安全隐患时无力及时修缮，只能采取简单的补救措施，住房安全问题令人担忧。

连片特困地区农村老年人对于长期较差的居住条件已经习以为常，虽然希望改变，但翻修或新建住房会带来很大的经济压力，因修建住房而借贷的现象比较普遍。老年人在主观意识上普遍存在勤俭持家的思想，对改善住房条件并不是十分重视，加上子女对老年人住房条件也有一定的忽视，其居住环境很难得到有效改善。这与陈景亮的研究结果类似，老年人居住条件差主要是受传统的村落文化的影响，一是老年人没有改善自己住房现状的意识，二是子辈没有想要改善老年人的住房状况（陈景亮，2008）。

 **案例3-18　为住房犯愁的贫困老年人**

甘肃省华池县白马乡白马村张大爷，66岁。

张大爷家居住在马路旁边的山坡上，住房就是极具地方特色的窑洞，但他们家的窑洞比较破旧，院子也比较狭小，周围的墙是用土垒成的。张大爷家一共两间窑洞，塌了一间，他和老伴住在另外一间窑洞内，儿子、儿媳和孙子住在院子内的一间瓦房内。窑内设施简陋，只有一张炕，炕的旁边堆放着一些装满粮食的袋子，由于没有衣柜，衣服零散地堆积在炕的一边，被子也凌乱地铺在炕上。屋内的家具就是炕前面靠墙的一个小方桌和一台旧缝纫机，上面堆满了药和一些日常生活用品，比如洗衣皂、水杯等，屋内没有基本的家用电器，就连一台电视机也没有。在窑内的深处，有一个简单的火炉用于冬季取暖和烧水。窑洞内的照明工具是一盏挂在棚顶的白炽灯，连接灯泡的电线直接裸露在外面，而且这些电线随意地连接到电闸上。

宁夏西吉县吉强镇大营村喜大爷，78岁，回族。

老人小学文化，开小卖部，老伴瘫痪在床，老两口独居。喜大爷的房子已有30多年房龄，他和老伴一直住在这两间房子里。房子是完全的土坯结构，房子外墙有一道非常明显的裂痕，夏天长期的降雨使房子的外墙已经有了水印，说明房子已经非常危险。房子是老人年轻的时候自己建的，"在当时来说算是好房子了"。现在房子有坍塌的危险，老人也十分担心，但是当问及老人为何不重新修时，老人说一是家里没钱修建，二是老人也都老了，没多长时间了，没必要修。当问到老人的儿子为何不帮着修建时，老人说他们经济都比较紧张，也没钱给他修。

江西省田畈街镇桂花村留守老年人杨奶奶，79 岁。

老人的房子和周围已经建了三四层楼房的邻居不同，她家的房子是很典型的木质房屋，看上去已经有些年头了。这种木质房屋的结构基本上大同小异，前屋是客厅和卧室，后屋是厨房，卧室位于前屋的两侧，左侧是老人的卧室，右侧是儿子和儿媳的卧室。老人的卧室里放了很多东西，阳光也不是很好，这些东西中除了一张老式的挂着蚊帐的木床外，其他都是一些打包好的看起来并不常用的东西，似乎不应该放在卧室里，这些东西占据了老人卧室的大部分空间，看起来老人的卧室不仅供老人居住还起到了杂货间的作用。相比之下，儿子和儿媳的房间才像一间真正的卧室，里面不仅有一张又新又大的双人床，还有衣柜、梳妆台、电视机和电风扇。因为现在儿子不在家，老人说有时晚上会和儿媳在她的卧室里看电视，看到困了才回到自己的房间睡觉。

陕西省柞水县贫困老人吴大爷，71 岁。

老人现在和小儿子一起住，小儿子和儿媳妇都出去打工了，一年回家一两次，大儿子分家之后不怎么管老人，老人现在帮着小儿子带孙子。老人住的房间是翻修过的土坯房，外面的一层用水泥加固了，里面仍旧是土坯，屋里也是泥土地面。老人说房屋是 30 多年前盖的，现在屋里面漏雨，但是没有钱修，所以下雨就用塑料遮着将就住。屋子对面有自来水，几家公用。老人和小孙子住的房子总共有 4 间，中间一间是空房，里面有几个小板凳、一个小推车，还有一些其他的杂物。老人屋里面放着一张床，床上用品和柜子已经很陈旧，床对面的柜子上放着一台电视机，电视机是五六年前买的，花了 800 多元。另外一间房里放着一张破旧的双人床，再没有其他多余的东西。最里面是做饭的地方，有一个土灶，厨房已经被烧柴的烟熏得全部黑了。家里的客厅中老人自己养的鸡在乱跑，养鸡是为了给孙子吃鸡蛋。

*广西龙州县金龙镇武联村马奶奶，67 岁。*

马奶奶家的房屋是高脚楼，下面养的是猪、牛、羊、鸡等，中间是人住的地方，屋顶还放着粮食。房屋全部是用木头、泥土和稻草建成的，木头构成了房屋的骨架，屋内的地板也是用木板一块一块地铺成的，房屋的墙壁上则嵌上了泥土。如果一不小心踩到了木板的两端，整块木板都会翘起来，房屋墙壁上的泥土也已经破了许多洞。马奶奶说这个房子已经住了四代人，具体建了多久她也记不清了。遇到下大雨的情况，她和儿子就会感到无可奈何，只能任凭雨水流到屋子里。卧室的顶棚横着一层又一层的塑料膜用以加固屋顶，防止漏雨，但是这层塑料膜似乎眼看就要压到卧室的床上了。

2. 政府补贴难以有效改善老年人住房条件

通过调查，连片特困地区大多有危房改造补助，但是补助金额一般难以满足实际建房需要。大多数老年人目前居住的房屋由于使用年限太长，已经无法翻修，只能重新建房。政府对于危房改造补助的发放采取农民先自己建房，政府验收后发放补助的方式，但是对于贫困老年人而言，建房动辄需要几万元，并且需要大量的人力投入，在子女无力提供经济支持且自身能力有限的情况下，建新房几乎不可能。众多案例反映了老年人在住房上面临的困难，案例 3－19 属于典型的住房补助无法获得的情况。农村老年人在住房上难以享受政府帮扶，自身又缺乏经济条件和体力，其居住条件的改善成为一大难题。

 **案例 3－19　没钱修建房子的贫困老年人**

*广西龙州县金龙镇武联村陈大爷。*

陈大爷现在的房子已经破得不成样子，因为前几年有飞石从山顶滑落，砸中过屋檐，村里不让他在原址上建房子，怕以后再有飞石，房子盖了也白盖。但是在新址建房子，光地基就要多花2万多元，政府危房改造只给补贴1万元，所以家里的负担很重，根本盖不起房子。在采访中我们发现老人家的阁楼上有一把轮椅，老人的儿子讲，是当时去医院的时候买的，现在已经废弃不用了，因为老人只有一只手能活动，轮椅只能在原地转圈不能向前行走。

老人的房子是1979年建的，老人担心房子随时倒塌，因为房子已经有些倾斜，但是建房子要先起了地基才能得到第一部分危房补贴。补贴一共分两次给，虽然承诺的补贴是1万多元，拿到手一般也就8000元左右，因此建房80%的钱都要农户自己家出，但是家里没有什么钱了。老人的儿子已经30多岁，还没有结婚，他现在最希望家里的经济条件能稍稍好转一些，这样才能考虑找媳妇的事情，因为家里条件实在有限，结不起婚。

宁夏西吉县吉强镇羊路村杨大爷，60岁，未婚，五保户。

杨大爷没有结婚也没有子女，一直独居。杨大爷的房子在两年前就曾经塌了一间，于是老人一直住在剩下的一间里，2013年下大雨，杨大爷的最后一间房子也坍塌了，老人实在没有地方住，只能在院子外面搭一个简易的塑料帐篷。据老人讲，搭建这个棚子所用的各种材料都是侄子从附近的水泉村拉来的，都是别人拆除旧房屋留下来的废料。老人住的棚子非常简陋，没有水没有电，里面除了一个简易的木床和一个老旧的板凳，就只有一台破旧的电视机，这勉强算是一个栖身之所，再也没有其他的功能了。

在两年前房屋倒塌之后杨大爷就去找村干部寻求帮助，村里说让他去县里找找，看看能不能给解决问题，于是老人就去县里找，县里说没有办法，让老人去乡上找一下。于是老人就去了乡上的信访办，希望信访办将这件事情解决，但是信访办又说这件事情还是要村里给解决，于是信访办就给村支书打了一个电话，让村支书帮忙协调一下房子的问题。但是村支书接到电话后听到是这件事就直接把电话给挂了，然后信访办的人就说既然这样他们也没有办法了，让老人自己解决。老人也没有再去找，用老人自己的话说就是"有想法也没用"。这次的房子塌了之后，杨大爷先去找了村主任，村主任得知之后，来到杨大爷家看了看倒塌的房子，照了一张相，然后说"自己盖去"。村里说让老人把房子先盖起来，等乡里派人验收通过之后再给老人发放 15000 元盖房的补贴，但是老人自己根本没有能力盖这个房子。

# 六　老年人经济扶持相关政策概述

## 1. 农村居民最低生活保障制度概况

农村居民最低生活保障制度是指由地方政府为家庭人均纯收入低于当地最低生活保障标准的农村贫困群众，按最低生活保障标准，提供维持其基本生活的物质帮助。该制度是在农村特困群众定期定量生活救济制度的基础上逐步发展和完善的一项规范化的社会救助制度。建立农村最低生活保障制度以地方人民政府为主，实行属地管理，中央财政对财政困难地区给予适当补助。我国的农村低保制度开始于 20 世纪 90 年代，2005 年后进入加速发展阶段，到 2007 年年底基本实现了全国建制。

从政策文本来看，2007 年国务院发布了《国务院关于在全国建立农村最低生活保障制度的通知》（以下简称《通知》），标志着农村最低生活保障制度在全国范围内开始实施。针对实施过程中的一些问题，民政部和财政部于 2008 年 2 月发布《民政部财政部关于进一步提高城乡低保补助水平妥善安排当前困难群众基本生活的通知》，进一步提高和改善农村低保的运行标准。2011 年 5 月，民政部、财政部、国家统计局、国家发改委等部委联合发布了《关于进一步规范城乡居民最低生活保障标准制定和调整工作的指导意见》（以下简称《意见》），针对低保制度运行过程中的一些问题提出了明确要求，使得政策进一步完善。而国务院 2012 年发布的《国务院关于进一步加强和改进最低生活保障工作的意见》以及民政部和财政部发布的《城乡最低生活保障资金管理办法》则是对政策运行的进一步细化和规范化。

从政策主体来看，政府是政策运行的组织者和资源提供者，最低生活保障工作实行地方各级人民政府负责制，政府主要负责人对本行政区域最低生活保障工作负总责。县级以上地方各级人民政府担负起最低生活保障政策制定、资金投入、工作保障和监督管理责任，乡镇人民政府（街道办事处）履行最低生活保障申请受理、调查、评议和公示等审核职责，充分发挥包村干部的作用。各地政府按照各项《通知》及《意见》规定的域乡低保标准制定权限，成立由民政、财政、发展改革（价格）、统计（调查队）等部门组成的城乡低保标准制定和调整工作小组（以下简称工作小组），工作小组各成员单位明确职责，相互配合，共同做好城乡低保标准制定和调整工作。这其中，省级人民政府民政部门、财政部门发挥指导和调控作用，注意引导经济社会发展水平相近地区逐步缩小地区间城乡低保标准差距。

从政策目标来看，在全国范围内建立农村低保制度，将符合救助条件的农村贫困群众纳入保障范围，稳定持久地解决农村贫困人口的温饱问题，是实施农村低保制度的主要目标。设定这一目标主要基于两点：一是基于《中国农村扶贫开发纲要（2001—2010年）》提出的，2010年前要"尽快解决少数贫困人口温饱问题"，实现这一任务，一方面需要加大扶贫开发力度，帮助有劳动能力的贫困人口通过发展生产自食其力，逐步摆脱贫困状况，另一方面需要通过实施低保制度对常年困难人口给予救助，基本解决其温饱问题；二是基于十六届六中全会提出的到2020年基本建立覆盖城乡居民的社会保障体系的目标，这就要求加快农村社会救助体系建设的步伐，特别是要尽快建立农村最低生活保障制度，使困难群众能够通过低保救助维持起码的生活水平。

就政策对象来看，农村低保对象范围是指家庭人均纯收入低于当地低保标准的贫困居民，根据各地农村低保工作的实际情况，保障的重点是那些因疾病、残疾、年老体弱、丧失劳动能力和生存条件恶劣等原因造成家庭生活常年困难的农村居民。对低保家庭中的老年人、未成年人、重度残疾人、重病患者和县级以上地方人民政府确定的其他生活困难人员，可以采取多种措施提高救助水平。具体就老年人来讲，农村最低生活保障制度主要覆盖了生活困难的贫困农村老年人。

从低保标准来看，建立农村低保制度是以地方人民政府为主，实行属地管理，低保标准要由县以上各级地方政府自行制定和公布执行。各地在制定和调整城乡低保标准时，可以采用基本生活费用支出法、恩格尔系数法或消费支出比例法。各地确定低保标准主要从以下几方面考虑：一是维持当地农村居民基本生活所必需的吃饭、穿衣、用水、用电等费用；二是当地经济发展水平和财力状况；三是当地物价水平。目前，除了少数东部发达地区，一般地方都参照国家每年公布的贫困标准制定。农村低保起码应该保证低保对象的生活水平不低于绝对贫困线，否则就无法保证农村居民的最低生活需求。目前全国已实施农村低保的各省份具体标准有较大差异，尤其是东中西部差异比较明显，各省份具体标准见表3–27。

从资金来源与管理方面看，农村居民最低生活保障资金供应模式为需求导向型。农村低保资金以地方筹集为主，地方各级人民政府根据保障对象人数，将低保资金需求列入预算。从2007年开始，中央财政对财政困难地区实施农村低保制度给予资金补助。中央财政应当于每年9月30日前按当年扣除一次性补助之外的城乡低保补助资金实际下达数的一定比例（不低于70%、不超过当年预算数），将下一年度城乡低保补助资金预算指标提前通知地方。中央财政提前通知地方预算指标后的剩余部分，应当在次年全国人民代表大会批准预算后90日内尽快下达。各省级财政部门相应建立城乡低保补助资金预算指标提前通知制度。在接到中央财政提前通知预算指标后的30日内，连同本级安排的下一年度城乡低保补助资金预算指标提前通知部分一并下达各地市县，提前通知文件同时报送财政部、民政部。

表3-27　2013年第四季度农村低保、五保人数及补助标准

（元/年·人）

| 地区 | 农村最低生活保障人数 | 其中老年人数量 | 农村低保年标准（元） | 五保集中供养 | | | 五保分散供养 | | |
|---|---|---|---|---|---|---|---|---|---|
| | | | | 农村五保集中供养人数 | 其中老年人数量 | 农村五保集中供养年标准（元） | 农村五保分散供养人数 | 其中老年人数量 | 农村五保分散供养年标准（元） |
| 全国合计 | 53820810 | 20753123 | 2433.91 | 1837903 | 1641113 | 4685.02 | 3543602 | 3010549 | 3498.52 |
| 北京市 | 59583 | 23351 | 6258.46 | 2038 | 1512 | 11071.08 | 2052 | 1600 | 11071.08 |
| 天津市 | 108351 | 26788 | 5304 | 1395 | 1270 | 8376.7 | 11307 | 9776 | 6695.60 |
| 河北省 | 2214965 | 1293351 | 2269.08 | 88881 | 78325 | 3921.34 | 149500 | 131683 | 2709.38 |
| 山西省 | 1497629 | 852921 | 2157.61 | 28027 | 22350 | 4139.88 | 136512 | 98841 | 2558.15 |
| 内蒙古自治区 | 1253151 | 660925 | 3414.99 | 27875 | 23626 | 6737.73 | 59811 | 50595 | 4409.98 |
| 辽宁省 | 880372 | 387516 | 2838.96 | 33210 | 28732 | 5607.32 | 103618 | 88131 | 3634.66 |
| 吉林省 | 809025 | 434052 | 2034.08 | 33960 | 30362 | 3915.01 | 93524 | 81484 | 2643.77 |
| 黑龙江省 | 1215350 | 515219 | 2236.87 | 69442 | 56131 | 3647.62 | 76882 | 56883 | 2643.76 |
| 上海市 | 32796 | 11222 | 6000 | 1208 | 1104 | 7980 | 1651 | 1325 | 7980.00 |
| 江苏省 | 1299330 | 492153 | 4752.31 | 117250 | 109516 | 7177.68 | 84023 | 77886 | 6234.38 |
| 浙江省 | 556170 | 208000 | 4721.03 | 37060 | 34672 | 8178.81 | 913 | 785 | 7346.72 |
| 安徽省 | 2160624 | 811909 | 2463.39 | 166212 | 154142 | 3859.82 | 270166 | 249330 | 2535.13 |

续表

| 地区 | 农村最低生活保障人数 | 其中老年人数量 | 农村低保年标准（元） | 五保集中供养 | | | 五保分散供养 | | |
| --- | --- | --- | --- | --- | --- | --- | --- | --- | --- |
| | | | | 农村五保集中供养人数 | 其中老年人数量 | 农村五保集中供养年标准（元） | 农村五保分散供养人数 | 其中老年人数量 | 农村五保分散供养年标准（元） |
| 福建省 | 735906 | 207488 | 2375.01 | 8874 | 7682 | 5693.51 | 79627 | 62900 | 4976.44 |
| 江西省 | 1605865 | 31210 | 2416.99 | 128426 | 108352 | 3220.75 | 98292 | 79698 | 2778.23 |
| 山东省 | 2598685 | 471624 | 2473.11 | 171187 | 163537 | 4827.38 | 56872 | 54262 | 3193.01 |
| 河南省 | 3898336 | 1491896 | 1696.81 | 196679 | 179960 | 3826.08 | 279944 | 249035 | 2374.38 |
| 湖北省 | 2351677 | 1985210 | 2024.91 | 89469 | 81313 | 3497.39 | 180342 | 163405 | 2569.86 |
| 湖南省 | 2889108 | 943896 | 2068.12 | 108876 | 95896 | 5134.28 | 405165 | 343437 | 2791.44 |
| 广东省 | 1633919 | 1101082 | 3233.3 | 31682 | 30151 | 6631.55 | 215020 | 200035 | 6327.18 |
| 广西壮族自治区 | 3459066 | 456247 | 1993.06 | 23083 | 21580 | 3855.08 | 271620 | 242462 | 3032.96 |
| 海南省 | 245508 | 1207857 | 3022.86 | 2273 | 2214 | 5371.43 | 30462 | 28591 | 4485.71 |
| 重庆市 | 626612 | 62704 | 2417.37 | 62229 | 54446 | 4993.29 | 99254 | 83611 | 4399.58 |
| 四川省 | 4386280 | 193381 | 1832.22 | 260472 | 230609 | 4049.72 | 250189 | 216090 | 3251.54 |
| 贵州省 | 4759427 | 1897282 | 1833 | 26592 | 21320 | 2543.14 | 99597 | 70401 | 1667.50 |
| 云南省 | 4665411 | 1607374 | 1953.46 | 35526 | 30263 | 3582.57 | 180290 | 126357 | 2342.87 |
| 西藏自治区 | 329000 | 1339940 | 1980.8 | 7943 | 7941 | 3127.03 | 7195 | 7142 | 2691.08 |

续表

| 地区 | 农村最低生活保障人数 | 其中老年人数量 | 农村低保标准年标准（元） | 五保集中供养 | | | 五保分散供养 | | |
| --- | --- | --- | --- | --- | --- | --- | --- | --- | --- |
| | | | | 农村五保集中供养人数 | 其中老年人数量 | 农村五保集中供养年标准（元） | 农村五保分散供养人数 | 其中老年人数量 | 农村五保分散供养年标准（元） |
| 陕西省 | 1985307 | 114931 | 2143.36 | 46137 | 38483 | 5503.85 | 84217 | 65534 | 4798.11 |
| 甘肃省 | 3430214 | 636943 | 1939.11 | 10526 | 8594 | 3302.82 | 112751 | 92665 | 3086.53 |
| 青海省 | 402855 | 733035 | 2088.96 | 3015 | 2358 | 4709.02 | 20117 | 14952 | 4351.78 |
| 宁夏回族自治区 | 382053 | 68143 | 2037.83 | 3908 | 3179 | 4741.22 | 11007 | 7586 | 3170.11 |
| 新疆维吾尔自治区 | 1348235 | 134889 | 1804.07 | 14448 | 11493 | 6361.34 | 71682 | 54067 | 4139.82 |

注：本表统计的农村低保、五保供养标准截止日期为2014年1月25日，除特别注明外，各省（自治区、直辖市）的农村低保、五保供养标准均为本省（自治区、直辖市）内各县（市、区）农村低保、五保供养标准的平均数。数据来源：http://cws.mca.gov.cn/。

据国家民政部公布的数据，截至 2014 年 1 月底，农村居民参保人数为 5382.1 万，其中老年人 2075.3 万。低保制度的实行在帮助解决农村困难群体基本生活问题上发挥了重要作用，尤其是给贫困老年人提供了解决燃眉之急的必要保障，效果比较显著。与此同时，农村低保制度在实际运行中也存在许多困难和问题，需要不断改进和完善：由于认识上存在误区，部分地区实际领取低保人数与省级转移支付核定的领取低保数量有很大的偏差；一些县、乡负担的最低生活保障资金难以落实到位或者不能按时足额到位，很多地区虽然已经建立了最低生活保障制度但是财政收支紧张，资金缺口难以弥补；此外，低保对象在界定标准上存在一定的困难以及农村居民的家庭收入具体计算办法尚需规范（邓大松、王增文，2008）。

2. 农村社会救助相关政策

社会救助是指为维护公民权利、发挥政府职责、体现社会成员间互助共济的伦理道德而实行的一种社会保障制度，传统的社会救助带有一定的慈善色彩，同时又在不断的发展中越来越多地体现出维护公民权利的特点。具体而言，农村社会救助包括三类，一是农村低保和五保等生活救助，主要用于维持基本生活；二是医疗救助、住房救助等专门性救助，主要用来解决医疗、住房等特殊困难；三是灾害救助等用于应对突发性事件的救助。

为促进我国社会救助制度的建立和完善，国务院于 2014 年 2 月颁布了《社会救助暂行办法》，自 2014 年 5 月 1 日起施行。这一法规的颁布和实施是我国第一次将多种类型的行政法规进行统筹，是构建社会救助制度体系的标志。针对老年人经济困难这一问题，《社会救助暂行办法》也有涉及，在农村低保和五保政策外，住房救助、医疗救助等也与老年人生活有密切关系。

从政策主体来看，《社会救助暂行办法》规定："国务院民政部门统筹全国社会救助体系建设，国务院民政、卫生计生、教育、住房城乡建设、人力资源社会保障等部门，按照各自职责负责相应的社会救助管理工作。"同时，还要求"县级以上地方人民政府民政、卫生计生、教育、住房城乡建设、人力资源社会保障等部门，按照各自职责负责本行政区域内相应的社会救助管理工作"。

从资金来源看，不同的具体救助制度资金来源有一定差异，但"社会救助资金实行专项管理，分账核算，专款专用"，结合具体救助制度的实施和管理办法，分别由中央政府、地方政府、村集体等出资，实现资金筹集的多元化。

虽然我国已经建立了多种类型的农村社会救助制度，但现有制度保障水平仍然不高，保障内容仍然较少，涉及的人员范围较窄，对于生活困难的农村居民来说，现有制度很难有效改善其生活质量。从各种社会救助制度的实施情况看，一方面存在宏观政策与具体实施办法不衔接的问题；另一方面也存在监督管理不到位，政策效果打折扣的问题，而且在现有筹资模式下，资金的筹措机制单一限制了保障水平的提升。

# 七　相关制度受益情况

## 1. 农村居民最低生活保障制度受益情况

农村居民最低生活保障制度的实行在一定程度上解决了一部分家庭经济困难老年人的生活问题，给老年人的基本生活提供了一定的保障，甚至成为部分老年人经济收入的主要来源。调查发现，从老年人是否受益的角度看，23.8%的受访老年人从低保政策中受益，他们通过低保获得一定的基本生活补助，能够在很大程度上满足其基本需求。

案例3-20表明了低保对于贫困老年人的重要性。通过低保获得的补助在很大程度上提高了这部分老年人对政府和社会的满意度。

 **案例3-20　依赖低保维持生活的老年人**

陕西贫困夫妇张大爷和陈奶奶，张大爷65岁，陈奶奶57岁。

　　两个人没有儿女，年轻的时候没有要，后来说要孩子花费高，所以也没有想过要养。张大爷家里面有 1 亩 3 分地，种了玉米和土豆，一年纯收入在 1000 元左右。张大爷家里生活困难，老人向村里反映了情况，村主任对他家的情况也比较了解，就给张大爷老两口上了低保，一年能够领 2700 多元。除了低保，张大爷从 2012 年开始领养老金，一年 600 多元。这些钱就是张大爷家庭现金收入的主要来源。县里面对他们一家还比较照顾，每年县里面政协的领导都来看望村中的贫困户，已经来了两年了。2012 年县政协送给他们 3 斤油、20 斤大米、1 条烟和 1 瓶酒。老人说起这件事很高兴，觉得虽然自己无儿无女，但是社会没有忘记他们。

　　鄱阳县汪桥乡岑家村岑大爷，56 岁。

　　由于岑大爷身患残疾，只好靠捡垃圾为生。依靠卖废品他可以获得 20 元左右的月收入，这 20 元也是他一个月内通过劳动所能获得的唯一收入。岑大爷家是村中的困难户，村里认为他家的条件十分艰苦，所以把低保名额分配给他。岑大爷享受了农村最低生活保障和残疾人补助。其中，农村最低生活保障一年可以拿到 1000 元，残疾人补助可以拿到 2000 多元，这两项补助都是在春节之前领取的。岑大爷主要就是靠这 3000 元维持一年的生计。

　　制度的有效实行不仅仅需要政府部门的积极推动，政策目标群体的参与和了解也是非常关键的，然而农村居民尤其是老年人对于低保制度的了解情况并不乐观。调查数据显示（见表 3-28），从老年人对低保制度的了解程度来看，"比较了解"和"非常了解"政策的老年人仅有 32.1%，而"了解一点"和"不太清楚"的有 61.0%，7.0% 的老年人从未听说过低保制度。信息获得渠道不通畅、政策宣传力度不够、文化水平偏低等都是老年人对低保制度的了解程度不高的原因。

表 3 - 28　农村居民最低生活保障制度了解程度

| 选项 | 非常了解 | 比较了解 | 了解一点 | 不太清楚 | 没听说过 | 合计 |
|------|---------|---------|---------|---------|---------|------|
| 频数 | 71 | 330 | 432 | 331 | 87 | 1251 |
| 百分比（%） | 5.7 | 26.4 | 34.5 | 26.5 | 7.0 | 100 |

案例 3 - 21 表明，有众多老年人对低保政策理解不到位，存在误解和偏见。一方面农村低保在分配过程中存在不公平的情况，这种情况导致老年人只能通过人际关系、"走后门"等方式申请低保；另一方面老年人获得有关低保政策信息的渠道不畅通，被动地处于政策申请和受益的盲区。电视是老年人获得信息的一个十分重要的渠道，但是通过这种方式很难了解政策的要求和执行情况，甚至使老年人对政策产生误解。与何植民等人的研究结果类似，由于农户的非组织性，大规模组织村民学习党中央精神的可能性比较小；同时，受经济与文化水平方面的制约，很多中年以上的农民没有条件阅读党和国家的报纸杂志，更没有机会通过互联网了解党与国家的政策精神，只能通过电视了解国家的"三农政策"，但电视的信息量有限，又高度浓缩，农户从中很难领悟到农村低保政策的真正内涵（何植民、温婷，2013）。

 **案例 3 - 21　对低保理解不到位的困局**

陕西独居贫困老年人方奶奶。

方奶奶 67 岁，所有的收入是儿女不定时给的赡养费和养老金。受访时，她才领养老金一年，到受访时一共领了 800 元。方奶奶不是低保户。她曾经自己一个人跑到村里去和村干部说想申请低保户，但是村里的干部说："你有子女申请什么低保？"方奶奶觉得很委屈，也觉得这个理由不够充分，但是也没有去闹，就是自己默默地流过眼泪，想着儿女孝顺也就过去了。

宁夏西吉县吉强镇大营村喜大爷，78 岁，老伴瘫痪在床，老两口独居。

老人的老伴 2013 年 2 月因心肌梗死在家里晕倒，在县医院住了 9 天，后来医院建议他们转院，但是因为经济原因老人没有转院而直接出院了，身体瘫痪的问题就这么一直拖了下来。老人没有低保，但认为自己应该吃低保，曾经去找过村干部五六次，索要低保名额，但每次村干部都以没有名额等原因拒绝了他。2013 年老人找过村主任，村主任说没有名额，老人也没有进一步争取就回来了。老人说按照电视上播放的关于低保的规定，他绝对有资格享受低保，但是现在"上面没人不行"。老人讲村里有很多家庭条件很好，但仍然吃低保的，这一点不公平，但他也无能为力。"原来村里的村干部基本上家家户户都在吃着低保，没有关系咋吃低保。"老人也从没有去乡上或县里反映问题争取低保名额，老人讲："去了估计也没用，村干部这边还弄得不好，以后有什么事更麻烦。"

低保政策实行效果的衡量从根本上依赖于受益群体和目标群体的评价，针对老年人对低保制度满意情况的调查发现（见表 3 - 29），对低保制度非常满意的比例仅为 12.2%，比较满意的比例为 30.6%，不太满意和很不满意的比例分别为 19.4% 和 7.4%。可见老年人对于低保政策的满意度情况并不乐观。低保在实行过程中由于分配不公平、申请过程不透明、补助金额相对较低等原因，部分老年人对政策效果不满意。这与何植民等的研究结果相似，农民对农村低保政策的总体满意度处于中等水平，对农村低保政策在实施中的公正性、民主性、政策宣传等方面的满意度处于一般水平（何植民、温婷，2013）。

表 3 - 29　农村居民最低生活保障制度满意程度

| 选项 | 非常满意 | 比较满意 | 不太满意 | 很不满意 | 说不清 | 合计 |
|---|---|---|---|---|---|---|
| 频数 | 129 | 325 | 206 | 79 | 322 | 1061 |
| 百分比（%） | 12.2 | 30.6 | 19.4 | 7.4 | 30.3 | 100 |

案例 3 - 22 中老年人对于低保政策的认知情况表明老年人对低保政策的实施不满意。从低保政策实行过程来看，村民对于政策本身并不存在质疑，但低保分配过程中存在较多的不公平现象，加上信息不公开、不对称，老年人对政策存在不满。低保名额每年都会调整，对曾经享受过低保后又退出的老年人而言，前后的落差更会使其滋生不满情绪。

谢治菊（2013）认为，由于对低保执行人员的不良行为缺乏具体有效的监督和制约，低保执行者滥用权力的行为时有发生，投射到政府信任领域，表现为低保制度在提高低保户对政府的信任的同时削弱了非低保户对政府的信任。方菲（2013）等人也认为，农村低保制度在实际运行中，存在背离公平正义的现象，主要表现为：基层政府运用关系网络选择低保对象和基层政府对农村低保制度暗箱操作。

 **案例 3 - 22　对低保不满的老年人们**

甘肃省华池县乔川乡徐背台村贺大爷夫妇，贺爷爷 81 岁，贺奶奶 77 岁。

低保是贺爷爷抱怨的一种社会保障制度。他说实行低保制度的第一年，他和老伴分别拿到了一个低保名额。因为当时他们家全家都是种地的，一年下来几乎没有收入。村里看到这种情况，就把他和他老伴的名字报上去申请低保名额。当时也没有评选和调查，一段时间以后就直接通知他们去领款，标准是 50 元/人/月。

后来原先的村书记离开了，贺爷爷认为新的村书记并没有照顾到他们家。最近两年，贺爷爷曾经找过村书记讨要低保名额，但是村书记说，"你们都拿到了养老金，就不需要低保了"。贺爷爷认为，现在的低保就是"人情保"，虽然村书记似乎振振有词，但是村子里的低保名额还是想报谁就报谁。村里 40 多户人家，有 9—10 户人家可以拿到低保，30 岁的人也有，60 岁的人也有，有的人家甚至全家都拿低保，还开着饭馆。在贺爷爷看来，村里的人贫困程度都差不多，低保的名额不应分配得太过随意。

江西省鄱阳县吴家村角里李大娘，51 岁。

李大娘的母亲 2011 年患精神病去世，老伴从 2002 年中风之后失去了劳动能力，卧床不起。当时三个儿子都在念书，大儿子和二儿子在念初中，小儿子在念小学，都因为父亲患病的事情辍学了。2008 年老伴又患上了肺癌，这几年花在老伴身上看病的钱就有 4 万多元，大部分都是借来的。

当时村委会了解到李大娘家比较贫困，就给了两个低保名额，但三年之后，老伴去世了，低保名额也被取消了。李大娘因为这个多次找到村主任，但是村主任答复，李大娘的三个儿子都在外打工，家里的开销比老伴在世时少了很多，而且李大娘身体也比较健康，现在家里的情况要比村里好几家的贫困户好，所以不能再继续给了。对于这样的说法，李大娘不是很能接受，李大娘认为，虽然家里现在花销少了，但是自己也一样没有稳定的生活来源，几个儿子虽然在外打工，但是各自家庭的负担也很重，从来没有给过她钱，她这么大的年纪仍然需要去砖厂打工才能维持生活。李大娘说，村里面有的条件比她好的都能得到低保。比如前几年有一户人家在村中算是上等户，但是也有低保，听别人说他是从村主任那买过来的，而且平时过节还送村主任礼物。这两年群众的意见比较大，有很多人都在议论这个事情，所以村主任就不再卖给他人低保了，村主任拒绝别人的借口一般就是"现在名额少，等有了再给你"。对于低保，李大娘一直都耿耿于怀，但是也只能无奈接受。

从总体调查情况看，农村低保政策的实行在很大程度上帮助了老年人尤其是一部分经济条件极度不好的老年人解决了基本生活问题，取得了一定的成效。但是老年人对于低保政策的了解程度明显较低，获取政策信息的渠道不通畅。此外，老年人对于低保的满意度受到低保分配公平性的很大影响，政策执行过程中的诸多不公平操作让老年人对低保的实施存在不满情绪，甚至产生对政府的不信任。

2. 其他农村困难救助制度

农村社会救助制度作为农村社会保障制度的一部分，对于经济十分困难，遇到重大灾害、事故等的老年人能够起到一定的帮扶作用，也体现了政府对于农民的关心。从受益情况看，有6.0%的受访老年人通过该制度受益，尤其是在遇到重大疾病、灾害等情况时，困难救助的作用凸显。结合案例3-23可以看出，虽然农村困难救助提供的帮助比较有限，但能够在一定程度上缓解经济条件较差的老年人面临的生活压力。

 **案例3-23　受到救助的贫困老年人**

*甘肃省白马乡白马村赵奶奶*

赵奶奶和她的老伴完全依靠政府救济生活。老伴下身瘫痪卧病在床，她自己因腿痛的毛病几乎丧失劳动能力，儿子能够提供的帮助十分有限，老人依靠自身劳动能力从事农业生产无法满足生活的基本需求。在吃粮都有问题的情况下，他们不得不依靠政府的救济。两位老人现在可以获得的资源包括农村最低生活保障、新型农村养老保险和适当的救济款、救济物资。其中，最低生活保障按照季度发放，每个季度可以领到300—500元的低保金，养老金每个月为60元。

救济款数量相对不稳定，在村里扶贫资源比较多的情况下每年可以领到1000元左右，在资源紧缺的情况下有时可能没有救济款。此外，还有一些"联村联户"的物资由当地乡镇政府的干部送到农户手中，这些物资通常是一些米或油。虽然这些救济无法解决老人的就医和住房问题，但是能保证两位老人生活的基本需求。

对于这项制度，由于受益人群覆盖面较窄，老年人对于制度的了解也相对不足。调查数据显示（见表3-30），37.5%的受访者对该制度不清楚，23.3%的人没听说过，对制度比较了解的人有15.7%，而非常了解的仅有1.6%。从满意度角度看（见表3-31），在受访老年人中，表示说不清的人有49.2%，表示比较满意的有23.3%，对政策不太满意的有15.2%，非常满意和很不满意该制度的老年人比例很低。可见老年人对该制度了解不足、受益人数较少、受益额度较低、申请过程烦琐困难都是部分老年人对该制度不满意的重要原因。

表3-30　农村老年人对农村社会救助制度的了解程度

| 选项 | 非常了解 | 比较了解 | 了解一点 | 不太清楚 | 没听说过 | 合计 |
| --- | --- | --- | --- | --- | --- | --- |
| 频数 | 20 | 194 | 271 | 464 | 289 | 1238 |
| 百分比（%） | 1.6 | 15.7 | 21.9 | 37.5 | 23.3 | 100 |

表3-31　农村社会救助制度满意程度

| 选项 | 非常满意 | 比较满意 | 不太满意 | 很不满意 | 说不清 | 合计 |
| --- | --- | --- | --- | --- | --- | --- |
| 频数 | 50 | 233 | 152 | 74 | 493 | 1002 |
| 百分比（%） | 5.0 | 23.3 | 15.2 | 7.4 | 49.2 | 100 |

# 八　小结

　　本章对连片特困地区农村老年人的经济状况进行了分析，整体而言，连片特困地区农村老年人面临较为严峻的经济问题，这一方面表现为老年人经济收入普遍偏低，另一方面表现为老年人经济收入难以有效满足其物质和精神需求。在经济因素的影响下，老年人为维持生活必须从事繁重的农业生产劳动，不能在晚年生活得较为安逸，而且老年人还需要为子女婚嫁、建房等出资，需要帮助子女料理家务、从事农业生产等，这些都增加了老年人的经济负担和生活压力。

　　连片特困地区农村老年人经济状况较差的原因是多方面的。就老年人自身而言，连片特困地区的农村老年人以往职业大多为农民，在农业收入十分有限的情况下，老年人缺乏积蓄，更缺乏养老金、退休金等养老保障，其晚年仍然需要继续劳动以换取收入。就家庭经济条件来看，相当一部分老年人生活在贫困家庭，能够从家庭得到的物质帮助相对不足，而且老年人所在家庭的主要收入大多来源于打工和务农，这两项收入都不稳定，子女本身经济状况并不乐观，老年人从家庭获得经济帮助的可能性自然不大，缺乏家庭经济供养的老年人处于经济相对拮据的状态。对于很多老年人而言，其不仅难以通过子女获得经济支持，还要为子女婚嫁、建房等出资，为孙子女承担一定的经济开支，这也在很大程度上增加了老年人的经济压力。在目前的农村社会环境下，老年人为子女婚嫁、建房等出资十分普遍，而且目前的连片特困地区农村老年人的孩子大多不是独生子女，多个子女的婚姻问题给老年人带来很大的经济负担。此外，连片特困地区农村老年人身体健康状况普遍较差，老年人的医药费开支巨大，本次调查显示，老年人在看病和食品方面的支出是其最主要的两项支出，缺乏经济来源的老年人面对看病就医的花费苦不堪言，甚至因此连购买食品都成问题。

　　就现有社会保障制度来看，农村老年人能够获取的经济保障仍然较为有限。虽然部分极为困难的老年人能够通过五保供养制度获得支持，但该制度的覆盖范围较窄，难以应对贫困发生率较高的连片特困地区的情况。而农村低保制度也有一定的名额限制，并不能解决所有处于贫困状态的老年人的经济问题。农村困难救助制度虽然包括多种具体制度，但是对于贫困老年人较多的连片特困地区而言，这些制度能够提供的帮助十分有限，老年人也不能很好地通过这些制度受益，其政策效果尚未达到最佳状态。正式社会保障制度的欠缺使连片特困地区的农村老年人无法很好地依靠国家的力量解决贫困问题，而自身又不能找到解决途径，其经济贫困状态难以改变。

# 第四章
# 连片特困地区农村老年人
# 健康和疾病状况

　　就目前学者的研究来看，专门针对贫困地区老年人健康状况的研究很少，大多学者将老年人作为一个整体进行健康状况方面的研究。在贫困老年人方面，牛建华等（2008）针对国家级贫困县老年人护理需求的调查发现，贫困地区老年人文化水平较低导致健康知识匮乏，同时经济状况差也使老年人缺乏健康检查，影响了疾病的发现和治疗。在留守老年人方面，苏锦英和王子伟（2009）研究发现，贫困地区留守老年人承担照顾孙子女、从事农业生产、料理家务等诸多劳动，并且留守老年人在生活中缺乏照料，其疲劳程度要高于非留守老年人，健康状况也更差。在农村留守老年人中，生活不能自理的老年人更加贫困，只有依靠政府救助、乡邻接济艰难度日，特别是患有各种疾病的老年人，由于农村医疗条件差、医药费用高，又缺乏亲人照料，"小病扛，大病挨"成为多数留守老年人的选择（曹国选，2009）。

　　从老年人健康状况的影响因素看，农村老年人收入主要来源于农业和子女供养，经济条件差是老年人面临的最大问题，也是导致老年人健康状况差的一个关键原因，年龄的增长让老年人的身体健康变差，面临疾病时难以支付医药费用，一旦生病会加剧其贫困程度（李津等，2004）。唐莹等（2009）认为农村老年人体力劳动多、受教育少、经济来源有限、医疗保障少、健康意识缺乏，这些因素都对老年人健康状况产生负面影响。总体而言，农村贫困家庭老年人属于弱势群体，与非贫困老年人有明显差别，看病就医的花费对这部分老年人来说是一种经济风险，给其个人生活和家庭都带来很大的不利影响（徐成，2007）。

# 一　老年人总体健康状况

## 1. 老年人的身体状况堪忧

通过本次调查发现，连片特困地区农村老年人大多不同程度地患有疾病，部分老年人患有严重疾病或者同时患有多种疾病，身体状况不好。调查发现（见表 4 - 1），受访老年人认为自己身体"一般"或者"不太好"的占大多数，分别占调查总人数的40.2% 和 33.0%，认为自己身体很好者仅占 19.8%，认为自己身体很差的相对较少，占 7.0%。总体来说，身体健康状况处于"一般""不太好"和"很差"的居多，占到了总数的 80.2%，只有少数的老年人身体状况很好。这一结果与不少学者的研究结果类似，即农村地区老年人健康状况普遍较差，老年人存在身患多种疾病的情况，并且老年人患病时由于经济、意识等原因不能及时就诊（曹国选，2009；唐莹，2009）。

表 4 - 1　老年人的身体状况

| 健康状况 | 很好 | 一般 | 不太好 | 很差 | 合计 |
|---|---|---|---|---|---|
| 频数 | 255 | 516 | 424 | 90 | 1285 |
| 百分比（%） | 19.8 | 40.2 | 33.0 | 7.0 | 100 |

通过调查数据还发现，富裕户、中等户和贫困户的老年人身体状况有明显差别。在富裕户中，认为自己身体状况"很好"的老年人比例最高，占总数的 41.5%；在中等户中，认为自己身体状况"一般"的人比例最高，占总数的 45.3%；在贫困户中，认

为自己身体状况"不太好"的老年人比例最高，占总数的41%。可见，老年人身体健康程度与自身经济水平有一定关系，家庭条件越好的老年人，其身体的健康状况就越好；而家庭条件越差的老年人，其身体状况也越差，更容易患有疾病。

就经济状况对老年人的身体状况的影响而言，褚亮（2009）认为，一个家庭中患病的成员较多会减少有劳动能力人口的数量，使实际就业的成员减少、失业的成员增多，从而降低家庭人均收入水平，导致家庭更加贫困；在消费方面，患病的家庭成员会增加整个家庭的医药费支出，让家庭的经济状况受到很大影响，尤其是有患重大疾病以及长期慢性病成员的贫困家庭，不得不压缩某些非必要性支出，甚至减少食物等必要性支出，以应对高额的医药费用，这不仅会影响到老年人的生活质量，还会降低整个家庭的生活水平。因此，老年人患病与家庭经济状况之间存在一定的联系，家庭经济条件差而导致老年人的健康状况较差，而老年人患病又反过来影响家庭经济状况，最终导致贫困户中老年人的身体健康状况较差。

2. 大部分老年人患有慢性疾病

目前学者们针对农村贫困老年人患病情况的研究大多以留守老年人等特殊人群为研究对象。有学者研究认为，农村老年人的患病情况较为突出，随着年龄的增长，老年人机体的各项生理功能逐渐减弱，加之农村老年人从年轻的时候就开始从事各项体力劳动，当他们上了年纪就容易遭受各种病痛的折磨，针对空巢老年人的研究发现，老年人的患病率为81.7%，其中56.41%患有两种以上疾病，且多为慢性疾病（赵明利、宋葆云，2011）。子女外出务工后，留守老年人劳动负担较重，许多留守老年人患有多种慢性疾病，健康状况堪忧，约有73%的空巢老年人不同程度地患有各类慢性疾病（苏锦英等，2009；高红波，2008）。有学者对西部连片贫困地区的乌蒙山区农村老年人的生活状况进行了探析，发现患有一种以上慢性疾病或得过重病的占100%（李宇卫、张世斌等，2012）。

　　本研究针对老年人患病情况的调查结果显示（见表 4 - 2），62.9% 的受访老年人患有慢性病，1.7% 的老年人患有急性病，而没有患病的仅占 35.4%。这一结果与上述学者的研究结果类似，贫困地区老年人慢性病患病率较高，一方面是身体机能的逐渐退化；另一方面长期的贫困状态和繁重的劳动负担也使他们更容易将小病拖成大病。

表 4 - 2　身体是否患有疾病

| 选项 | 没有 | 慢性病 | 急性病 | 合计 |
| --- | --- | --- | --- | --- |
| 频数 | 452 | 803 | 22 | 1277 |
| 百分比（%） | 35.4 | 62.9 | 1.7 | 100 |

　　在老年人所患病种中，比较常见的有高血压、关节炎、呼吸道疾病等，分别占调查总人数的 32.4%、19.6% 和 13.7%。另外，心脏病、中风及脑血管疾病、肠胃溃疡、糖尿病、白内障等也是常见病种。诸多慢性病给贫困老年人的生活带来很大影响，既损害了他们的生活质量，也增加了他们的经济负担和心理负担。

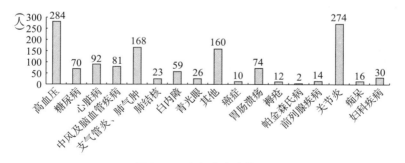

图 4 - 1　老年人患病情况

　　从以下案例可以看到（案例 4 - 1），在一些地区，胃病、高血压、骨质增生、关节炎和心脏病等是老年人多发的疾病。同时许多老年人都患有较为严重的高血压，尤其是在甘肃、宁夏等西北省区，老年人患有高血压的情况尤为严重，这与当地的生活习惯直接相关。高血压不仅影响了老年人的日常生活，也严重影响了他们的精神状况，而患病产生的医药费用也是家庭的巨大负担。

 **案例 4 - 1　受高血压困扰的老人们**

宁夏固原市西吉县吉强镇杨家湾村马奶奶，76 岁。

马奶奶患高血压已经很多年了，而且非常严重，老人的头痛、腿痛也是高血压引起的，老人几乎每天都头痛，有时晚上头痛厉害了根本睡不着。有一次马奶奶的高血压病发作被送往医院检查时，医生说她的病太严重看不了，因此只能拿点药维持血压正常。对于她的情况，马奶奶的家人认为跟她长期有病不治有很大关系，家里经济条件不好，马奶奶很早之前就有高血压，一直没有吃药，只是坚持应付过去，最终病情加重了。

陕西残疾老年人杨爷爷，56 岁。

两年前杨爷爷的妻子因为高血压全身瘫痪，失去了语言能力，大小便失禁，所以要一直使用尿不湿，家中卧室门后面堆了一人高的备用尿不湿。杨大爷自己也有高血压，老两口每个月医药费就需要上千元，虽然新农合能够报销一部分，但是其余部分对杨大爷来说还是压力很大。杨大爷说，平常生活最大的开销就是看病，仅仅 2013 年看病就花去了 3 万多元，家里因为看病变得越发困难。

广西龙州县水口镇埂宜村黄奶奶，71 岁。

黄奶奶患有严重的高血压，她说自己犯病的时候高压能够达到 240。有一次病重到医院去看病，医生说她血压太高不敢给她打针，就给她开了一些药，老人勉强依靠药物维持血压相对正常。一年前黄奶奶因为血压高头晕摔倒了，醒来时出现了短暂性失忆，后来才慢慢恢复。黄奶奶现在一直坚持吃药，血压已经降下来一些了。但是因为血压太高，已经丧失了劳动能力，平常只能在家里面和附近走一走，也没有精力照顾小孙子。据村干部说，村里有很多老人有高血压。

由于常年从事繁重的体力劳动，很多老年人的腰背部都出现了问题，结合实地案例发现（案例4-2），腰背部疾病、关节炎和风湿等疾病严重困扰着很多老年人的生活。很多老年人因为患病而不能再从事农业生产，有的甚至连走路都有困难，这不仅严重影响了老年人的日常生活，也为老年人及其家人带来了巨大的痛苦。

 **案例4-2 受到腰背部疾病困扰的老年人**

甘肃省华池县乔川乡徐背台村贺爷爷夫妇，贺爷爷81岁，贺奶奶77岁。

对两位老人来说，目前最担心也最苦恼的就是身体健康问题。贺爷爷患有腰椎间盘突出和骨质增生，他说这个病已经伴随他二十几年了。贺爷爷走路不太灵便，手里总是拄着一根又粗又长的树枝作为拐杖。如今他已经不能下地干活了，他家的地在山里，二三公里的路需要走上1个小时，所以农活只能交给儿子和媳妇干。贺奶奶身体也不好，患有高血压等疾病，要经常吃药。两位老人每个月的药费多则几百元，少的时候也要几十元。

陕西柞水县贫困老年人周奶奶，65岁。

老人说自己现在最大的问题就是几十年的腰痛，坐着不舒服，站着反而好受一点。孩子们关心她，带她到西安市的医院检查身体，结果周奶奶患有腰椎间盘突出、骨质增生和腰肌劳损三种疾病。她一般痛的时候就忍着，有时痛得晚上睡不着觉，白天路都走不了。但是周奶奶一直不舍得买药吃，只是十分难受了才会吃点药应付一下，老人说自己没有什么收入来源，儿女们都不富裕，能不花钱就不花钱。

案例研究还发现（案例4-3），在贫困农村地区的女性老年人中存在一种特殊现象。因为计划生育政策的要求，很多女性老年人在年轻时上了"节育环"，由于卫生条件和技术条件等原因，不少人因此留下了后遗症，经常会感到腰腹部的不适，而且往往持续多年，这严重影响了老年人的日常生活，甚至给她们造成了很大的精神压力。

 **案例4-3　计划生育留下的阴影**

陕西贫困老年人郑奶奶，67岁。

郑奶奶有腰痛的毛病，她说腰痛是因为年轻的时候村里面搞计划生育，给妇女戴节育环，节育环的副作用就是上了年纪常年腰痛，现在年纪大了，郑奶奶不想做手术，"受不了那个罪"，所以就只能忍着。郑奶奶说"最恨的就是计划生育"，有时腰痛得站都站不起来，受的那些苦和那些罪也只能自己忍着。

陕西贫困老人陈奶奶，63岁。

1982年的时候，陈奶奶响应计划生育政策去医院做了结扎，但自结扎之后就月经不调，月经时肚子又痛又胀，到老了后遗症就是腿痛，有的时候情绪不好，生气的时候也会痛。一到下雨天，陈奶奶就觉得腿痛，全身发凉，大夏天都要穿很厚的衣服才不觉得难受。

此外，眼部疾病也是连片特困地区农村老年人的多发病之一。在实地案例中发现（案例4-4），老年人白内障、青光眼等发病率较高，病情严重的老年人视力严重受损甚至失明，不但影响了老年人的劳动能力和日常生活，而且对老年人生理和心理的影响也非常大。由于农村医疗卫生条件有限，老年人无法及时就医，眼部疾病也会逐渐恶化。

**案例 4-4　眼部疾病困扰很多老年人**

甘肃省华池县白马乡白马村张大爷，66 岁。

张大爷的老伴双目失明、丧失劳动能力，儿子 31 岁，患有白癜风，左胳膊抬不起来，在家务农。张大爷说，因为老伴和儿子身有残疾，所以家里的劳动力主要就是他跟儿媳妇。儿子能帮忙干些轻便的活，由于患有白癜风，出门打工被人歧视；老伴双目失明，完全丧失了劳动能力。家里离不开人，而且张大爷的身体也不好，和儿子一样需要常年吃药。

陕西柞水县贫困老年人陈奶奶，63 岁。

老人在 40 多年前输液的时候，吊针旁边玻璃材质的东西蹦到眼睛去了，导致眼睛受伤。陈奶奶说，之前伤到的那只病眼现在又得了白内障，看东西本来就不是很清楚，现在已经完全看不见了。年轻时候的陈奶奶给生产队扛木头，那时每个人要抬 18 根。陈奶奶说自己放木头的时候迟了一步，木头就打到肩膀了，到现在肩膀有时还会隐隐作痛，痛的时候就去买膏药贴上，也没有去医院看过。

在针对老年人患病情况的案例调查中发现（案例 4-5），气管炎和肺部疾病是连片特困地区农村老年人的常见病和多发病。老年人的病情往往都比较严重，很多人需要住院治疗，大量的医药费用让老年人的家庭背上了沉重的负担。

 **案例 4-5　气管炎是多发病**

甘肃省华池县乔川镇铁角城村赵爷爷，80 岁。

从老人说话时并不顺畅的呼吸以及听上去很费劲的喘气，可以看出老人的气管炎很严重。每年冬天，老人都会咳得很厉害，平时只能在室内待着，只要一接触室外的冷空气就会咳嗽到喘不上气，严重时还会变成肺气肿。对于自己的毛病，老人基本知道注意哪些事项，但是他不舍得吃药，也很少到医院检查。赵爷爷说，每次病重的时候都要花不少钱看病吃药，家里本来就不富裕，能不花钱买药就尽量不买。

　　陕西贫困老年人秋奶奶，77岁。

　　秋奶奶的身体一直比较健康，没有出过什么大毛病，儿女们每年都给秋奶奶购买医保。但是奶奶患有慢性气管炎，经常呼吸困难，全身浮肿，每年要花1000多元的医药费。虽然儿女们会帮秋奶奶支付一部分医药费，但是每年1000多元的花费还是让她十分心疼，秋奶奶说："人老了毛病多，给孩子们也添麻烦！"

　　此外，案例研究还发现（案例4-6），由于生活条件较差，很多老年人年轻的时候经常吃不饱或者吃的食物不健康，患有胃病等消化道疾病。胃病严重影响老年人的正常进食，造成了老年人身体与精神的双重压力。

### 案例4-6　受多种疾病困扰的老年人

　　甘肃省乔川乡徐背台村张奶奶，60岁，留守老年人。

　　张奶奶的老伴患有很严重的萎缩性胃炎，疾病发作时胃部疼痛难忍，有时甚至胃部会有明显的突起。这种病是随天气变化的，天气冷的时候比较容易发作，而天气热的时候则有所缓和。张奶奶说，老伴的胃病是年轻时没有照顾好身体所留下的病根，以前家里条件差，经常吃不饱饭，而且东西坏了也尽量吃掉，长此以往胃病就越来越严重。

　　陕西柞水县贫困老年人汪爷爷，70岁。

　　汪爷爷身体一直不好，患有多种疾病。2011年，汪爷爷在家喝酒喝醉了，身体不舒服到县医院检查，发现患有严重的胃溃病，因为家里经济困难，老人只能买点药简单治疗一下。另外，慢性心脏病也一直折磨着汪爷爷，他的心脏病很多年了。几乎不能从事体力劳动，有时候走路多了都会喘不过气来。

通过以上研究内容可以发现，连片特困地区农村老年人普遍患有慢性疾病，甚至患有多种疾病，胃病、高血压、骨质增生、关节炎和心脏病等是连片特困地区农村老年人常见的疾病。这些疾病与老年人年轻时从事体力劳动有很大关系，也与农村地区医疗卫生条件落后、患病就医不及时有关。连片特困地区农村老年人患有慢性疾病给其个人和家庭带来很大负担，一些经济条件差的老年人只能选择"硬撑"，在疾病的影响下其生活质量较差。

## 二　老年人生活自理情况

对于老年人来说，随着年龄的增加，各项身体机能在不断下降，生活自理能力因此受到影响。老年人生活自理能力不仅关系到其生活质量，也涉及子女赡养、老年人社会扶助、现有社会保障水平等问题。目前农村的老年人健康状况总体较差，众多老年人生活自理能力因此受到影响，而且农村基础设施相对落后，道路、住房等条件较差，这给本就自理能力较低的老年人带来很多不便。

1. 大部分老年人生活可以自理

从生活自理能力来看（见表4-3），无论是穿衣、吃饭、洗澡、上厕所还是日常行走，大多数受访老年人表示完全能够自理，就比重最高和最低的两项来看，96.4%的老年人完全能够自己吃饭，86.7%的老年人完全能够自己洗澡。此外，还有部分受访老年人表示上述五项日常活动需要别人帮助，少数受访老年人表示上述五项日常活动要完全依靠别人才能完成。总体来说，被访老年人的生活自理情况较好，但仍有一部分老年人日常生活自理存在一定问题，这部分老年人如果不能及时得到帮助，生活会受到很大影响，而且这部分老年人的子女或者配偶也会因此承受一定的生活压力，甚至影响到其生活质量。

表 4-3　老年人生活是否能够自理

| 活动内容 | 完全能够自理 | | 需要别人帮助 | | 完全依靠别人才能完成 | |
| --- | --- | --- | --- | --- | --- | --- |
| | 频数 | 百分比（%） | 频数 | 百分比（%） | 频数 | 百分比（%） |
| 穿衣 | 1221 | 95.7 | 46 | 3.6 | 9 | 0.7 |
| 吃饭 | 1230 | 96.4 | 43 | 3.4 | 3 | 0.2 |
| 洗澡 | 1107 | 86.7 | 150 | 11.7 | 20 | 1.6 |
| 上厕所 | 1208 | 94.6 | 64 | 5.0 | 5 | 0.4 |
| 走路 | 1195 | 93.7 | 72 | 5.6 | 9 | 0.7 |

2. 配偶和子女是老年人的主要照料者

通过调查发现（见表 4-4），在从事上述五项日常活动时，老年人若需要他人的帮助，处于第一位的帮助者主要为其配偶、儿子、儿媳和女儿，分别占被调查者总数的 47.1%、23.4%、8.6% 和 7.2%；依靠其他人帮助的比例较少，尤其是老年人很少能够通过带有公益性质的社会服务等方式获得帮助。处于第二位的帮助者主要是儿子、儿媳和女儿，所占比重分别为 36.1%、17.0% 和 14.7%。通过第一帮助者和第二帮助者的情况对比可以发现，在老年人日常生活中，配偶提供的帮助多于子女，这与老年人的生活方式和环境有关，配偶理所当然地发挥相应的作用。在子女当中，儿子和儿媳的作用比女儿和女婿的作用明显，这与农村地区"养儿防老"的传统观念和女儿大多外嫁不便于提供帮助有关。值得关注的是，有超过 6.0% 的老年人表示在日常生活遇到困难时无人帮助，这部分老年人因此受到很大影响，尤其是在遇到重大困难时，生活可能出现危机。

表 4 - 4　老年人生活中的主要帮助者

| 第一帮助者 | 配偶 | 儿子 | 儿媳 | 女儿 | 女婿 | 儿子和女儿 | 孙子女 | 其他亲属 | 朋友邻里 | 社会服务 | 保姆 | 无人照顾 |
|---|---|---|---|---|---|---|---|---|---|---|---|---|
| 频数 | 472 | 234 | 86 | 72 | 1 | 22 | 21 | 9 | 17 | 5 | 1 | 62 |
| 百分比（%） | 47.1 | 23.4 | 8.6 | 7.2 | 0.1 | 2.2 | 2.1 | 0.9 | 1.7 | 0.5 | 0.1 | 6.2 |
| 第二帮助者 | 配偶 | 儿子 | 儿媳 | 女儿 | 女婿 | 儿子和女儿 | 孙子女 | 其他亲属 | 朋友邻里 | 社会服务 | 保姆 | 无人照顾 |
| 频数 | 56 | 339 | 159 | 138 | 22 | 23 | 59 | 32 | 44 | 3 | 1 | 62 |
| （百分比）% | 6.0 | 36.1 | 17.0 | 14.7 | 2.3 | 2.5 | 6.3 | 3.4 | 4.7 | 0.3 | 0.1 | 6.6 |

总体而言，在日常生活中，为老年人提供帮助的主要是其配偶，其次是子女一辈。老年人很难通过其他途径获取帮助，现有农村社会保障无法为老年人提供相应的帮助。从老年人日常生活无法获得帮助的情况来看，乔晓春等（2006）认为，在生活照料方面，处于贫困状态的老年人日常生活需要照料的比例明显高于处于非贫困状态下的老年人。然而贫困老年人大多身体健康状况不好，配偶能够提供的帮助有限，并且子女外出务工比较普遍，无法及时提供帮助，这也导致一部分老年人生活当中缺乏有效的帮助和照料。

3. 部分老年人不能获得较好的照料

针对老年人日常生活中获得照料情况的调查发现（见表 4 - 5），在 1132 位回答此问题的老年人中，有 62.9% 的老年人认为照料者在照顾的过程中持"愿意"的态度，但分别有 12.5% 和 11.7% 的老年人认为，自己的照料者"不耐烦"或"力不从心"，10.7% 的受访老年人表示"不知道"照料者的态度，2.2% 的老年人认为照料者的表现是"不情愿"。虽然较多老年人能够获得照料者相对积极的照顾，但是这一比例并不高，仍有相当一部分照料者在能力和态度方面不理想，这会对老年人的生活产生一定负面影响。

表4-5　老年人主要照料者的态度

| 选项 | 愿意 | 不耐烦 | 力不从心 | 不情愿 | 不知道 | 合计 |
|---|---|---|---|---|---|---|
| 频数 | 712 | 141 | 133 | 25 | 121 | 1132 |
| （百分比）% | 62.9 | 12.5 | 11.7 | 2.2 | 10.7 | 100.0 |

# 三　老年人就医状况

**1. 大部分老年人身患小病不及时就医**

从老年人患病就医的调查结果看（见表4-6），只有26.6%的老年人表示生了小病每次都会去医院看病，56.5%表示只是偶尔会去看病，16.9%表示有小病从来不会去医院就医。由此可见，只有近1/4的老年人患了小病能够得到及时诊治，大部分老年人都主动或被动地选择不及时就医，这使老年人的健康难以得到保障。轻微疾病的长期积累不仅影响老年人生活质量，也会引发更严重的健康问题。

表4-6　生了小病是否会去医院看病

| 选项 | 都去看 | 偶尔看 | 从来不看 | 合计 |
|---|---|---|---|---|
| 频数 | 340 | 723 | 216 | 1279 |
| 百分比（%） | 26.6 | 56.5 | 16.9 | 100.0 |

连片特困地区农村老年人一方面出于经济考虑选择不就医，另一方面也体现出其健康观念和知识的缺乏。通过案例研究发现（案例4-7），很多老年人在身体有轻微不适时不会到医院或者卫生室看病，多数情况是实在"扛不住"时才会去就诊，这也是导致老年人大多不同程度地患有各种慢性疾病的重要原因。

 **案例4-7　小病不治酿成严重后果**

江西省鄱阳县田畈街镇何彭村彭大爷，73岁。

老人1973年就患有白内障和恶性青光眼，当时家里非常穷，有些头痛就没有太在意，后来疼痛难忍的时候才不得不去医院看病，被诊断为恶性青光眼，必须做手术，需要 1000 多元。老人通过亲戚、朋友借了一些钱，又向当时工作的国有垦殖场预支了一部分工资，勉强凑齐了手术的费用。手术后眼睛并没有完全治好，只是稍有改善。手术后他只能小心地走路，种田也比以前吃力不少，做工拿到的工资也减少了，这给本来就很贫穷的家庭很大的打击，到了大儿子结婚的年龄，他都拿不出为儿子娶媳妇的钱。现在老人如果得了不太严重的病就不会轻易吃药。

甘肃省乔川乡徐背台村张奶奶，60 岁。

张奶奶的一只眼睛在七年前一场大病中失明。那时老人的二儿子为了尽快还清结婚时借的钱，刚结婚就去了外地打工，老人十分惦记自己的儿子，经常因为想念他而流泪。后来她常常感觉到头痛，但是没有条件马上去看病，她以为是过度劳累才头痛。这种情况持续了两年左右，直到眼睛会时不时看不见东西，她才在大儿媳和大儿子的陪伴下，去医院进行身体检查，被诊断为青光眼，需要做手术，因为家里经济条件不好一直没有做手术。

通过对贫困户和非贫困户的对比发现，不同经济状况的老年人对于生了小病以后是否去医院看病持有的态度是不同的（见表 4-7）。在富裕户中，有 45.3% 的老年人表示每次得小病都去医院看病，只有 13.2% 表示从来不看。然而多数中等户和贫困户的老年人则表示只是偶尔会去医院看病，此比例分别为 55.4% 和 59.9%。与此同时，在贫困户老年人中，生小病时从来不看的比例为 21.7%，显著高于中等户的 14.1%。然而连片特困地区家庭经济状况为富裕户的老年人并不多，更多的老年人是中等户和贫困户，也就是说大多数老年人得了小病之后，只能够偶尔去看病，无法及时就医。

表 4 – 7　老年人如果生小病是否去医院治疗

| | | | 是否就医 | | | 合计 |
|---|---|---|---|---|---|---|
| | | | 都去看 | 偶尔看 | 从来不看 | |
| 家庭情况分类 | 富裕户 | 频数 | 24 | 22 | 7 | 53 |
| | | 百分比（%） | 45.3 | 41.5 | 13.2 | 100.0 |
| | 中等户 | 频数 | 228 | 414 | 105 | 747 |
| | | 百分比（%） | 30.5 | 55.4 | 14.1 | 100.0 |
| | 贫困户 | 频数 | 88 | 287 | 104 | 479 |
| | | 百分比（%） | 18.4 | 59.9 | 21.7 | 100.0 |
| 合计 | | 频数 | 340 | 723 | 216 | 1279 |
| | | 百分比（%） | 26.6 | 56.5 | 16.9 | 100.0 |

　　案例研究发现（案例 4 - 8），一些老年人身体不舒服的时候，只是偶尔会去附近的诊所或者药店拿一些简单的药缓解病痛，而不会去医院就医。由于老年人行动不便，居住地与医院或者医疗条件较好的地方距离较远，经济困难的老年人在需要看病就医时一般会先选择附近的诊所。在一些小诊所，由于医生能力有限、医疗设施不健全等，老年人的疾病容易被误诊，而且老年人通常根据自己的主观判断去药店买药，也会耽误最佳就诊时机。

 **案例 4 - 8　勉强"就诊"的老年人**

　　宁夏西吉县吉强镇大营村喜爷爷，78 岁。

　　喜爷爷的老伴瘫痪在床，相依为命的老两口只能互相支持，喜爷爷每天都要照顾老伴的饮食起居，很劳累。喜爷爷身体不是很好，有腰腿痛、风湿等慢性病，平时会吃止痛药，因为家里条件差，老人大多是在扛不住的时候才吃药，平时也不舍得买太贵的药吃。老人吃的药一般是在县城或村卫生室用新农合的医保卡拿的，有时候村卫生室没药就必须去县城。去县城拿药，老人需要坐车，来回路费就要花去几十元，而且也不是很便利，需要早出晚归才能赶上到县城的车。

宁夏西吉县苏堡乡张岔村董奶奶，74岁。

老人有耳聋、白内障、贫血、胆囊炎等好几种病，平时经常会头晕、肚子痛，几乎每天都要吃药。因为长时间生病，老人基本知道自己应该吃什么药，一般会自己去当地的药店买药，老人的小儿子有时也会帮老人取药。不过老人说现在有时不敢吃药了，原因是吃了很多药之后引起了高血压。由于无法忍受病痛的折磨，更无法忍受继续孤独地生活下去，老人希望自己能够早点离开人世，她怕自己拖累子孙后代，给儿子增加负担。谈到这些老人情不自禁地流泪了，她说："死了就好了，也不用给小辈添麻烦了，现在活着太遭罪了。"

陕西柞水县秦丰村贫困独居老人张奶奶，69岁。

张奶奶身体一直不太好，有高血压、关节炎等慢性病，老人说自己每次看病都得花上百元，具体每次多少也不大清楚。虽然身体一直不好，老人始终没有去县城做过比较正规的全面检查，一来往县里跑得坐车花路费，老人不舍得这笔钱；二来去县里看病太贵，虽然有新农合但是也不能轻易报销，医药费让老人无法承担。她经常在村里的卫生所看病、买点药。村里的卫生所离她家只有1.5公里路，每次买药直接就能在那里报销30%左右，也方便。但有时候张奶奶还是拿不出看病的钱，不得不找子女们要钱。说到向子女要钱看病，张奶奶一脸无奈地说："人老了没办法，儿女们也不容易，能不去找他们就不去。"

### 2. 部分老年人身患大病无法及时就医

通过对老年人身患重病是否能够及时就医的调查发现（见表4-8），在1281份有效问卷中，60.4%的老年人表示如果生了大病，都能够及时去医院治疗，29.7%的人表示偶尔能去，但还有9.8%的老年人表示即使生了大病也不能及时去医院就医。虽然大病不能及时就诊的老年人比重相对较低，但从连片特困地区整体范围来看，这一比例仍然偏高，表明连片特困地区老年人就医存在一定的困难。

表4-8　生大病了是否去医院看病

| 选项 | 都去看 | 偶尔看 | 从来不看 | 合计 |
| --- | --- | --- | --- | --- |
| 频数 | 774 | 381 | 126 | 1281 |
| 百分比（%） | 60.4 | 29.7 | 9.8 | 100.0 |

进一步的调查发现（见表4-9），89.2%的受访老年人表示，过去一年没有发生患严重疾病却不能去医院接受治疗的事情，但是仍然有10.8%的受访老年人表示发生过上述情况，这将会严重影响老年人的身体健康，甚至造成无法挽回的后果。对于生活在连片特困地区的老年人来说，经济负担重、子女赡养能力不足、社会保障水平偏低、交通不便、乡村医疗水平较低等都是其身患重病但无法及时就医的原因。

表4-9　是否患有严重疾病却未治疗

| 选项 | 没有 | 有 | 合计 |
| --- | --- | --- | --- |
| 频数 | 1108 | 134 | 1242 |
| 百分比（%） | 89.2 | 10.8 | 100.0 |

虽然不少老年人身患重病时能够到医院就诊，但从案例研究来看（案例4-9），连片特困地区的农村老年人大多缺乏医疗保险等。虽然新农合等普惠型政策能够给予老年人一定扶助，但对于经济状况本就很差的老年人来说，在身患疾病时只能依靠子女和自己的积蓄支付无法报销的医药费。老年人一旦患病就要面临医药费的压力，给整个家庭带来很大负担。对于很多老年人来说，患病时如果能够及时就诊，治愈的可能性很大，也会减轻很多痛苦，但在经济压力之下，不少老年人只能选择尽量不去医院看病。从这个角度来说，老年人是在消耗自己的健康以节省家庭的开支。

**案例 4 - 9　因为生病受苦的老人**

宁夏西吉县吉强镇羊路村杨爷爷，60 岁，五保户。

杨爷爷的身体状况不是很好，经常干咳，有时候会半边身体发麻，现在还吃着药。这些药多是去中医院或者县里的药店买的，有的是去村卫生室拿的。羊路村一共有九个村民小组，但只有一个卫生室，在村委会办公室旁边，很多村民小组到村医务室的距离很远，因此对老年人来说十分不方便。杨爷爷在 2013 年 5 月因为肺部疼痛难忍，自己去医院拍了片子，检查的结果是肺部感染，医院检查之后给老人开了头孢氨苄等消炎药，新农合报销后花费 200 多元，老人实在拿不出药费，是从外甥那里借来的。

广西崇左市龙州县金龙镇高山村谭爷爷。

谭爷爷患有尿毒症，每周一和周四都要由儿子带着去崇左市透析。透析必须赶在上午去，下午人太多怕排不上，所以每次都要四点钟起床花 50 元钱打面包车去崇左。谭爷爷讲，现在不透析经常感觉呼吸困难。想要根治只有换肾一种方法，但换肾需要二十几万，一方面是家里没钱，另一方面是现在得这种病的人很多，也没有合适的肾源。谭爷爷每次透析都需要 4 个小时，而且整个过程很难受。需要在胳膊上扎两根很粗的管子，一根出血，一根进血。如果换肾需要二十几万的话，谭爷爷也不愿意换："宁愿死了的好。"老人不想两个儿子为了他的病跟着受苦，两个儿子现在都没找媳妇，他更希望儿子们先解决终身大事。

江西省鄱阳县游城乡花桥村张奶奶，76 岁。

老人几年前因为吃不下东西去医院做检查，确诊是食道癌，老伴听到这个消息立即把张奶奶送到在广东中山的小儿子家。小儿子先是托人帮助母亲做化疗，后来听说在中山做手术费用太高，便几经周折找到了他当年大学里的老师（当地一家医院的院长），动用关系从上海请来一位专家到当地医院为张奶奶做手术。所幸张奶奶是食道癌早期，术后癌细胞已经不再扩散，性命已经保住了。72 岁的张奶奶得病后瘦得皮包骨头，整个骨架子一眼就辨别得出来。张大爷说，患上食道癌的人就是咽不下去东西，肉、蔬菜等都很难吃到肚子里去。张奶奶在这两年吃了不少苦，到目前她也还是只能吃一些流质食物，比如粥、蒸蛋或者奶粉。张大爷说，幸好自己儿子收入比较多，能够出钱帮老人看病，要是别人家里有这样的问题，说不定就只能硬撑着。

调查数据显示（见表 4 - 10），富裕户、中等户和贫困户的老年人在生了大病以后，能否及时去医院治疗的情况存在较大差异。每次都能够及时去医院治疗的比例分别为 84.9%、65.7% 和49.3%；偶尔能够及时去医院治疗的比例分别为 7.5%、26.8% 和37.0%；不能够及时去医院治疗的比例分别为 7.5%、7.5% 和13.8%。可见，贫困户和富裕户的老年人在患大病后的就医情况有很大差别，经济条件越好的老年人，患大病时就医的可能性越高。而贫困户老年人经济条件最差，很多即便患有大病也只是偶尔能去医院就医，甚至患有大病都不能就医的比例也比较高。

表 4 - 10    老年人生大病去医院治疗的情况

| | | | 如果您生大病，能够及时去医院治疗吗？ | | | 合计 |
| | | | 都能 | 偶尔能 | 不能 | |
|---|---|---|---|---|---|---|
| 家庭情况 | 富裕户 | 频数 | 45 | 4 | 4 | 53 |
| | | 百分比（%） | 84.9 | 7.5 | 7.5 | 100.0 |
| | 中等户 | 频数 | 491 | 200 | 56 | 747 |
| | | 百分比（%） | 65.7 | 26.8 | 7.5 | 100.0 |
| | 贫困户 | 频数 | 236 | 177 | 66 | 479 |
| | | 百分比（%） | 49.3 | 37.0 | 13.8 | 100.0 |
| 合计 | | 频数 | 772 | 381 | 126 | 1279 |
| | | 百分比（%） | 60.4 | 29.8 | 9.9 | 100.0 |

# 四　多种原因导致老年人无法及时就医

一些关于老年人就医情况的研究发现，多数老年人存在"小病挨，大病拖"的想法，实在受不了时才会去就医，因病返贫的现象并不鲜见。而现行的医疗保障政策也存在诸多问题，农村指定医院的药价比市场价高出两倍以上，且医院设施简陋，工作人员服务态度极差，缺乏最基本的医德（焦克源、孔倩文，2011）。医药费用偏高是老年人无法及时就医的关键原因，医药费用包括直接费用和间接费用，其中直接医药费用主要是为治疗疾病花的费用，包括医药费、交通费以及营养费等在内的一切费用；间接费用是因疾病原因造成的患病者和其他照料者所损失的机会成本，贫困老年人收入不高，面对动辄几百上千元的医药费用难以承受（徐成，2007）。

有学者对我国农村留守老年人存在的问题进行了研究，指出农村留守老年人因生活照料的缺乏，身体状况欠佳，很多老年人过着"出门一把锁，进门一盏灯"的寂寥生活。留守老年人不但在身体状况不好的时候无人照料，而且还要通过务农维持生计，这对原本不好的身体来说就如同雪上加霜；在身体不适时，由于无人照料，很多老年人认为这只是小病而置之不理，到后来则发展成为重病；有的老年人因为经济或行动不便等，就近治疗，由于村里的卫生条件差，会延误治疗的时机，对老年人的病情产生极为不利的影响（胡月婷，2011）。

本研究在调查中发现了诸多老年人看病难的案例，对于农村老年人来说，由于缺乏经济收入，他们在面对大病和重病时难以承担高额的医药费用，往往陷入一种"两难"的境地：要么不进行治疗，小病拖成大病、大病拖成不治之症，使得自身健康受到损害；要么接受治疗，花费大量的医药费用，这样一来会使家庭承受巨大的经济负担。从实际情况看，农村贫困家庭老年人对公共卫生服务资源的利用程度比较低。大量研究表明，从绝对收入来看，保持其他条件不变，个人收入越高，医疗服务就利用越多，健康状况就越好；反之，个人收入越低，医疗服务利用越少，健康状况就越差。因此导致贫困家庭老年人医疗服务利用程度不高的原因主要是经济困难（徐成，2007）。

1. 贫困导致部分老年人无法及时就医

对老年人患病不能及时就医的情况进行调查发现（见表4-11）：有31.8%的受访老年人表示，"没钱"是最主要的原因；其次是"医院路途远""自己行动不便""不愿意"和"无人陪伴"，分别占26.0%、16.9%、14.7%和7.8%。由此可见，老年人不去看病的原因是多种多样的，其中经济条件是最为关键的因素。而从"医院路途远"这一原因也可以看出基层医疗卫生服务的缺位，使得老年人往往要走很远才可以看病，这也影响了老年人的及时就医，对他们的健康产生极为不利的影响。

有学者研究了贫困山区留守老年人的生活现状，发现农村医疗卫生条件差，安全隐患多，有的村子没有医务室，甚至连赤脚医生也没有，村民有小病就靠自己家里储备的常用药救急，急病只能去距离较远的乡镇医院就医。但很多乡镇医院的医疗设备也极其简陋，医疗条件差，大病只能去更远的县级或市级医院就医。但是到大医院就诊无疑会增加开支，很多农村老年人的经济收入只能满足基本日常生活，在有限的经济水平下如何及时就诊成为难题（孙征等，2012）。

表4-11　老年人患病不能及时就医的原因

| 原因 | 没钱 | 医院路途远 | 自己行动不便 | 无人陪伴 | 不愿意 | 其他 | 合计 |
|------|------|------------|--------------|----------|--------|------|------|
| 频数 | 276 | 226 | 147 | 68 | 128 | 23 | 868 |
| 百分比（%） | 31.8 | 26.0 | 16.9 | 7.8 | 14.7 | 2.6 | 100.0 |

通过进一步对身患重病却未得到有效治疗的老年人调查发现（见表4-12），56.6%的老年人由于看病太贵没有钱而放弃治疗，

18.6%的人认为本地医疗水平有限，15.5%的人表示没有人在医院照顾自己，还有 7.8%的人表示自己不愿意去医院。可见，看病贵、无法支付高额的医药费用是老年人无法接受治疗或者停止治疗的主要原因。此外，由于农村地区医疗水平有限，老年人很难获得良好的医疗资源，这也给其看病带来了很大麻烦。没有人在医院照顾则反映老年人就医时缺乏照料，也体现了老年人的无奈之情，很多老年人如果没有家人的帮助就无法独自到医院去看病，尤其是一些患有重病的老年人，其处境更加艰难。

表 4 – 12　老年人重病未就医的原因

| 原因 | 没有人在医院照顾自己 | 看病太贵、没有钱 | 本地医疗水平有限 | 不愿意 | 其他原因 | 合计 |
|---|---|---|---|---|---|---|
| 频数 | 20 | 73 | 24 | 10 | 2 | 129 |
| 百分比（%） | 15.5 | 56.6 | 18.6 | 7.8 | 1.6 | 100.0 |

结合案例研究可以进一步分析老年人就医困难的原因（案例 4 – 10）。一方面，连片特困地区农村老年人经济状况不好，遇到小病为了省钱往往采取"扛过去"的方式，或者到村庄附近的小诊所和药店就诊。即使身患重病，在现有医疗保障制度水平有限的情况下，老年人也无法妥善就医。此外，连片特困地区农村交通不便，乡镇医疗设施落后，老年人对地方医疗水平存有疑虑等，都让老年人看病就医面临重重困难。

 **案例 4 – 10　因经济困难无法看病的老人**

甘肃省华池县乔川乡徐背台村张奶奶，60 岁，留守老年人。

在笔者调查的过程中，老人说肚子经常会很痛，一个月前大儿子和儿媳回家探望她时，曾带她到华池县的医院做检查，但是没有查出是什么病，后来儿子和儿媳因为工作离开了。老人想去西安好好检查一下，但是上次看病已经花掉 2000 多元，为此甚至连平时吃的药也停了，所以在算过 2013 年的生活费和医药费后，老人便放弃了这个想法。张奶奶夫妇两人也曾经想过通过贷款看病，但是听村里其他人说银行一般只贷给那些有偿还能力的人，而银行判断一个人是否有偿还能力的前提条件就是他是否具有完全的劳动能力，所以在大多数情况下，银行只贷款给50岁以下并有人为其提供担保的贷款人，两位老人显然不具备这样的条件。在身患重病却没有钱看病吃药时，老人想得最多的就是如果有人可以出钱给她看病就好了，可是现实情况是三个儿子的生活负担都很重，不可能打电话向他们要钱，而让政府解决问题的希望更加渺茫，因为村里像她一样的老人有很多。所以在想着依靠别人不可行之后，老人只有依靠自己，具体的做法就是有了闲钱就看病吃药，没有的话就先停一停，老人说："还是要乐观地面对生活中的不幸，毕竟活到这么大岁数了，已经没有什么遗憾了。"

甘肃省华池县乔川乡铁脚城村王大妈，63 岁。

王大妈患有静脉曲张，经常会腿痛。几年前，儿子曾经带她到县城的医院看过，医生建议她做手术，可是做一次手术开销大不说，还要耽误农活。她的老伴患有羊癫疯，离不开人照顾，她一个人实在抽不出身做手术。在调查过程中笔者问王大妈："那为什么不去乔川或者华池看病呢？"大妈回答："乔川的卫生院太小了，根本看不了我这病。去县城也不行，我们都不识字，儿子在打工，没空带我去华池，就只好去别的地方看病。"王大妈说，听说生活在乔川乡上的居民几乎都不去当地卫生院看病，因为那里医疗设备简陋，医生也不够专业，很多人会就近去别的乡镇看病。王大妈这种"就医难"的情况致使她不得不接受全额的医药费。

陕西柞水县秦丰村方爷爷，70 岁，低保户，患有肺气肿和气管炎。

在访谈过程中老人告诉调查人员，他一般是"病不倒人不去看"，原因就在于家里太穷，看一次病太贵，是一种非常大的经济负担。老人说，每次去医院，都要例行公事一样进行各种检查，费用很多而且不能报销，而县医院不住院又不能报销，加上药价太高，报销后剩余的看病费用自己也很难承担。他说，2011 年他看病花了 3 万多，按理说能报销 7000 元，但是第一次去县里签字，工作人员说领导不在。为此又连续跑了两三次，工作人员都说领导不在，必须得等领导回来签字之后才能报销。他每次往返县城都要花 9 元钱的车费，十分麻烦。他一方面感觉工作人员是在找理由推脱，不给他签字；另一方面又实在没什么办法，无奈之下，只好送礼过去，走了走关系，最终才领到了钱，也只有 5000 多元。他抱怨说，现在医务人员的服务态度差，报销程序非常麻烦，而且药价虚高，自己已经无力承担看病的开支，因此才会有"病不倒人不去看"的无奈之举。

陕西柞水县低保老人唐奶奶，80 岁。

唐奶奶右腿膝盖疼痛已经将近 10 年了，一直没有去过医院，"孩子都太忙了，耽误他们的时间，而且要花很多钱，没有钱"。唐奶奶现在两条腿经常痛，为了给儿子、媳妇减少麻烦，她一直都忍受着疼痛而不去医院，只有在晚上痛得睡不着觉的时候，才会让儿子去买一些镇痛的药吃。除此之外，唐奶奶在 10 年前就患有慢性气管病，一直咳嗽。她也是只在咳嗽得最厉害时才会买药吃。老人年龄大了，去医院交通也不是很方便，而且就算老人肯去医院，县医院也不敢收留高龄老年人住院治疗，至于去省会城市西安看病，限于家庭经济能力更是不可能的事。

案例调查中我们还发现（案例 3－11），对于文化水平不高的老年人来说，受到传统封建迷信思想的影响较深，在无钱就医或久治不愈的情况下，老年人会选择以迷信的方法缓解自己的病情，这种方式会在很大程度上导致老年人的病情被延误，甚至因此带来生命危险，迷信活动同时也导致老年人蒙受财产损失。

**案例4-11  迷信不能治病**

陕西省柞水县贫困老人陈奶奶，63岁。

陈奶奶患有眼部疾病，眼睛看东西有些模糊，而且陈奶奶从年轻的时候就开始头痛，以前头痛的时候喝"脑心舒"这种药，效果不明显，还请过道士来家里面做法事。陈奶奶说："就是别人请的时候自己家里面也去请一下，年轻的法师不管用，老法师才管用。"不知道是不是心理作用，陈奶奶觉得请过法师之后感觉要好一些。不过现在人们都反对迷信，陈奶奶也很久没有请过法师了。陈奶奶说，有一次她病倒躺在床上，她说当时就像死人一样，一动都不能动，只有一口气还在，后来送到医院才被抢救回来。

2. 大部分老年人生病时最担心没有钱

从调查数据来看（见表4-13），在老年人生病的时候，最让他们担心的依次为"没有钱""没有人照顾""距离医院太远""医疗水平太低"和"看病排队手续太复杂"等，分别占总数的48.5%、18.4%、11.3%、9.6%和3.1%，基本与老年人不去就医的原因一致。仅仅有7.9%的受访老年人认为生病时不担心。由此可以看出，当老年人生病之后，"没有钱"是最让他们担心的问题，经济问题始终是困扰很多农村老年人的第一大问题；担心"没有人照顾"的老年人比例也很高，这说明老年人缺乏子女的关心和照料；担心"距离医院太远"和"医疗水平太低"也有一定比例，这说明农村地区的基本医疗设施有待改善。

表4-13  老年人生病时最担心的问题

| 担心的问题 | 没有人照顾 | 没有钱 | 距离医院太远 | 医疗水平太低 | 看病排队手续太复杂 | 不担心 | 其他 | 合计 |
|---|---|---|---|---|---|---|---|---|
| 频数 | 228 | 602 | 140 | 119 | 39 | 98 | 16 | 1242 |
| 百分比（%） | 18.4 | 48.5 | 11.3 | 9.6 | 3.1 | 7.9 | 1.3 | 100.0 |

在问及老年人第二担心的是什么时，有 1096 位老年人对此做出了回应（见表 4 – 14）。他们第二担心的问题依次"没有人照顾"是"没有钱""距离医院太远""医疗水平太低"和"看病排队手续太复杂"等，分别占总数的 30.0%、24.3%、17.6%、11.7%、9.1%。

**表 4 – 14　老年人生病时第二担心的问题**

| 担心的问题 | 没有人照顾 | 没有钱 | 距离医院太远 | 医疗水平太低 | 看病排队手续太复杂 | 不担心 | 其他 | 合计 |
|---|---|---|---|---|---|---|---|---|
| 频数 | 329 | 266 | 193 | 128 | 100 | 61 | 18 | 1095 |
| 百分比（%） | 30.0 | 24.3 | 17.6 | 11.7 | 9.1 | 5.6 | 1.6 | 100.0 |

通过案例 4 – 12 可以看出，贫困老年人患病时由于担心医药费用支出而选择不去就诊，也不愿意增加子女的负担，更多地选择自己坚持。即便是少数家庭条件较好的老年人，在疾病的困扰下也很难有足够的经济能力支付医药费用，其在疾病种类较多、医药费用开支很大的情况下，还是显得捉襟见肘。

 **案例 4 – 12　为医药费担心的老人**

甘肃省华池县乔川乡徐背台村贺奶奶夫妇，贺爷爷 81 岁，贺奶奶 77 岁。

在调查前夕，贺奶奶去当地医院看了一次病，贺奶奶看病的那天，因为儿子儿媳都在外打工，就把嫁到邻县的大女儿叫来陪她去看病。因为侄子在当地打工，她把侄子也叫来了。看病时的吃、住、车费全部是侄子出的，还有一部分医药费是向侄子借的。她现在只想着如何把这笔钱还给侄子，再去看病这事都已经不敢再想了。她还说，之后要是病情复发，就不会再告诉女儿了。因为女儿很孝顺她，如果女儿知道母亲的病还没好，一定会想办法借钱为她看病，但是女儿的家庭也不富裕。

甘肃省华池县徐背台村王大娘，65 岁，老伴 71 岁。

老两口都是一身的病，基本天天都要靠药物维持生存，每隔一两个月就要住院一次。大爷半年内已经住了三次院，花了 3 万多元，新农合报销了 1.5 万元，剩下的都靠大爷的退休金支付。大爷以前是村里面的兽医，现在每个月有 3000 元的退休金，按说这些钱能使老两口安度晚年了，但是大爷有严重的胃积水，大娘的高血压、胃炎也比较严重。老两口一年吃药看病就得花上四五万元，所以旁人艳美的退休金也没能让老两口过上安逸的生活，而是全部用来支付医药费。

### 3. 农村老年人医药费以自付为主

医药费用支出直接关系到老年人的生活开支，也是影响老年人能否及时就医的重要原因。为了解连片特困地区农村老年人医药费用支出情况，本研究对老年人医药费用的来源进行了调查。结果表明（见表 4 - 15），在老年人医药费用的第一来源当中，34.7% 的人主要是自付医药费用；33.6% 的老年人表示自己没钱付医药费；22.6% 的老年人表示医疗费第一主要来源为合作医疗，而老年人通过其他途径获取医药费用的比例很少。可见对大多数老年人来说，通过诸如公费医疗、商业医疗保险等方式支付医药费用的比重很低。

表 4 - 15  医药费用的第一来源

| 来源 | 公费医疗 | 合作医疗 | 国家和集体补助 | 医疗保险 | 自付 | 没钱付医药费 | 其他 | 退休金 | 养老金 | 其他亲属 | 合计 |
|------|------|------|------|------|------|------|------|------|------|------|------|
| 频数 | 37 | 288 | 19 | 43 | 443 | 429 | 10 | 3 | 2 | 1 | 1275 |
| 百分比（%） | 2.9 | 22.6 | 1.5 | 3.4 | 34.7 | 33.6 | 0.8 | 0.2 | 0.2 | 0.1 | 100.0 |

针对老年人医药费用第二来源的调查发现（见表4－16），老年人医药费用的第二来源比例最高的是合作医疗，占总数的38.0%，此外有25.3%的老年人表示没有其他方式支付医药费，也就是说医药费的来源是单一的。自付、医疗保险作为医药费第二来源的比例也相对较高，分别为22.8%、10.0%，而其他的医药费用来源所占比例都较小。由此可以看到，合作医疗、商业医疗保险是老年人医药费用的重要来源。而在医药费第二主要来源中，自付的比例和没钱付医药费的比例仍然较高，进一步说明老年人生病给其带来了极大的经济负担，而没钱付医药费无疑会极大地影响老年人的健康。

表4－16　医药费用的第二来源

| 来源 | 公费医疗 | 合作医疗 | 国家和集体补助 | 医疗保险 | 自付 | 没钱付医药费 | 其他 | 退休金 | 养老金 | 其他亲属 | 合计 |
|---|---|---|---|---|---|---|---|---|---|---|---|
| 频数 | 13 | 465 | 19 | 123 | 279 | 310 | 8 | 4 | 1 | 2 | 1224 |
| 百分比（%） | 1.1 | 38.0 | 1.6 | 10.0 | 22.8 | 25.3 | 0.7 | 0.3 | 0.1 | 0.2 | 100.0 |

通过调查数据可以看到，老年人生病所需的医疗费多为自己支付，合作医疗也起到了重要的补充作用，但仍有近1/3的老年人没钱支付医药费，足见连片特困地区农村老年人在医疗方面的困境。连片特困地区"因病致贫"和"因病返贫"的现象非常严重，严重影响了老年人的身体健康和生活质量。

从老年人看病花费的具体数额来看（见表4－17），在过去的一年中，所有被访老年人看病总花费的均值为3831.34元。在医药费用的具体支付方面，子女支付的金额是最多的，其次是合作医疗报销和老年人自己支付。而医疗保险、大病救助和其他支付方式，所能为老年人解决的医药费用非常少。这也印证了上述调查结果，对很多老年人来说，医药费用当中有相当一部分需要个人支付，在老年人自身无法承担的情况下，子女就成为最主要的支付者。对于身患大病有住院就医需求的老年人而言，新农合倾向于大病救助的政策效果也能得到比较好的体现，但给老年人能够提供的帮助相对来说比较有限。

表 4 - 17　2012 年全年的医药费用

| 项目 | 看病的总花费 | 自己支付 | 子女支付 | 合作医疗报销 | 医疗保险 | 大病救助 | 其他 |
|---|---|---|---|---|---|---|---|
| 均值（元） | 3831.34 | 813.54 | 1325.29 | 1088.07 | 224.13 | 94.75 | 51.03 |

结合案例研究（案例 4 - 13）可以进一步分析老年人医药费用支出情况，对大部分农村老年人来说，基本不会享有公费医疗或者商业医疗保险。农村合作医疗制度虽然能够发挥很大的作用，但是贫困的老年人仍然难以承担剩余部分的医药费用。医药费用的负担让老年人疲于应付眼前的困难，其正常生活开支更加拮据，在子女无法提供足够医药费用，正式医疗保障相对不足的情况下，老年人不得不选择压缩生活开支以维持医药费用的支出。

 **案例 4 - 13　医药费用是沉重负担**

甘肃省华池县白马乡白马村张大爷，66 岁。

张大爷的老伴双目失明，31 岁的儿子患有白癜风，只能在家务农。张大爷虽然参加了新农保，但是平时看病买药大多在村里，去乡镇卫生院的次数很少。不去医院主要是由于乡村道路不好走而且距离太远，再加上每次去需要几百元甚至上千元的医药费，一家人实在承担不起，所以生小病的时候大多是去附近的村卫生所买药。即使这样一年累计下来也要几千元医药费，因为很多时候不符合新农合的报销标准，大多数药费是老人自己出。由于没有足够的劳动力外出打工以增加收入，这几千元的医药费用就足以致使张大爷家常年陷入贫困，难以脱身。

甘肃省华池县铁角城村赵大爷，70 岁。

赵大爷的左腿在 2001 年因为交通事故受伤，医药费一共花费了 5 万元，肇事司机出了 3 万元，大爷自己承担了其余 2 万元，那时还没有新农合政策，这已经掏空了他家全部的积蓄，另外还跟亲戚家借了一些钱。一开始他到华池县医院就医，后来转到市里的医院住了四个月，又到兰州的陆军医院请大夫看了一下片子，因为没钱就没有在兰州住院。最后托人到了另外一家医院做了手术，这时距离事故发生已经半年了，因为医药费难以承担，赵大爷手术后不久就回到家中疗养。

沉重的医药费用开支往往让老年人无法承受，子女就需要承担老年人看病就医的部分开支。案例研究发现（案例 4 – 14），连片特困地区一些家庭因为医药费用支出而贫困，这对本来就经济困难的老年人更是雪上加霜，甚至一部分家庭因此被迫负债。与此同时，因子女需要负担老年人的医药费用而引发的家庭矛盾和纠纷也屡见不鲜。这些现象的存在不仅影响了老年人及时看病就医，也给老年人心理造成一定创伤，甚至对其家庭幸福带来不利影响。

 **案例 4 – 14　医药费用引发了家庭矛盾**

甘肃省白马乡白马村残疾老人赵大爷，64 岁。

几年前老人因突发脑溢血倒地，两个儿子第二天一清早就出去到处借钱，先是找亲戚再是找关系较好的邻里，奔走了两天才凑到了 3000 元。有了钱以后，两个儿子从外面雇了一辆车把他从山里送到附近庆阳市的医院。然而情况并不乐观，在庆阳治疗了四天以后，老人的病情没有明显好转，但是所借的钱全用完了，于是两个儿子又雇车把父亲拉回家里继续治疗。老人回家养病以后，大儿子几乎不再继续给父亲付钱看病，但二儿子坚决不让父亲放弃治疗。在家治疗的费用对于这个居住在山区的贫困家庭来说也不是一个小数目，每次请医生到家里给老人看病都要花掉 800 多元。为此，二儿子外出打工赚钱并且经常找亲朋好友借钱，坚持让父亲看病吃药。但两个儿子都已经有了自己的家庭和孩子，他们的收入只能维持自己的家庭开支，出钱为父亲看病变得越来越困难，儿子们自己家庭内部的矛盾也越来越大。这样的情况持续到老人在家养病的第三年，二儿子由于生活的巨大压力，患上了严重的抑郁症，最后上吊自杀，并留下了妻子和一个 4 岁的孩子，再后来，二儿媳带着孩子改嫁。二儿子去世以后，没有人再坚持让老人继续治疗，老人由于脑溢血后遗症只能卧病在床，连吃药的钱也没有。而当初为了给老人看病所借的钱到现在仍然没有还清。

甘肃省华池县乔川乡徐背台村贺爷爷，73 岁。

前几年贺爷爷时常头晕，小便不通畅，原本他想忍忍就过去了，到后来实在难以忍受，不得不叫着儿子陪同他去县城看病。可是县城医疗水平有限，无法准确地做出诊断，只好到附近的庆阳市去看病。三个儿子因为老人的医药费和日常照料起了几次争执，这些事情老人看在眼里，疼在心里。几经波折，三个儿子终于决定出钱给老人做手术，由二儿子带着老人去看病，老人自己出 3000 元医药费，剩余部分由三个儿子均摊。2013 年正月老人做了手术，术后儿子们因为老人的照料问题也出现过争执。谈到儿子们因为给自己看病而争吵，贺爷爷伤心地说："人老了就这样，儿女们不愿意管，自己又做不了什么。"

## 五　老年人患病获得照料的情况

### 1. 部分老年人就医无人陪护

老年人的健康状况与生活自理能力随着年龄的增长而下降，随着生理机能的减退，医疗保健的需求自然就会增加。全国老龄办发布的 2010 年中国城乡老年人人口状况追踪调查结果表明，农村失能老人超过 775 万，自理困难的达到 1847 万，这部分老年人的日常生活照料存在很大问题。从城乡对比来看，贫困地区的农村不能正常工作或生活不能自理的老年人人数最多，身体健康的人数最少，因此农村老年人对医疗保健服务的需求最大（王蕾，2013）。此外，处于贫困状态下的老年人身体健康状况更差，其日常生活需要照料的比例明显高于处于非贫困状态的老年人，但这些老年人又是贫困的、没有足够经济来源的，因此难以得到充分的生活照料（乔晓春等，2006）。

前文调查结果显示 18.4% 的老年人生病时最担心没人照顾，可见生病时有人陪护对老年人就医有很重要的影响。针对老年人生病时陪护情况的调查发现（见表 4 - 18），31.4% 的受访老年人表示去医院看病时通常由儿子陪伴，26.8% 由配偶陪伴，10.5% 由女儿陪伴，7.4% 由儿媳陪伴，而其他人员能够为老年人提供的帮助比较少。值得关注的是，还有 19.9% 的老年人看病就医无人陪伴，他们的就医需求成为一大问题。

表 4 - 18　陪同老年人去医院就医的陪同者

| 选项 | 配偶 | 儿子 | 儿媳 | 女儿 | 女婿 | 孙子女 | 其他亲属 | 朋友邻里 | 社会服务工作者 | 无人照顾 |
|---|---|---|---|---|---|---|---|---|---|---|
| 频数 | 312 | 366 | 86 | 122 | 6 | 24 | 10 | 4 | 3 | 232 |
| 百分比（%） | 26.8 | 31.4 | 7.4 | 10.5 | 0.5 | 2.1 | 0.9 | 0.3 | 0.3 | 19.9 |

案例研究表明（案例 4 - 15），子女陪护就医对老年人非常重要，尤其是对文化程度相对较低且行动不便的老年人至关重要。但是很多老年人担心自己生病给子女带来麻烦，在生病时会选择放弃治疗或者简单医治，如果子女能够及时陪老年人就医，会在很大程度上减轻老年人就医的困难，对于及时减轻病痛也很有帮助。此外，子女或其他亲友陪护看病也会在一定程度上减轻老年人的经济负担，减少老年人独自外出的诸多不便。

**案例 4 – 15    子女陪伴就医对老年人非常重要**

甘肃省华池县乔川乡铁角城村章奶奶，64 岁。

老人 46 岁时得了肺气肿，呼吸比较困难。家里人觉得华池的医院水平很差，大儿子和二儿子便直接带着章奶奶去银川看病。因为家里没钱，章奶奶在银川的医院只住了几天，一共花了 2 万多元，因为家里经济状况不好，这 2 万多元的医药费是儿子女儿们好不容易才凑齐的，老人自己也几乎拿出了全部积蓄，还向亲戚借了一些。虽然花了不少钱看病，但是章奶奶的病没有完全好，每次病情加重，章奶奶总是向家里人说不要管她了，让她早早死了算了，但是子女们都会耐心地劝说章奶奶接受治疗。章奶奶说："娃娃们都孝顺，想办法凑钱给我看病，要不然早就没了。"

宁夏西吉县吉强镇大营村庞爷爷，75 岁，文盲。

老人现在的身体状况不太好，主要是腿痛和膝盖痛，脚踝骨得了骨质增生。2013 年年初大女儿带老人在西吉县中医医院拍了片子，老人当时花 200 元打了一针，还取了一些消炎药。老人说药效比较好，腿部的肿胀消除了，所有的医药费用都是大女儿出的。但是现在这些药都已经吃完了，之后也没有再取过药。老人说自己的腿现在还会经常疼痛，只要能忍受得住的时候，老人一般就不吃药，最主要的原因是自己无法支付医药费。虽然几个儿女能够为老人支付一部分医药费，但是庞爷爷还是不舍得花钱看病，他说："他们都困难，家里都有孩子上学，都不容易啊！"

陕西柞水县独居贫困老人方奶奶，67 岁。

方奶奶的儿子和女儿都不在村里住，只是经常回来看看老人。她患有高血压已经 30 多年了，降压药就没有断过，每天早晚都要吃。药都是儿子、女儿给买的，一次买很多瓶，方奶奶说吃了药很管用。平常血压正常的时候可以正常做事，但一犯病她就头晕，不严重的时候就到村里诊所或者乡镇卫生院看看，病重的时候，方奶奶的儿子就开车过来接她到西安市看病。除了高血压之外，方奶奶还有胃病，胃病从很年轻的时候就开始有，到现在还一直在吃药。方奶奶的日常花销并不多，吃的菜基本上都是自己种的，主要的开销就是看病买药。有的时候买药或者看病没有钱，方奶奶也会向邻居和亲戚借钱。虽然村里人一般不愿意把钱借给老人，但是方奶奶说她子女多，而且儿子、女儿口碑好，所以一般都能借到钱。每次儿子、女儿回来的时候方奶奶就会嘱咐他们把钱还上，所以借钱的人不是很担心她还钱的问题。

本次调查结果显示，19.9%的受访老年人去医院看病时无人陪伴。进一步的对比分析发现，在富裕户的老年人中就医时无人陪伴的比例为10.2%，而在贫困户中，看病时无人陪伴的比例达到28.5%。由此可见，老年人家庭的经济条件越差，看病时越容易无人陪伴。出现这种情况与老年人家庭成员外出务工有很大关系，贫困户老年人的子女外出务工的情况相对更多，在老年人就诊时难以及时提供照料和帮助，这导致很多贫困户的老年人不得不独自去医院看病。

结合案例研究可以发现（案例4－16），在无人陪伴的情况下，老年人独自去医院看病会遇到很多问题。首先，乡村交通不便，独自去看病的老年人需要花费很长的时间在路上，也需要耗费很多体力；其次，独自外出看病的老年人缺乏照料，饮食起居容易出现困难；此外，老年人外出看病如果没有子女陪伴，很容易在心理上产生失落感。

 **案例4－16　孤身一人去看病**

江西省鄱阳县田畈街镇吴家村王奶奶，76岁。

王奶奶平时一个人在家，儿子在外地打工，儿媳在本村附近的砖窑打工。尽管知道老人身体不好，但儿媳还是不得不在砖窑上班，只是为了多赚点钱。老人说子女们都不在家，生病的时候她只能自己去诊所拿药或者输液，而离老人家最近的私人诊所也有 3 公里，老人需要走 1 个多小时才能到那里。老人在诊所看病时常常会看到其他老人有儿女陪在身边，而自己却孤身一人。有时她会觉得很孤单，但是现实情况不允许儿女陪在她身边，因为子女都在外务工，老人不愿让他们因为自己而耽误工作，他们各自都有沉重的家庭负担。每次在诊所输完液老人还得自己一个人走回家，有时她打完针身体很难受，要在诊所休息好一阵子才有力气走回家，所以去诊所打针每次都要用掉大半天时间。有时候到午饭时间输液还没有结束，老人就不得不吃自己从家里带的干粮充饥。诊所的医护人员见老人经常一个人看病，有时也会主动给老人一些帮助，但是王奶奶说："别人再好也不是自己儿女，人老了还是想让儿女多陪陪。"

### 2. 配偶和子女是老年人生病时的主要照料者

当老年人身患疾病时一般需要有人在身边照料，在传统的家庭养老模式中，子女是老年人的主要照料者，而且从法律角度看，子女有赡养老年人的义务。但在农村青壮年外出务工较为普遍的情况下，越来越多的老年人的日常生活无人照顾，很多空巢老年人只能过"两餐一起煮，粗粮过日子"的生活（焦克源、孔倩文，2011）。胡飞龙（2013）对农村留守老年人的贫困状况进行了研究，结果显示很多老年人身体状况差，缺乏必要的看护和照料，尤其是患有高血压、心脏病等疾病的老年人，在家中无人时，容易发生危险而得不到及时救治，生命安全会受到威胁，缺乏必要的看护和照料也会使得老年人的身体状况进一步恶化。

本研究发现，连片特困地区的老年人一般会同成年子女分家，并且与子女分开居住，但由于连片特困地区年轻人外出打工现象非常普遍，老年人一旦生病很容易面临无人照料的情况。调查结果显示，44.7%的老年人在患病时主要依靠配偶照料，这与农村目前的家庭结构和居住方式有很大关系。同时有近1/4的老年人主要由儿子照料，而由女儿照料的老年人只占11.3%，可见儿子比女儿在照料老年人方面发挥更主要的作用。这与农村男娶女嫁的婚姻状况有很大关系，女儿在出嫁以后对父母的照顾相对于儿子明显少了很多。这一结果与王琳等的研究结果类似，一般来说，儿子在老年父母的代际赡养中扮演比女儿更重要的角色，但是当一方为女性高龄老年人时，女儿提供主要照料的可能性更高（王琳等，2006）。

**表 4 - 19　老年人患病时的主要照料者**

| 分类 | 选项 | 配偶 | 儿子 | 儿媳 | 女儿 | 女婿 | 孙子女 | 其他亲属 | 朋友邻里 | 社会服务 | 无人照顾 |
|---|---|---|---|---|---|---|---|---|---|---|---|
| 最多 | 频数 | 563 | 306 | 134 | 142 | 2 | 20 | 12 | 14 | 3 | 63 |
| | 百分比（%） | 44.7 | 24.3 | 10.6 | 11.3 | 0.2 | 1.6 | 1.0 | 1.1 | 0.2 | 5.0 |
| 第二多 | 频数 | 57 | 393 | 214 | 217 | 35 | 48 | 47 | 35 | 7 | 48 |
| | 百分比（%） | 5.2 | 35.7 | 19.4 | 19.7 | 3.2 | 4.4 | 4.3 | 3.2 | 0.6 | 4.4 |

本研究同时对照顾老年人第二多的人员进行了调查（见表4-19），排在前三位的依次是儿子、女儿和儿媳。有35.7%的老年人认为儿子是照顾他/她第二多的人；19.7%的老年人认为女儿是照顾他/她第二多的人；19.4%的老年人认为儿媳是照顾他/她第二多的人，其他人所占的比例则相对较少。

总体来看，除了配偶以外，儿子、女儿、儿媳是老年人患病时最主要的照料者，其中儿子和儿媳占据了很高的比例，这说明家庭在老年人生病照料方面发挥了最主要的作用，农村养儿防老的传统观念仍然发挥重要作用。但同时可以发现，农村老年人依靠社会服务获得照料的比重很低，这与农村社会服务发展现状有直接关系。在连片特困地区，区域整体经济发展相对缓慢，缺乏有效的资源支撑农村社会服务发挥作用，现有社会服务支持政策的效果也并未充分显现。此外，除家庭成员外，老年人生病时难以通过社区和邻里获得较多的支持，这与农村传统观念中依赖家庭养老有一定的联系，也与农村社区未能在养老方面发挥较为积极的作用有关。

## 六 农村老年人医疗保障相关制度概述

### 1. 新农合制度

新农合制度是由政府组织、引导、支持，农民自愿参加，个人、集体和政府多方筹资，以大病统筹为主的农民医疗互助共济制度。新农合对解决经济困难老年人看病就医问题起到了重要的推动作用，促使农村基本医疗卫生水平得到提高。

就具体政策文件看，2002 年 10 月 29 日中共中央和国务院发布的《关于进一步加强农村卫生工作的决定》（以下简称《决定》）中第一次提出要建立农村新型合作医疗制度。根据《决定》，2003 年 1 月卫生部、财政部以及农业部联合下发《关于建立新农合制度的意见》，新农合开始进行试点工作，并不断增加试点。同年 12 月，卫生部等十一部委联合下发《关于进一步做好新农合试点工作的指导意见》，通过试点地区的经验总结，为新农合在全国的全面开展创造了坚实的理论与实践基础。2008 年新农合从试点转向了全面推行的阶段，2012 年 5 月，卫生部、财政部和民政部三部门联合印发《关于做好 2012 年新农合工作的通知》指出，2012 年起，各级财政对新农合的补助标准从每人每年 200 元提高到每人每年 240 元，新农合在中国农村实现了全面覆盖。

从政策目标和原则来看，新农合制度是由政府组织、引导、支持，农民自愿参加，个人、集体和政府多方筹资，以大病统筹为主的农民医疗互助共济制度。到 2010 年，实现了在全国建立基本覆盖农村居民的新农合制度的目标，减轻农民因疾病带来的经济负担，提高了农民健康水平。

建立新农合制度要遵循以下原则。

第一，自愿参加，多方筹资。农民以家庭为单位自愿参加新农合，遵守有关规章制度，按时足额缴纳合作医疗经费；乡（镇）、村集体要给予资金扶持；中央和地方各级财政每年要安排一定专项资金予以支持。

第二，以收定支，保障适度。新农合制度要坚持以收定支，收支平衡的原则，既保证这项制度持续有效运行，又使农民能够享有最基本的医疗服务。

第三，先行试点，逐步推广。建立新农合制度必须从实际出发，通过试点总结经验，不断完善，稳步发展。要随着农村社会经济的发展和农民收入的增加，逐步提高新农合制度的社会化程度和抗风险能力。

在筹资标准方面，新农合制度实行个人缴费、集体扶持和政府资助相结合的筹资机制，具体规定如下。

第一，农民个人每年的缴费标准不应低于10元，经济条件好的地区可相应提高缴费标准。乡镇企业职工（不含以农民家庭为单位参加新农合的人员）是否参加新农合由县级人民政府确定。

第二，有条件的乡村集体经济组织应对本地新农合制度给予适当扶持。扶持新农合的乡村集体经济组织类型、出资标准由县级人民政府确定，但集体出资部分不得向农民摊派。鼓励社会团体和个人资助新农合制度。

第三，地方财政每年对参加新农合农民的资助不低于人均10元，具体补助标准和分级负担比例由省级人民政府确定。经济较发达的东部地区，地方各级财政可适当增加投入。从2003年起，中央财政每年通过专项转移支付对中西部地区除市区以外的参加新农合的农民按人均 10 元安排补助资金[①]。

在资金管理方面，农村合作医疗基金是由农民自愿缴纳、集体扶持、政府资助的民办公助社会性资金，要按照以收定支、收支平衡和公开、公平、公正的原则进行管理，必须专款专用，专户储存，不得挤占挪用。部分重要要求如下。

第一，农村合作医疗基金由农村合作医疗管理委员会及其经办机构进行管理。农村合作医疗经办机构应在经管理委员会认定的国有商业银行设立农村合作医疗基金专用账户[②]。

第二，农村合作医疗基金主要补助参加新农合农民的大额医药费用或住院医药费用[③]。

第三，加强对农村合作医疗基金的监管。农村合作医疗管理委员会要定期向监督委员会和同级人民代表大会汇报工作，主动接受监督。审计部门要定期对农村合作医疗基金收支和管理情况进行审计。

新农合报销范围为：参加人员在统筹期内因病在定点医院住

---

[①] 2012 年起，各级财政对新农合的补助标准从每人每年 200 元提高到每人每年 240 元。其中，原有 200 元部分，中央财政继续按照原有补助标准给予补助，新增 40 元部分，中央财政对西部地区补助 80%，对中部地区补助 60%，对东部地区按一定比例补助。农民个人缴费原则上提高到每人每年 60 元，有困难的地区，个人缴费部分可分两年到位。个人筹资水平提高后，各地要加大医疗救助工作力度，资助符合条件的困难群众参合。新生儿出生当年，随父母自动获取参合资格并享受新农合待遇，自第二年起按规定缴纳参合费用。

[②] 所有新农合资金全部进入代理银行基金专户储存、管理。县（市）新农合经办机构负责审核汇总支付费用，交由财政部门审核开具申请支付凭证，提交代理银行办理资金结算业务，直接将资金转入医疗机构的银行账户。做到银行管钱不管账，经办机构管账不管钱，实现基金收支分离，管用分开，封闭运行——《关于进一步做好新农合试点工作的指导意见》，2003 年 12 月 15 日。

[③] 要积极探索以大额医药费用统筹补助为主、兼顾小额费用补助的方式，在建立大病统筹基金的同时，可建立家庭账户。可用个人缴费的一部分建立家庭账户，由个人用于支付门诊医药费用；个人缴费的其余部分和各级财政补助资金建立大病统筹基金，用于参加新农合农民的大额或住院医药费用的报销。个人缴费划入家庭账户的比例，由各地区合理确定——《关于进一步做好新农合试点工作的指导意见》，2003 年 12 月 15 日。

院诊治所产生的药费、检查费、化验费、手术费、治疗费、护理费等符合医疗保险报销范围的部分（即有效医药费用）。新农合基金支付设立起付标准和最高支付限额。医院年起付标准以下的住院费用由个人自付。同一统筹期内达到起付标准的，住院两次及两次以上所产生的住院费用可累计报销。超过起付标准的住院费用实行分段计算，累计报销，每人每年累计报销有最高限额。

新农合报销标准分门诊、住院和大病补偿三类。

（1）门诊补偿

村卫生室及村中心卫生室就诊报销60%，每次就诊处方药费限额10元，卫生院医生临时补液处方药费限额50元。

镇卫生院就诊报销40%，每次就诊各项检查费及手术费限额50元，处方药费限额100元。

二级医院就诊报销30%，每次就诊各项检查费及手术费限额50元，处方药费限额200元。

三级医院就诊报销20%，每次就诊各项检查费及手术费限额50元，处方药费限额200元。

中药发票附上处方每贴限额1元。

镇级合作医疗门诊补偿年限额5000元。

（2）住院补偿

①报销范围

A. 药费。辅助检查：心脑电图、X光透视、拍片、化验、理疗、针灸、CT、核磁共振等各项检查费限额200元；手术费（参照国家标准，超过1000元的按1000元报销）。

B. 60周岁以上老年人在乡镇卫生院住院，治疗费和护理费每天补偿10元，限额200元。

②报销比例。镇卫生院报销60%；二级医院报销40%；三级医院报销30%。

（3）大病补偿

镇风险基金补偿。凡参加合作医疗的住院病人一次性或全年累计应报医疗费超过 5000 元以上分段补偿，即 5001—10000 元补偿 65%，10001—18000 元补偿 70%。

就具体的报销疾病范围而言，自 2012 年起，巩固推进儿童白血病、先天性心脏病的保障工作，推开终末期肾病、妇女乳腺癌、宫颈癌、重性精神疾病、艾滋病机会性感染和耐多药肺结核等 6 种（类）大病的保障工作。同时，优先将血友病、慢性粒细胞白血病、唇腭裂、肺癌、食道癌、胃癌、1 型糖尿病、甲亢、急性心肌梗死、脑梗死、结肠癌、直肠癌等 12 个病种纳入大病保障试点范围。原则上，新农合对试点病种的实际补偿比例应达到本省（区、市）限定费用的 70% 左右，医疗救助基金对于符合条件的困难群众大病的实际补偿比例要达到 20% 左右。

对于农民关心的报账方式问题，按照规定，农民在县（市）、乡（镇）、村定点医疗机构就诊，可先由定点医疗机构初审并垫付规定费用，然后由定点医疗机构定期到县（市）或乡（镇）新农合经办机构核销。新农合经办机构应及时审核支付定点医疗机构的垫付资金，保证定点医疗机构的正常运转。新农合经办机构在审核诊疗项目和费用账目时，如发现定点医疗机构有违反新农合制度相关规定的情况，不予核销，已发生费用由定点医疗机构承担。农民经批准到县（市）级以上医疗机构就医，可先自行垫付有关费用，再由本县（市）新农合经办机构按相关规定及时审核报销。

我国目前没有针对农村老年人参与新农合的专门统计数据，但是从新农合整体运行情况可以间接反映老年人的受益情况（见表 4 - 20）。近年来，随着新农合制度的不断完善，农民参合率逐年提高，新农合的人均筹资标准也逐年增加，截至 2012 年年底，共有 8.05 亿人参加了新农合，参合率达到 98.3%，当年新农合补偿受益人次达到 17.45 亿人次。新农合制度的推行，对于改善农村基本医疗条件，提高农民抵抗疾病风险能力有重要帮助。

表4－20　近年来新农合参合人数等基本情况统计

| 指标 | 2012 年 | 2011 年 | 2010 年 | 2009 年 | 2008 年 | 2007 年 | 2006 年 | 2005 年 |
|---|---|---|---|---|---|---|---|---|
| 县级区划数（个） | 2852 | 2853 | 2856 | 2858 | 2859 | 2859 | 2860 | 2862 |
| 开展新型农村合作医疗县（区、市）数（个） | 2566 | 2637 | 2678 | 2716 | 2729 | 2451 | 1451 | 678 |
| 参加新农合人数（亿人） | 8.05 | 8.32 | 8.36 | 8.33 | 8.15 | 7.26 | 4.1 | 1.79 |
| 新农合参合率（％） | 98.3 | 97.5 | 96 | 94.2 | 91.5 | 86.2 | 80.7 | 75.7 |
| 新农合人均筹资（元） | 308.5 | 246.21 | 156.57 | 113.4 | 96.3 | 58.95 | 52.1 | 42.09 |
| 新农合当年基金支出（亿元） | 2,408.00 | 1,710.19 | 1,187.80 | 922.9 | 662.3 | 346.63 | 155.8 | 61.75 |
| 新农合补偿受益人次（亿人次） | 17.45 | 13.15 | 10.87 | 7.59 | 5.85 | 4.53 | 2.72 | 1.22 |

资料来源：国家统计局网站：http://data.stats.gov.cn/workspace/index? m = hgnd。

2. 农村医疗救助制度

农村医疗救助制度是政府拨款和社会各界自愿捐助等多渠道筹资，对患大病农村五保户和贫困农民家庭实行医疗救助的制度。

为解决农村居民因病致贫、因病返贫问题，保障农村贫困人口能够享受到基本医疗卫生服务，满足农村贫困群体的医疗需求发挥了一定作用。老年人作为该项制度的保障对象，也被纳入农村医疗救助制度的保障范围。

就相关政策文件来说，2003 年 11 月，民政部、财政部和卫生部联合发布《关于实施农村医疗救助的意见》（以下简称《意见》），要求各地开始试点建立农村医疗救助制度。针对农村医疗救助制度实施过程中出现的问题，民政部、财政部和卫生部分别于 2005 年和 2006 年发布《关于加快推进农村医疗救助工作的通知》和《关于进一步完善城乡医疗救助制度的意见》，对建立和完善农村医疗救助制度提出新的要求。2009 年民政部发布《关于进一步完善城乡医疗救助制度的意见》，对城乡医疗救助制度的建立与完善做了统一的要求。2012 年民政部、财政部、人力资源和社会保障部、卫生部联合发布《关于开展重特大疾病医疗救助试点工作的意见》，促使农村医疗救助制度进一步发展。

农村医疗救助制度的政策主体主要包括：政府、医疗机构、社会组织。政府是制度的组织者和推行者。民政部门是制度实施的主管部门，负责政策研究制定和组织实施工作，以及医疗救助与社会慈善救助的衔接；财政部门则负责落实安排救助资金，监督检查资金管理和使用情况；卫生部门则负责向困难居民提供医疗服务与管理，并对相关医疗服务机构进行监督检查。医疗机构是医疗服务的直接提供者。这里的医疗机构主要是指政府部门指定的定点医疗服务机构，负责向农村困难群体提供直接的医疗救助服务，也包括一些非定点医疗机构。社会组织可以为救助对象提供医药费用补助，也可以为救助对象提供直接的医疗服务或者为其购买服务。

从资金来源看，主要资金来源包括财政拨款、彩票公益金、社会各界自愿捐助、利息收入等。地方各级财政每年根据本地区实际情况开展农村医疗救助工作的实际需要和财力状况调查，在年初财政预算中合理安排农村医疗救助资金。同时，地方各级民政部门每年从留归民政部门使用的彩票公益金中提取一定比例或一定数额的资金用于农村医疗救助。该制度也鼓励社会各界自愿捐赠资金用于农村医疗救助。此外，资金来源还包括农村医疗救助基金形成的利息收入和按规定可用于农村医疗救助的其他资金。县级以上财政部门对实行农村医疗救助制度的困难地区给予资金支持。中央财政对中西部等连片特困地区农村医疗救助给予适当支持，具体补助金额由财政部、民政部根据各地医疗救助人数和财政状况以及工作成效等因素确定。补助下级的预算资金全部通过国库划拨，预算外资金的划拨按相关规定办理。

从具体的政策目标来看，农村医疗救助制度是政府拨款和社会各界自愿捐助等多渠道筹资，对患大病农村五保户和贫困农民家庭实行医疗救助的制度。建立农村医疗救助制度，要从当地实际出发，医疗救助水平要与当地经济社会发展水平和财政支付能力相适应，确保这项制度平稳运行。农村医疗救助从贫困农民中最困难的人员和最急需的医疗支出中开始实施，并随着经济的发展逐步完善农村医疗救助制度。

农村医疗救助的原则如下。

第一，因地制宜，量入为出。与当地经济社会发展水平相适应，尽量帮助城乡贫困群众解决最基本的医疗服务问题，低标准起步，从易到难，从少到多的原则。

第二，政府主导，社会参与。加强对城乡医疗救助工作的领导，建立政府主导、民政牵头、部门协作、社会参与的城乡医疗救助机制，政府资助、社会捐助和个人负担相结合，自我负担为主，政府给予适当救助的原则。

第三，形式多样，多方救助。通过建立大病医疗救助基金会、资助参加农村新型合作医疗和城市医疗保险、实施大病救助，与新农合制度相结合的原则。

第四，属地管理，政府分级负责的原则。

第五，公开、公平、公正的原则。

在政策对象方面，2003年民政部、卫生部、财政部联合发布的《意见》对农村医疗救助的对象进行了明确界定，《意见》规定了农村医疗救助的对象是：农村五保户、农村贫困户家庭成员；地方政府规定的其他符合条件的农村贫困农民。但在具体工作中，各地都制定了具体的标准，如，有些地方政府规定，低保对象、农村五保户、持有县级民政部门发放的"农村特困救助证"或"农村最低生活保障金领取证"的特困户家庭成员、重点优抚对象等均属救助对象。老年人是农村五保和低保的重要对象，在医疗救助当中也成为主要的目标群体之一。

从具体救助办法来看，已经开展新农合的地区，资助医疗救助对象缴纳个人应负担的全部或部分资金，参加当地合作医疗，享受合作医疗待遇。因患大病经合作医疗补助后个人负担医药费用过高，影响家庭基本生活的，再给予适当的医疗救助。尚未开展新农合的地区，对因患大病个人负担费用难以承担，影响家庭基本生活的，给予适当医疗救助。国家规定的特种传染病救治费用，按有关规定给予补助。医疗救助对象全年个人累计享受医疗救助金额原则上不超过当地规定的医疗救助标准。对于特殊困难人员，可适当提高医疗救助水平。

从农村医疗救助的范围来看，一般情况下，各地医疗救助的范围大致相当，有些地方明确规定，持有本地（市）农村特困户社会救助领取证的农村居民，凡家庭成员因患重大疾病负担医疗费过高，影响家庭基本生活的，均可享受农村医疗救助。总体而言，基本范围大致包括：一是本地（市）户口；二是农村户口；三是医疗救助对象。但在执行过程中，各地也有自己的详细规定，如，有些地方政府规定，因患重病大病而住院治疗发生的费用，已参加新农合的，在扣除合作医疗补助的部分后，个人负担的费用仍然过高的；未参加合作医疗，个人负担的医药费用难以承担而影响其基本生活的，可申请大病医疗救助。

我国目前没有针对老年人受益于农村医疗救助制度的统计数据，但是从农村整体受益情况可以间接反映老年人医疗救助的情况。据民政部最新统计数据（见表4-21），2012年全年累计救助贫困农村居民5974.2万人次，其中民政部门资助参加新农合4490.4万人次，人均资助参合水平57.5元；民政部门直接救助农村居民1483.8万人次，人均救助水平721.7元。全年各级财政共支出农村医疗救助资金132.9亿元，比上年增长10.8%。

表4-21　近年来农村医疗救助情况统计

| 指标 | 2012 年 | 2011 年 | 2010 年 | 2009 年 | 2008 年 |
| --- | --- | --- | --- | --- | --- |
| 农村医疗救助人次（万人次） | 1483.80 | 1471.83 | 1019.24 | 729.98 | 759.5 |
| 农村医疗救助资助参加合作医疗（万人） | 4490.40 | 4825.30 | 4615.42 | 4059.14 | 3432.40 |
| 农村医疗救助支出（万元） | 1329,105 | 1199,610 | 834810 | 646246 | 383000 |

资料来源：国家统计局网站：http://data.stats.gov.cn/workspace/index? m=hgnd。

# 七　相关制度受益情况

## 1. 新农合

新农合制度的实施对于改善农村老年人的就医状况，解决老年人面临的因病致贫和无钱就医等问题起到了一定的积极作用，是农村社会保障体系的重要一环。本研究对连片特困地区农村老年人从新农合制度的受益情况进行了调查，结果显示，曾经通过新农合受益的老年人占67.9%，说明新农合对农村老年人看病就医确实起到很大的帮助。通过案例研究发现（案例4-17），虽然新农合保障标准仍然较低，但也在一定程度上提高了老年人及其家属应对疾病风险的能力，缓解了老年人看病难的问题，并且身患大病通过新农合受益的老年人对于该制度的满意度一般较高。

**案例 4 - 17　通过新农合受益的老年人**

江西省田畈街镇何彭村彭爷爷夫妇，彭爷爷 76 岁，老伴 70 岁。

彭爷爷全家人都参加了新农合，每人每年交 50 元，在上交的 50 元中会有 30 元退到合作医疗卡中。平时两位老人买药可以先刷医疗卡，如果卡里的钱不够再由自己补上。新农合在大病住院的情况下会报销一部分，2013 年年初大孙子生病住院的时候花费了 4 万多元，最后通过新农合报销了 1 万元左右。彭爷爷说自己年纪大了，身体经常出问题，有时候去镇上的医院看病可以报销，觉得还是挺满意的，毕竟自己可以少花钱了。

宁夏西吉县吉强镇南台村杨奶奶，回族，84 岁，有两儿两女。

老人一家都参加了新农合，并且每人每年都交 40 元。杨奶奶在 2011 年曾去银川看过一次病，就诊医疗机构是宁夏医学院附属医院，实际医药费用 4566.13 元，报销费用 1438 元，报销比例为 36.26%。杨奶奶年纪大了，对于看病报销这些事情搞不懂，基本上都是儿女们在做，但是她知道新农合可以报销还是很高兴，她说："现在国家政策好，都是共产党做得好啊！"

陕西柞水县贫困老人方爷爷，71 岁。

2011 年方爷爷因患脑梗住院花费了 1 万多元，通过新农合报销了 5000 多元。2012 年方爷爷哮喘病发作，住院花费了 6000 多元，新农合报销了 3000 多元。对于新农合，方爷爷一家还是非常满意的，只是对于小额药费不报销以及不在指定地点看病不让报销这两点颇有微词："门诊里很多费用不让报销，平时买药的费用也有很多不让报销，只有住院才能多报销，这样平时看病还是要花很多钱。"方爷爷说，没有参加新农合以前，他和老伴看病的花费基本都是子女们出，他觉得自己和老伴年老体弱做不了事，生病还让孩子们花钱，是子女的负担。参加新农合能够报销之后，子女们的负担也减轻了不少，他觉得心里稍微安稳了一点。

虽然大部分老年人都参与了新农合并从中受益，但从老年人对新农合制度的了解程度看，情况并不理想。调查数据显示（见表4-22）：比较了解的老年人比例最多，占38.8%，了解一点和不太清楚政策的老年人分别占31.1%和16.8%，还有3.5%的老年人未听说过新农合制度。在新农合制度实行过程中，由于宣传不到位、老年人信息获得渠道不通畅等原因，老年人对于新农合制度的了解程度不高，这种情况的存在会影响到新农合的实施效果，使部分老年人无法很好地通过新农合受益。

**表4-22  老年人对新农合制度的了解程度**

| 选项 | 非常了解 | 比较了解 | 了解一点 | 不太清楚 | 没听说过 | 合计 |
|---|---|---|---|---|---|---|
| 频数 | 123 | 484 | 388 | 210 | 44 | 1249 |
| 百分比（%） | 9.8 | 38.8 | 31.1 | 16.8 | 3.5 | 100 |

对于政策不了解以及政策实行中存在的一些问题，也导致连片特困地区农村老年人对于新农合的满意度相对不高。从老年人对该项政策的满意程度来看（见表4-23）：表示说不清楚的比重最高，占37.9%，表示比较满意的占30.2%，表示非常满意的占5.9%，对政策不太满意或者很不满意的老年人分别占17.2%和8.7%。总体来说，连片特困地区农村老年人对于新农合的满意程度还有待提升，新农合实施过程中存在的保障水平偏低、部分报销程序烦琐、门诊报销额度低等是老年人对于该制度不满意的主要原因。

表 4-23 新农合保险满意程度

| 选项 | 非常满意 | 比较满意 | 不太满意 | 很不满意 | 说不清 | 合计 |
| --- | --- | --- | --- | --- | --- | --- |
| 频数 | 61 | 311 | 177 | 90 | 391 | 1030 |
| 百分比（%） | 5.9 | 30.2 | 17.2 | 8.7 | 37.9 | 100 |

案例 4-18 反映了老年人对于新农合的了解程度和满意度情况。新农合制度只有在患病住院的情况下才能提供比较多的报销，对于通过门诊看病的老年人能够提供的报销额度相对较低，而且报销费用的分类较为复杂，老年人很难充分了解，只能听从医院的安排，这使得一部分老年人对新农合产生不满。此外，通过新农合就医需要先自行交费再报销，对于经济十分困难的老年人而言，自行垫付的医药费用很可能无法承担，这也是导致其对新农合不满的一个重要原因。而且大部分老年人患有慢性疾病，往往不需要住院，但是日常的医药费用却比较高，新农合制度无法提供有效保障。上述情况与部分学者的研究结论类似，孟雨发现，新农合对于慢性疾病的保障作用相对不明显，对一些慢性病和常见病患者，虽然疾病没有严重到住院的程度，但多次门诊的费用累计下来也是一笔不小的开支（孟雨等，2013）。王丽红认为，在新农合制度下医药费用仍然较高，这种较为普遍的情况对制度效果有显著的负向影响（王丽红等，2013）。总体来说，新农合仍然存在保障水平低、满意度低等多种问题，其制度安排有待进一步完善（谭倩，2013）。

 **案例 4-18 不满于新农合的老年人**

甘肃省华池县乔川乡徐背台村贺爷爷夫妇，贺爷爷81岁，贺奶奶77岁。

谈到新农合，贺爷爷气愤地说："新农合一点作用都没有！只有住医院才给报销，其他的全要自己掏钱。"贺奶奶也表示很无奈："如果住院，需要30元一天的住院费但是不报销，药费能报销 60%，体检费什么的还是照算，我们哪有这么多钱住院啊。"贺爷爷夫妇都有高血压等慢性病，平时经常需要买药吃，但是他们几乎没有通过新农合到乡镇和县医院买过药，贺爷爷说医院卖药比诊所贵，而且还要走很远的路，不如去诊所方便。

甘肃省王民乡大岔村马爷爷，回族，77 岁。

老人说，在当地参加的新农合在取药时有限制，要求每人一次取药的总金额不能超过 10 元，而且每次还要交 1 元的手续费。老人说，他去医院取药的时候，医药费几乎没有报销过，很多有后门的人家，所有的医药费用会全报销，如果没熟人的话，可能是按 50% 报销的。具体的情况和报销标准老人自己也不太清楚。

宁夏西吉县吉强镇上河村马奶奶，回族，80 岁，腿部有残疾。

马奶奶全家人都参加了新农合，每人每年交 50 元钱。老人是低保户，但也没有任何的减免措施，新农合的费用都是她自己交的，村委会要多少钱，就交多少钱，但是不清楚交的是什么钱。老人说每年村上会派人来收这笔钱，每个人都是必须交的。马奶奶虽然参加了新农合，但是很多事情并不清楚，基本上都是儿子在料理。儿子说，在老人去看病的时候，首先需要自己交付所有的医药费用，然后经过一些手续，最后才能报销。报销分不同的情况：如果有低保，会全部报销；没有低保的按 20% 报销门诊费用，按 70% 报销住院费用。但是报销的过程会非常麻烦，特别是很多人一开始拿不出足够的钱住院，只能到处想办法凑钱甚至放弃住院。在马奶奶看来，新农合缴费数额很高，对经常看病的老年人会有点作用，但是对年轻人来说没什么用。

陕西柞水县贫困家庭陈奶奶，57 岁。

陈奶奶 2012 年才入了新农合，买药的时候能够报销 30% 左右。平常腿痛了腰痛了就在村里的卫生室买一些止痛药，但一次买药花费在 20 元以下不给报销，20 元以上才给报销。老人经常关节痛，需要买一些膏药、止痛药之类的，有的时候一个月买膏药就要花费 100 多元。2012 年 6 月的时候陈奶奶腰痛，本来想坚持一下扛过去，后来实在是疼痛难忍，就到县里面的私人医院打了两针封闭针。打针花费 80 元，来回车费 20 元，总共花费了 100 元。陈奶奶说去县里面舍不得花钱吃饭，就饿着肚子回来了。调查人员问老人为什么不去大医院，老人说："大医院贵，没有钱去看。"当问到老人为什么不通过新农合报销时，老人说："人家说病不重，不住院就不给报销。"

陕西柞水县秦丰村贫困老人王奶奶，84 岁。

王奶奶患有胆结石，需要经常吃药。虽然村里面的卫生室可以代办新农合报销，但是对王奶奶来说几乎没什么用。老人的儿子说，村里卫生所的医生嫌报销类别里面的药利润太低，就经常不去进货，平常能够报销的药在村里的卫生室根本买不着，有时候卫生室十天半个月也不开一次门。老人抱怨说，医生不工作还能拿上面给村级卫生所的补助。而村里面也有私人开的乡村诊所，这些诊所倒是办理医疗报销，但是他们会把药价提高，然后拿报销凭证去县新农合中心报销赚取差价，并且这些医生素质不高，有些药品还可能是假药。王奶奶的儿子说宁愿花多点钱把病看好，也不愿意图便宜在村里的卫生室看病。

总体而言，新农合制度是老年人受益范围较大、满意度相对较高的一项制度，对于患有重大疾病的老年人起到了重要的帮扶作用，提高了老年人应对重大疾病风险的能力。但是新农合制度依然存在报销过程烦琐、报销额度偏低、覆盖疾病种类较少等问题，而且部分地区的新农合医疗机构与农民的居住地点距离较远，影响了老年人到相应的机构就诊。此外，乡镇医疗机构医疗水平有限、药品价格偏高等也影响了老年人就诊。在政策宣传依旧不到位，老年人缺乏对相关政策了解的情况下，其对新农合的满意度仍有很大提升空间，其保障水平也有待进一步提高。

2. 农村医疗救助制度

农村医疗救助是我国社会救助制度的重要一环，对于无力通过新农合途径就医或者新农合报销额度难以弥补实际花费的老年人能够起到一定的帮扶作用。从该制度的受益情况看，本次调查结果显示有 8.8% 的老年人曾经通过该制度受益，这一方面说明医疗救助制度对部分老年人解决困难起到了一定作用，另一方面也反映了连片特困地区老年人通过医疗救助制度受益的范围相对较小。尽管公共财政对农村医疗救助的投入不断增加，但农村医疗救助制度的救助水平还十分有限，目前我国在农村医疗救助内容重点的选择上，仍以大病救助为主（李印慧，2013）。而且在经济落后地区，贫困老年人众多，老年人身体健康状况大多不好，通过医疗救助制度受益存在资源不足的问题。

在连片特困地区，老年人对于医疗救助制度的了解程度总体偏低。调查数据显示（见表 4 - 24）：36.6% 的受访老年人对该政策不太清楚，了解一点和没听说过该政策的老年人分别占 23.5% 和 22.2%，而对于政策非常了解和比较了解的老年人仅有 2.6% 和 15.1%。这与农村居民获取政策信息的渠道不畅通有很大关系，连片特困地区农村老年人获取相关政策信息的途径比较少，通过电视、广播和报纸等渠道很难比较好地了解政策内容，同时，相关部门在农村医疗救助政策宣传方面的工作做得不到位，部分地方不重视政策的宣传，使得农村老年人对于政策的了解水平总体不高（张新文，2012）。

表 4 - 24 老年人对医疗救助制度的了解程度

| 选项 | 非常了解 | 比较了解 | 了解一点 | 不太清楚 | 没听说过 | 合计 |
|---|---|---|---|---|---|---|
| 频数 | 32 | 187 | 291 | 454 | 275 | 1239 |
| 百分比（%） | 2.6 | 15.1 | 23.5 | 36.6 | 22.2 | 100 |

从老年人对该项政策的满意程度来看（见表 4 - 25）：表示对政策说不清的老年人有 47.5%，表示比较满意的有 27.8%，对政

策不太满意的有 13.9%，仅有 5.0% 的人对政策非常满意。整体而言，农村老年人对于医疗救助制度满意度并不高。这与老年人对于该政策了解程度不高有密切的关系，更为重要的是，老年人无法从医疗救助制度中受益，使其对该制度的满意程度偏低。此外，部分学者研究认为，农村医疗救助存在对象界定不规范、救助标准偏低、救助程序烦琐、资金使用不合理等问题（张新文等，2012）；而且目前我国在农村医疗救助内容重点的选择上仍以大病救助为主，现行医疗救助方式是事后救助，要求患者事前垫付医药费用，但重大疾病治疗费用支出较大，贫困家庭可能因无力事先垫付大病的全额医药费用而放弃求医（李印慧，2013）。

表 4 - 25　老年人对大病救助制度的满意程度

| 选项 | 非常满意 | 比较满意 | 不太满意 | 很不满意 | 说不清 | 合计 |
|------|---------|---------|---------|---------|--------|------|
| 频数 | 50 | 280 | 140 | 58 | 478 | 1006 |
| 百分比（%） | 5.0 | 27.8 | 13.9 | 5.8 | 47.5 | 100 |

## 八　小结

本章讨论了老年人的健康和就医状况，结合对问卷调查数据和案例访谈的分析，可以看出连片特困地区农村老年人在患病就医方面存在很多困难。从老年人身体健康状况看，连片特困地区的农村老年人身体状况总体较差。老年人对自身健康状况的自我评价比较低，大部分老年人患有一种或几种慢性疾病，胃病、高血压、骨质增生、关节炎和心脏病等是老年人多发的疾病。总体来看，身体比较健康的老年人很少。这与老年人的经济状况、生活条件和当地的医疗条件等密切相关，给老年人晚年生活质量和家庭幸福带来极大负面影响。

老年人身体健康状况差、看病就医不及时的原因是多方面的。就老年人身体健康状况的影响因素而言，连片特困地区经济发展相对落后，老年人日常饮食较为不健康给其身体带来一定的负面影响，而且老年人从事繁重的农业生产劳动，日积月累对身体会造成一定损伤。在较为恶劣的居住环境下，老年人饮食营养不足，又要从事农业生产活动，并且缺乏必要的医疗救护，其身体健康自然会不断受到损害。

就老年人就医不及时的原因来看，经济因素是最为关键的，调查发现富裕户老年人和贫困户老年人在看病就医上有很大差别，富裕户身患疾病能够及时就诊的比例明显高于贫困户。从老年人生病时的担忧来看，"没钱"是多数老年人最担心的问题，高额的医药费和担心增加子女的经济负担让老年人在生病时往往选择"撑过去"，长此以往身体健康逐渐恶化。同时，贫困农村地区基层医疗机构医疗水平较低、路途遥远等也是老年人生病不能及时就诊的重要原因。在老年人的医药费用支出中，自付和合作医疗是最主要的两项，大部分老年人生病时需要自己支付医药费用，合作医疗起到补充作用，老年人通过退休金、养老金和医疗保险等支付医药费用的比例很低。在老年人及其家庭无力支付医药费用并且合作医疗补偿水平有限的情况下，连片特困地区农村老年人只能选择"不看病"。医药费用支出让很多老年人背负了沉重的经济负担，也给其子女和家庭带来很大负面影响，直接降低了老年人的生活质量。

此外，连片特困地区农村老年人身体健康状况较差，看病就医不及时与现有医疗保障制度不健全有一定关系。新农合和大病救助制度互相辅助，在帮助老年人应对就医困难问题上发挥了很大作用，降低了老年人因病致贫和无钱就医的风险。但是这两项制度仍存在保障水平偏低、制度流程较为复杂等问题，对于文化程度不高、行动不便、缺乏家庭照料的老年人而言，通过这两项制度受益存在很多困难。新农合在一些地区报销程序仍然较为烦琐，甚至需要"找关系走后门"才能报销，这在很大程度上增加了老年人的报销难度，并且新农合对于门诊的报销额度较低，对于慢性疾病高发的老年人而言，并不能解决其就医花费高的问题。而大病救助制度申请程序较为烦琐，老年人了解程度不高，其保障水平也十分有限，这使大多数困难老年人无法通过该制度受益。

总体而言，连片特困地区农村老年人身体健康状况普遍较差，老年人由于长期的体力劳动、居住条件差、就医不及时等原因大多患有慢性疾病，而且不能得到及时的诊治。经济状况是影响老年人看病就医的最关键因素，连片特困地区农村老年人大多因为经济上的困难而不能及时就医，老年人生病给自身和子女都带来很大负担，从目前农村的医疗状况看，老年人的医疗状况亟待改善。

# 第五章
# 连片特困地区农村老年人
# 社会交往与日常活动

在连片特困地区，由于青壮年劳动力大量外流、老年人经济条件差等原因，很多老年人仍要从事农业生产，甚至存在高龄老年人迫于生活压力不得不从事农业生产的情况，而且年轻子女外出务工也增加了老年人从事家务劳动的压力。老年人在经济负担和生活压力下，能够开展的社会交往活动相对有限，获取非正式社会支持的机会也较少，其日常活动表现出内容相对单一的特点。本章主要针对连片特困地区农村老年人的社会交往、非正式支持、宗教信仰和日常活动等情况进行分析。

## 一 老年人日常生活获得帮助的情况

### 1. 众多老年人日常生活缺乏帮助

老年人由于身体健康等原因劳动能力下降，部分老年人在日常生活中从事家务劳动会有一定的困难，需要他人提供帮助。以家务劳动为例，本次调查发现（见表5-1），在过去一年里老年人能够得到配偶等亲属之外的人提供的帮助较少，52.3%的老年人过去一年没有得到亲属以外的人在家务劳动和起居照料方面的帮助。除此之外，43.8%的老年人可以获得邻居或者朋友提供的帮助，这凸显农村熟人社会的特点，邻里之间的互帮互助对老年人晚年生活有很重要的影响，特别是同村的朋友和邻居能够为有困难的老年人提供一定的帮助。但是在连片特困地区，众多老年人面临子女外出打工的情况，其通过子女获取日常生活照料相对不现实，而且存在较多的独居老年人，其日常生活可能遇到的困难更多。此外，在农村社会服务和社会保障仍然不完善的情况下，老年人通过带有公益性质的社会工作者等获得帮助的可能性较小，农村老年人在配偶等亲属以外能够获取帮助的途径比较少。

表 5 - 1    除配偶等亲属外帮老年人做家务的照料者情况

| 选项 | 朋友/邻居 | 村干部 | 保姆 | 社会工作者 | 教会信友 | 没有人 | 合计 |
|---|---|---|---|---|---|---|---|
| 频数 | 560 | 24 | 5 | 12 | 10 | 669 | 1280 |
| 百分比（%） | 43.8 | 1.9 | 0.4 | 0.9 | 0.8 | 52.3 | 100.0 |

2. 老年人获得家务帮助很少

调查数据显示（见表 5 - 2），在老年人的照料者当中，"很少"能够为老年人提供家务帮助的居多，占总数的 64.4%，"每月几次"的占 23.1%，"每周至少一次"的也仅有 9.7%，而能够每天都照顾老年人的只有 2.8%。由此可见，除了配偶、子女等亲属外，部分老年人虽然能够获得来自其他人的照顾，但比例相对不高。这说明连片特困地区农村老年人获取生活帮助存在一定困难，子女外出务工较为普遍，配偶同样年龄偏高，独居的老年人在生活上可能遇到较多的困难。

表 5 - 2    配偶等亲属以外的照料者帮助老年人做家务的情况

| 选项 | 每天都做 | 每周至少一次 | 每月几次 | 很少 | 合计 |
|---|---|---|---|---|---|
| 频数 | 20 | 69 | 165 | 460 | 714 |
| 百分比（%） | 2.8 | 9.7 | 23.1 | 64.4 | 100.0 |

3. 大部分老年人遇到困难优先寻求亲人帮助

在问及老年人当生活遇到困难时会最先向谁求助时（见表 5 -

3），55.0%的老年人选择了向子女求助；其次是选择向配偶求助，占总数的30.7%；而选择向朋友或者邻居求助的老年人占总数的7.8%。值得注意的是还有3.5%的老年人遇到困难时"无人帮助"，只能依靠自己解决。通过本次调查的数据可以看出，大部分老年人在遇到困难时会寻求子女的帮助，但是很多老年人的子女在外打工无法在身边提供照料，这给老年人养老和日常生活带来很多问题。虽然部分老年人能够通过村干部、社会工作者、教会等获得帮助，但总体比例明显很低。整体来说，老年人在遇到困难时获得帮助的途径较少，在家庭成员之外，连片特困地区的农村老年人缺乏正式的制度保障，缺乏社区力量和其他社会力量的帮助。

表 5 - 3　老年人遇到困难时的首选帮助者

| 求助者 | 配偶 | 子女 | 朋友/邻居 | 村干部 | 保姆 | 社会工作者 | 教会信友 | 无人帮助 | 其他人 | 合计 |
|---|---|---|---|---|---|---|---|---|---|---|
| 频数 | 391 | 701 | 99 | 27 | 1 | 5 | 1 | 45 | 5 | 1275 |
| 百分比（%） | 30.7 | 55.0 | 7.8 | 2.1 | 0.1 | 0.4 | 0.1 | 3.5 | 0.4 | 100.0 |

本次调查还对除去配偶、子女等亲属之外，老年人获得帮助的渠道进行了调查。结果显示（见表5-4），选择朋友或者邻居的老年人占总数的67.7%，选择村干部帮助的老年人有9.0%，而无人帮助的老年人占到了21.0%。这些数据表明，连片特困地区的老年人在很大程度上依赖邻居和朋友，传统乡土社会的邻里互助行为仍在发挥作用。调查还发现，贫困户老年人受到村干部和社会工作者帮助的比例高于非贫困户老年人。贫困户中受到村干部帮助的老年人有12.9%，而非贫困户中有6.7%；贫困户中受到社会工作者帮助的老年人有1.3%，而非贫困户中有0.62%。但是从整体情况看，连片特困地区农村老年人在亲属之外获得帮助的途径很少，尤其是正式社会保障的不足使很多孤寡老年人缺乏有效的帮助。

表 5 - 4　老年人遇到困难时除亲属外的帮助者

| 选项 | 朋友/邻居 | 村干部 | 社会工作者 | 教会信友 | 无人帮助 | 其他人 | 合计 |
|---|---|---|---|---|---|---|---|
| 频数 | 855 | 114 | 11 | 15 | 265 | 3 | 1263 |
| 百分比（%） | 67.7 | 9.0 | 0.9 | 1.2 | 21.0 | 0.2 | 100.0 |

# 二　老年人聊天与倾诉的对象

1. 配偶和子女是老年人聊天和倾诉的主要对象

为了解老年人日常生活中聊天与倾诉的情况，本次调查询问了老年人如果有了心事或者想法会先向谁说。结果显示，在亲属中（可以选择 3 个选项）老年人经常选择的聊天对象是配偶、儿子和女儿。其中 52.1% 的老年人选择了配偶；其次分别有 48.0% 和 36.7% 的老年人选择了儿子和女儿；另外有 9.5% 的老年人选择儿媳，1.9% 的人选择女婿。选择女婿作为倾诉对象的比例明显低于选择儿媳的老年人的比例，这与农村传统社会养儿防老以及老年人随儿子居住的情况有很大关系，儿媳相比女婿更有可能成为老年人日常生活的照料者，而女婿较少参与对老年人的照顾，老年人与女婿之间的交流也相对较少。

通过案例研究发现（案例 5 - 1），一部分老年人在日常生活中不愿向人倾诉，生活困难的老年人担心自己的问题给配偶和子女增加负担，在多数情况下选择沉默。内心孤苦无依的老年人在生活的压力下经常会哭泣，而长期积累的负面情绪也让很多老年人对生活缺乏信心。

 案例 5 - 1　无人倾诉的老年人

陕西柞水县秦丰村独居老人张奶奶，69 岁。

老人除了去地里干农活或者去山上采药材，平时也就在家待着，除了一个人看看电视之外，最大的娱乐就是和邻居坐在一起聊聊天了。以下访谈对话可以看出老人内心的孤苦无助。

问："平常您会不会有流泪的时候？"

答："经常哭啊，老伴儿去世早，自己一个人很孤单，自己生病、烦了、累了，就忍不住想哭。"

问："那常哭也不是办法，会不会告诉自己的儿女呢？"

老人回答："不会。跟他们说怕加重他们的负担，他们也不能做什么。我哭哭，哭完就算了，隔天跟邻居说一说。"

宁夏西吉县吉强镇大营村独居老人庞爷爷，75 岁，文盲。

庞爷爷说"人穷短精神，马瘦脊梁骨"，由于腿脚不好，他一般很少出去，也不去邻居街坊家走动，有时会有邻居家的老人过来找他聊天。聊天的时候也只是闲聊，从来不会说心里话，因为老人害怕别人听到自己的心里话会说闲话，取笑他。老人说自己已经受够了这样的苦，就盼望着能早点离开人世，他对生活非常绝望。调查人员让老人总结自己一生的经历时，老人只说了一个"苦"字，这既包括老人生活上的困难，也包括老人精神上的悲伤。

广西龙州县金龙镇武联村陈爷爷，64 岁。

陈爷爷腿脚不太好，基本不能走路，老人和儿子儿媳住在一起，平时都是儿子照顾老人。因为儿子儿媳平时要外出务工做农活，就专门给老人准备了一部手机。有时候老人自己在家里转悠，手机从来都是握在手里的，如果摔倒了就给儿子打电话，这样儿子能及时回家把老人扶起来。老人有时一个人在家的时候就给大女儿打电话聊天，经常一打就是半个多小时，这样也算是打发时间。老人说自己的外孙女和外孙也都在本村附近住，老人也经常打电话让他们到家里玩。但是孩子们嫌远，觉得不方便，不愿意来玩。老人大多数时间都是一个人在家里，他说："一个人孤单呀，没人说话能不难受吗？"

　　2. 朋友和邻居是老年人重要的倾诉对象

　　本研究对老年人除亲属以外的倾诉对象进行了调查，结果显示（见表5-5），除了配偶、子女等亲属外，朋友或者邻居是老年人最主要的倾诉对象，占总数76.2%的老年人在亲属之外会选择与朋友和邻居聊天、倾诉。但同时有17.7%的老年人在亲属之外无人倾诉，这部分老年人因为经济条件、社会地位、身体健康等方面的因素，不能与家人以外的朋友、邻居等倾诉内心的想法，其日常生活中的人际交流存在一定的不足之处，这种情况说明了连片特困地区的部分农村老年人在亲属之外缺乏倾诉对象。

表5-5　除了亲属之外的倾诉对象

| 选项 | 朋友/邻居 | 社会工作者 | 保姆 | 教会信友 | 无人诉说 | 其他人 | 合计 |
|---|---|---|---|---|---|---|---|
| 频数 | 250 | 8 | 0 | 8 | 58 | 4 | 328 |
| 百分比（%） | 76.2 | 2.4 | 0.0 | 2.4 | 17.7 | 1.2 | 100.0 |

　　尽管存在一部分老年人在亲属之外无人倾诉内心的想法，但本研究中对部分案例进行分析发现（案例5-2），除了家人之外，邻居和朋友等是很多老年人在生活中获得精神安慰的重要对象。由于缺乏必要的娱乐设施和社会活动，老年人的日常娱乐和社会交往途径都非常单一，除去看电视、打牌等以外，邻里之间聊天成为很多老年人打发空闲时间的主要方式。对于生活相对封闭的连片特困地区农村老年人而言，其日常生活中能够接触的人员除了家人外就是邻居、朋友，这部分人能够比较好地与老年人沟通，对于缓解老年人的孤独感、寂寞感有重要作用。虽然很多时候邻居不是老年人倾诉的首选对象，但其对于生活孤苦的老年人仍然有很重要的作用。

 **案例5-2　爱聊天的老年人**

　　宁夏西吉县苏堡乡张岔村姚爷爷，77岁，丧偶，与儿子居住。

　　老人每天六点半左右起床，干干家务活，喂一下猪，中午回来吃完饭睡一会儿，晚上睡得比较早，八点多就睡了。早上起来不想吃饭，一天只吃两顿饭。有时候会去山上转转，有时候也去邻居家转转，平时有时候有邻居家的老汉过来玩，一起聊聊天。他们一般聊天气、粮食的收成，也会经常聊一些政策、新闻和国家大事等。老人平时会看一下电视，但是只看新闻和天气预报。老人年轻的时候有时候会抽烟喝酒，现在不抽烟了，想起来时会喝点酒。

陕西柞水县贫困残疾老人郑爷爷，63 岁。

郑爷爷的老伴天生痴傻，平时跟郑爷爷没有什么交流，老人无儿无女，生活很孤独。有的时候他自己一个人在家里面，想到这些也会难过，担心自己有一天真的老到走不动路了，身边没有人能够照顾他。老人难过的时候就自己扛着，不和别人说。他平常不喜欢看电视，最开心的事情就是和村中其他的老爷爷聊聊天，因为家里面没有人能够聊天。老人说："别人再难过好歹还有老伴可以诉说，我这老伴什么也做不了，等老了以后吃饭都是问题啊。"

江西省鄱阳县田畈街镇吴家村留守老人王奶奶，76 岁。

老人平时主要的工作是种菜和照顾孙子，每天早上王奶奶都要早起给孙子做饭，等孙子上学后就在家里的小菜园给蔬菜除草等，即便是不需要除草，老人也愿意在菜园里待上一段时间消遣一下。夏天天热的时候老人便会回到屋子里乘凉，有时住在附近的嫂子会来找老人聊天。她的嫂子已经83 岁了，老人有什么苦恼或者生活上的困难都会和自己的嫂子说说。有时嫂子也会带一些村里其他的熟人来家里聊天，老人很喜欢这些人坐在一起聊家常，夏天外面酷暑难耐，这样聊天使时间过得比较快，不知不觉一个下午就过去了。

江西省鄱阳县田畈街镇桂花村留守老人杨奶奶，79 岁。

调查人员到杨奶奶家里去的时候，老人有些惊慌，村干部解释说她一个人生活时间长了，有些孤僻和怕生。一番交流之后老人变得热情起来，她说："我一个人在家里闷死了，你们年轻人来好啊！"
老人解释说，有一段时间在外地打工的大儿媳回家了，并不是为了
看望她，而是回家建新房子。大儿媳平时和老人交流得很少，盖房
子的那段时间基本上每天在工地监督、帮忙，中午和傍晚回家给负
责工程的师傅做饭，一天到晚十分忙碌。白天的时候老人喜欢搬一
个小板凳坐在自己家门口，看着人来人往，有时会有邻居来找她聊
天，老人会很高兴地和她们聊一些家常，但是老人不喜欢到别人家
里去，一是腿脚不灵便，二是怕去了别人家让人讨厌。

　　与此同时，也有一部分老年人在家人之外不愿意向其他人倾
诉。从案例5-3可以看出，老年人内心十分渴望向别人诉说自己
的想法，但是很多老年人除了家人之外难以找到诉说对象，尤其
是一些生活较为困难的老年人，担心自己的困难会成为别人嘲笑
自己的理由，不愿意向邻居和朋友倾诉内心的困难，即便是向家
人倾诉也往往会有所保留，这部分老年人承受了很大的精神压力，
其生活的幸福程度不高。

 **案例5-3　难以抚慰的心灵伤痕**

　　宁夏西吉县吉强镇上河村马奶奶，回族，80岁，腿部有残疾。

　　马奶奶说平时会想很多以前的事情，有欢乐的也有不幸的，
但即使心里面装着事，她也不跟别人说。除了街坊邻居，老人没
有人可以倾诉，如果跟街坊邻居说的话，又怕别人听到之后会说
她的闲话。所以，老人经常会一个人偷偷地哭，以此缓解一下心
中的压抑。老人自己的心里话，也从不说给儿子听，儿子也从来
不问，除了照顾老人的日常生活，儿子其他方面几乎不管。

　　陕西柞水县贫困老人郑奶奶，67岁。

　　郑奶奶现在跟儿子住在一起，儿子生活不富裕，需要经常外
出打工赚钱。她觉得自己的儿子过得苦，但是也没有什么可以帮

得上儿子的，就帮他看门、做饭、扫地什么的。调查人员问郑奶奶生活中有没有开心的事情，郑奶奶说："咋样开心？没钱，死了才开心，死了就什么都不知道了！"郑奶奶平常不和人聊天，自己有了困难也不和其他人说，她认为把自己的困难说给别人听会被别人笑话，所以什么事情都憋在心里面。郑奶奶说，自己最担心的事情就是低保的钱不按时发，没有钱买粮食，还要给儿子增加负担。

通过上述调查可以看出，连片特困地区农村老年人精神生活较为匮乏。计划生育政策带来了家庭规模的缩小，削弱了传统家庭的养老功能，年轻人忙于自己的事业和家庭，很难兼顾老年人的日常生活照料和心理上的精神抚慰，由此引发代际关系在居住安排、供养方式、沟通方式等方面的变化（黄爱荣，2012）。在家人不能给予老年人精神扶助和赡养的情况下，邻居和朋友便成为很多老年人重要的精神依托。

在问及老年人是否会经常去朋友、邻居或者其他人家里走动时（见表5-6），选择偶尔去的老年人最多，占总数的57.1%，选择经常去的老年人占总数的31.9%，没有去过的老年人占11.0%。由此可以看出，大部分老年人还是能够经常或者偶尔出去走动，到朋友、邻居或者其他人家里转转，这是老人一种主要的交往和娱乐方式。结合案例研究可以发现（案例5-4），对一部分经济十分困难、身体健康状况较差、家庭事务繁多的老年人来说，其往往不愿意或者不能经常外出与邻居、朋友聊天或者娱乐。

表5-6　老年人去朋友、邻居和其他人家里走动的情况

| 选项 | 经常去 | 偶尔去 | 没有去过 | 合计 |
| --- | --- | --- | --- | --- |
| 频数 | 410 | 734 | 142 | 1286 |
| 百分比（%） | 31.9 | 57.1 | 11.0 | 100.0 |

**案例 5 - 4　无暇外出的老年人**

宁夏西吉县吉强镇大营村喜爷爷，78 岁。

喜爷爷一般天亮就起床，起床的第一件事情就是开电视，简单洗漱后打开自家小卖部的门，随后照顾瘫痪在床的老伴吃早餐。早上老人一般会看一会儿电视，然后一直看着自己的小卖部生意。吃完午饭老人偶尔会睡一觉，但是因为小卖部的原因也休息不好。老人说平时除了进货他很少出门，基本不会在村里逛，也很少有老人到他的小卖部找他聊天，主要是老伴身边一直要有人照顾。

陕西柞水县贫困老人陈奶奶，63 岁。

陈奶奶平常自己没事在家的时候就打扫房间、种地、喂猪。陈奶奶说，有的时候想到自己一个人在阴暗的屋子里就难受，默默地流眼泪，但也不把自己的难处和其他人说。老人说，她家里穷，怕村里人看不起她，而且别人也帮不了她。陈奶奶说："身体不舒服，就打点针，将就能动就行了。"调查人员问陈奶奶有没有开心的事情，陈奶奶很悲伤地说："农村能有什么开心的事情，睡不醒就开心了。"调查人员追问："睡不醒不就死了吗？您不怕死吗？"奶奶说："不怕死，死了就好了，活着不好，活着受罪。"

## 三　老年人体育锻炼及日常活动情况

### 1. 老年人体育锻炼匮乏

连片特困地区农村老年人体育锻炼及日常活动情况，可以反映其生活安逸程度和生活质量，也可体现连片特困地区相关配套设施完善程度、老年人的健康意识和生活压力等情况。

对连片特困地区农村老年人是否经常锻炼这一问题的调查结果显示（共有 1288 个受访老年人给出了回应），经常锻炼的仅占14.5%，偶尔锻炼的为 25.6%，不锻炼的比例高达 58.9%（见表5 - 7）。对受访老年人不锻炼的原因进行分析发现，36.4% 的人因为没有锻炼场所，23.3%的人因为身体条件不允许，不想锻炼和没有时间的老年人则分别占到了19.2%和17.0%。调查结果显示，锻炼场所和设施的不足是造成老年人锻炼匮乏的最主要原因，同时，老年人对于体育锻炼的重视程度明显不足，主观上对于体育锻炼的忽视较为明显。

表5-7 老年人体育锻炼情况

| 锻炼情况 | 经常 | 偶尔 | 不锻炼 | 缺失 | 合计 |
|---|---|---|---|---|---|
| 频数 | 187 | 330 | 758 | 13 | 1288 |
| 百分比（%） | 14.5 | 25.6 | 58.9 | 1.0 | 100 |

案例5-5显示了老年人体育锻炼的一般情况。农村基础设施相对落后，体育锻炼场所和设施尤为匮乏，老年人锻炼往往采用散步、到农田活动和做家务等方式。农村贫困老年人生活压力普遍较大、身体健康程度差等客观原因导致其无法进行锻炼。这与孙强的研究结果一致，部分农村老年人体育锻炼意识淡薄，体育需求度不高，需求主要集中在体育资源配置、体育组织管理和体育技能需要等方面（孙强等，2010）。总体来看，连片特困地区农村老年人体育锻炼情况不容乐观，其主观意识和相关的配套设施亟待改善。

 **案例5-5 以劳动为锻炼的老年人**

*江西省鄱阳县游城乡花桥村张大爷，76岁。*

因为年纪较大且身体不好，张大爷如今已经没有力气下田干农活，他家的3亩地已经全部承包给别人。现在张大爷家里只剩2分地用来种菜，菜地里种着辣椒、茄子、韭菜等。平时蔬菜就主要吃自家菜地里种的，不够了才会去购买。张大爷说，这片菜地离家有些远，有2公里的路程，一个来回要花费他1个多小时。但他仍然坚持每天早晨去菜地里看看，给蔬菜浇点水、清理一下杂草，他说"这也算是锻炼身体"，但是除此之外，张大爷很少做其他锻炼。

　　甘肃省悦乐镇土坪村贺奶奶，65岁。

　　贺奶奶的儿子在外打工，丈夫也在县里谋生，她大部分时间一个人在家里生活。老人家里养了几头牛和几只鸡，所以她每天都要喂牛、喂鸡，一个人生活的她还需要自己做饭、打扫屋子，常常是做一顿饭吃一天。老人有关节炎的老毛病，走路时看起来双腿微微有些颤抖，不怎么能做体力劳动。老人每天做很多家务，几乎从早到晚都在忙，老人说"就当是锻炼身体吧"。

　　2. 老年人日常娱乐活动较单一

　　目前，学术界专门针对农村老年人日常活动尤其是娱乐活动的研究还很少，为了充分了解老年人的日常娱乐活动和生活状况，在对连片特困地区农村老年人日常活动的调查中，我们将老年人可能从事的活动设定为个人户外活动、种花养鸟、阅读书报、打牌或者打麻将和看电视听广播五类，将其频率设定为几乎每天、不是每天但每周至少一次、不是每周但每月至少一次、不是每月但有时和不参加五类，参加的频率依次递减。

　　对于个人户外活动一项（见表5-8），有1261名受访老年人做出了回应，其中不参加户外活动的老年人占总数的37.1%，每天参加户外活动的老年人占25.7%，部分老年人只偶尔参加户外活动。通过调查可见，有相当一部分老年人不参加户外活动，大多数老年人的户外活动仅限于在村内与同龄人聊天、做农活等，真正的带有娱乐性质的活动较少。行动不方便、农村娱乐设施相对匮乏、家务繁重或农业生产负担较重等原因使一部分老年人没有太多精力放松身心。

表 5 - 8　老年人户外活动情况

| 次数 | 几乎每天 | 不是每天但每周至少一次 | 不是每周但每月至少一次 | 不是每月但有时 | 不参加 | 合计 |
|------|---------|------------------------|------------------------|----------------|--------|------|
| 频数 | 324 | 214 | 134 | 121 | 468 | 1261 |
| 百分比（%） | 25.7 | 17.0 | 10.6 | 9.6 | 37.1 | 100 |

对于种花养鸟一项（见表 5 - 9），有 1257 名老年人做出了回应，其中不种花养鸟的老年人占总数的 80.1%，其余各项比重均较少。综合分析其原因，连片特困地区农村老年人依靠子女赡养和个人经济收入不足使其缺乏种花养鸟的经济条件，照顾孙辈和繁重的农业生产劳动也给其造成了一定程度的障碍；另外，身体健康状况不佳、长期形成的传统文化观念等也限制了连片特困地区农村老年人参与种花养鸟等修身养性的活动。实际调查案例 5 - 6 能够反映部分老年人日常种菜和参与农业生产活动的情况，很多老年人把管理自家菜地或者务农作为日常户外活动，对于自家菜园和农田的精心管理在一定程度上代替了种花养鸟等娱乐活动。

表 5 - 9　老年人种花养鸟情况

| 次数 | 几乎每天 | 不是每天但每周至少一次 | 不是每周但每月至少一次 | 不是每月但有时 | 不参加 | 合计 |
|------|---------|------------------------|------------------------|----------------|--------|------|
| 频数 | 57 | 55 | 47 | 91 | 1007 | 1257 |
| 百分比（%） | 4.5 | 4.4 | 3.7 | 7.2 | 80.1 | 100 |

 **案例 5 - 6　把种菜、种地作为锻炼的老年人**

*江西省田畈街镇吴家村王奶奶，76 岁。*

王奶奶的丈夫在 20 多年前就去世了，她平时基本是自己一个人生活，会经常帮儿媳妇照顾孩子。王奶奶大儿子家的后院有一块菜地，老人平时吃的蔬菜都是自己种的，在春天老人喜欢种一些辣椒、黄瓜和豆角等，秋天老人喜欢种萝卜和水菜。夏天天气很热时，老人常常早上四五点钟起床，儿媳妇会在早上把孩子送来给老人照顾，自己则去附近的砖窑工作，每天早上老人都会给孙子做饭，吃饭后老人开始忙着照顾自己的菜园，她每天都要给菜浇水、除草，因为年龄大行动也比较迟缓，每次收拾完菜园基本就快到中午了，这时候气温也越来越高，老人便会回到屋子里乘凉。

江西省田畈街镇桂花村留守老人杨奶奶，79岁。

杨奶奶每天忙得最多的是在自己2分左右的菜地中种菜，种上了辣椒、豆角等蔬菜，平时她一个人的话，这些蔬菜就足够吃了。夏天老人会比冬天起得早一些，每天大概六点钟的时候老人就会起床到菜地去浇水、拔草，等到太阳完全升起来，外面炎热难耐时，老人便会回到屋子或河边一边乘凉，一边做一些零碎的家务。

对于阅读书报一项（见表5-10），给出回应的1260名受访老年人中，不阅读书报的老年人占总数的77.8%，有时阅读书报的老年人占总数的8.7%。调查结果显示，连片特困地区农村老年人普遍上学时间短，文盲率较高，影响其顺利阅读；经济条件不允许、无法及时获得书报杂志等也对老年人阅读书报有一定影响。

表5-10　老年人阅读书报情况

| 次数 | 几乎每天 | 不是每天但每周至少一次 | 不是每周但每月至少一次 | 不是每月但有时 | 不参加 | 合计 |
|---|---|---|---|---|---|---|
| 频数 | 51 | 59 | 60 | 110 | 980 | 1260 |
| 百分比（%） | 4.0 | 4.7 | 4.8 | 8.7 | 77.8 | 100 |

打牌、下棋等活动是老年人生活中难得的娱乐活动，也成为老年人与同龄人进行社交的一种方式，对于老年人打牌或者打麻将的调查结果显示（见表5-11），给出回应的1255个受访老年人

中，71.2%的老年人从不打牌或者打麻将，7.3%的老年人每周至少打牌或者打麻将一次，4.3%的老年人几乎每天打牌或者打麻将。通过案例5-7可以看出，打牌或者打麻将是部分老年人日常消遣娱乐的一个重要方式，对于经济条件不佳，行动不方便的老年人，偶尔的棋牌活动会带来很大乐趣。

表5-11　老年人打牌或打麻将情况

| 次数 | 几乎每天 | 不是每天但每周至少一次 | 不是每周但每月至少一次 | 不是每月但有时 | 不参加 | 合计 |
|---|---|---|---|---|---|---|
| 频数 | 54 | 91 | 107 | 109 | 894 | 1255 |
| 百分比（%） | 4.3 | 7.3 | 8.5 | 8.7 | 71.2 | 100 |

 **案例5-7　爱打牌的赵奶奶**

甘肃省乔川镇铁角城村赵奶奶，80岁。

因为赵奶奶不识字，不能看电视或看报纸，平日里吃饭和睡觉成为老人生活的主旋律。有时天气好，老人会出去转转，和村里其他的同龄老人一起聊聊天。有时儿女带着孩子回来，老人一天最重要的事情就变成了哄孩子。在这种简单的生活中，老人时常会觉得寂寞，老伴去世已经有8年的时间了，老人一直是一个人住在前院的小房子里，有一些心里话也无法和别人说，只能闷在心里。老人平日里有一项非常喜欢的活动，那就是打麻将、打纸牌或者打扑克，但并不赌钱。她想玩牌时就去村里叫上与她年龄相仿的老人，花两三元钱买一些糖或一包烟，作为输赢的赌注，买糖和烟的钱来自平日里儿子孙女给的零花钱。老人很喜欢这项娱乐活动，为此她收藏了两副牌，还小心翼翼地拿出来给我们展示。老人说这些牌是她从捡来的不同副的牌中凑的，平日村里一些年轻人玩剩下不要的牌她就会捡回来，慢慢地就凑齐了一整副纸牌。

　　电视和广播在农村地区已经比较普及，是老年人娱乐消遣非常重要的方式。针对老年人看电视听广播的调查发现（见表5－12），给出回应的1272位老年人中，几乎每天都看电视或者听广播的占58.6%，每周至少一次的占16.6%，不看电视或者不听广播的占17.2%。案例5－8反映，虽然电视和广播在老年人日常娱乐活动中十分重要，但仍有一部分老年人由于经济条件不佳或语言不通等原因无法利用电视和广播来进行娱乐。

表5－12　老年人看电视、听广播情况

| 次数 | 几乎每天 | 不是每天但每周至少一次 | 不是每周但每月至少一次 | 不是每月但有时 | 不参加 | 合计 |
|---|---|---|---|---|---|---|
| 频数 | 745 | 211 | 51 | 46 | 219 | 1272 |
| 百分比（%） | 58.6 | 16.6 | 4.0 | 3.6 | 17.2 | 100 |

 **案例5－8　不喜欢看电视的老年人**

　　江西省鄱阳县田畈街镇何彭村彭大爷，64岁。

　　彭大爷最大的爱好就是打牌，他总是会和村里的其他老人聚在一起打扑克。他也喜欢出门和街坊邻居聊天，村里的大事小事他都能了解得很及时。平时没事的时候，他才会看看电视。村里有人信基督教，也有人想让他加入基督教。但是他认为这是迷信的表现，完全不认同他们的价值观。他说，对于这样的生活，他十分满意，不需要这些宗教打乱他的生活。

　　甘肃省华池县乔川乡铁脚城村潘奶奶，69岁。

　　潘奶奶因为年老体弱，无法劳作，只能在家喂喂牲口，为孩子们做做饭，这些事情已经成为她的一种习惯。虽说闲余的时间可以看电视，但是一来她没有文化，看不懂电视的内容；二来山区的电视信号不稳定，只要一刮风一下雨，电视就收不到任何影像，电视机也就渐渐成为家里的一个摆设。如果没有帮孩子们做饭或者喂牲口这些事，她的生活真的只能是一片空白。

甘肃省华池县乔川乡徐背台村贺爷爷夫妇，贺爷爷 81 岁，贺奶奶 77 岁。

老两口现在的精神生活比较单一。虽然家里新购买了电视机，但是他们却连调台都不会。他们都不喜欢看电视，理由是不识字，看不懂。平时闲的时候，贺大爷就去邻居家串串门，坐在家里对面的公交车站牌下看看过往的汽车。贺奶奶则会做一下杂活，比如洗衣服，喂牲口等。

通过分析总体调查数据发现，连片特困地区农村老年人日常娱乐活动较少，可选的娱乐活动种类单一，娱乐设施和娱乐场所匮乏。对于经济收入较少、身体健康条件较差、劳动强度大的老年人来说，种种客观原因使其无法进行娱乐活动。农村地区交通、通信相对不便，信息获取困难，也使得老年人通过电视、广播等较为现代化的方式进行娱乐存在一定难度。总体来说，连片特困地区农村老年人生活中娱乐性不高，娱乐活动条件需要较大地改善。

3. 老年人可用的娱乐资源较少

中国农村与城市有很大的不同，体现在老年人的娱乐方式上：城市的老年人在家可以看电视、听广播，出门则可以逛公园，去老年人活动中心下棋、打球、跳舞等；而在农村，这些都几乎不被老年人所拥有，农村老年人的主要娱乐方式有看电视、打牌、聊天、参加宗教活动、睡觉等（李晓荣，2012）。农村老年人可以享受到的娱乐资源相对于城市老年人明显偏少，其可以参与的集体活动往往还要受到场所的制约。出现在我国广大农村地区的所谓的"榕树下"现象，就是指很多农村老年人聚集在大树下聊天的现象，而这种活动又会受到天气等原因的影响。所以，在我国广大农村，老年人情感需要的满足状况令人担忧（王蕾，2013）。

文化室和图书室是老年人获取娱乐资源、放松身心的重要场所。本次调查对老年人利用村庄文化室的情况进行了统计，59.6%的老年人选择"村里没有文化室"，在村里建有文化室的老年人中，没有去过的占74.5%，偶尔去的占21.9%，只有3.7%的老年人经常去村里的文化室或图书室。由此可见，连片特困地区农村大部分老年人无法获得和有效利用文化室等资源。

表5－13　老年人利用村里文化室情况

| 使用频率 | 经常去 | 偶尔去 | 没有去过 | 合计 |
|---|---|---|---|---|
| 频数 | 19 | 113 | 385 | 517 |
| 百分比（%） | 3.7 | 21.9 | 74.5 | 100.0 |

在问及村里建有文化室的老年人为什么没有去过时，32.1%的老年人选择的是"不认识字"，24.0%的老年人选择"太远了，行动不便"，21.7%的老年人选择"眼睛不好"，22.2%的老年人未标注原因。老年人很少去文化室、图书室的原因，除了村子里没有文化室外，还包括老年人文化素质较低、不识字，无法进行阅读和文化室离家太远等。农村老年人的文化水平制约了他们的娱乐方式。农村老年人大多经历了新中国成立前的经济贫困与社会战乱，受教育年限少，文化程度低，形成了先天性的文化缺乏（李晓荣，2012）。

对村里是否组织过针对老年人的文化和娱乐活动的调查数据显示（表5－14），给出回应的1282个受访老年人中，71.4%的老年人选择的是村里"没有组织过"文化和娱乐活动，26.9%的老年人选择的是村里"偶尔会组织"针对老年人的文娱活动，只有1.7%的老年人表示村子里会"经常组织"针对老年人的文娱活动。由此可见，绝大部分的老年人所在的村子都没有组织过此类活动，影响了老年人的娱乐生活质量。

表 5 - 14　老年人所在村庄组织文化娱乐活动情况

|  | 经常组织 | 偶尔组织 | 没有组织过 | 合计 |
|---|---|---|---|---|
| 频数 | 22 | 345 | 915 | 1282 |
| 百分比（%） | 1.7 | 26.9 | 71.4 | 100.0 |

在问及老年人是否参加过村子里组织的针对老年人的文化娱乐活动时（见表 5 - 15），给出回应的 1224 个受访老年人中，89.1% 的老年人表示从未参加过，只有 10.9% 的老年人表示曾经参加过。

表 5 - 15　老年人参加集体娱乐活动情况

|  | 参加过 | 没有参加 | 合计 |
|---|---|---|---|
| 频数 | 134 | 1090 | 1224 |
| 百分比（%） | 10.9 | 89.1 | 100.0 |

从调查结果可以看出，连片特困地区的农村老年人由于主客观因素的限制，无法有效参与娱乐休闲活动。一方面，农村公共基础设施和文化娱乐设施明显不足，由村级组织的集体娱乐活动在组织形式和组织频率等方面也不尽如人意，无法满足老年人的娱乐需求；另一方面，农村老年人由于自身文化水平有限、农业生产劳动压力大等原因，不能积极参与到集体文化活动中。总体来看，适合农村老年人的可利用娱乐资源明显不足。

4. 家务劳动占用老年人大量精力

对于老年人而言，从事强度较高的体力劳动存在困难，但是日常做饭、带小孩等家务劳动是老年人尤其是老年妇女生活重要的一部分，也是体现其自身价值的一条途径。此外，饲养家禽、家畜能够获得一定的经济收入，也成为老年人家务的一部分。

对于做家务（做饭、带小孩）这一情况（见表 5 - 16），有 1279 名受访老年人做出了回应，其中，几乎每天都要做家务的占

61.5%，不是每天但每周至少一次的占 13.6%。大多数老年人目前仍然要频繁地从事家务劳动，其饮食起居基本由自己完成，来自子女等后代的协助较少。案例 5-9 反映老年人承担过多家务劳动的情况。连片特困地区农村老年人虽然年事已高，劳动能力明显下降，但由于其子女经济状况大多处于较低水平，存在较大的生活压力，加之外出务工和农业生产繁重等原因，很难有较多时间照看老年人，老年人只能自己承担做饭等必要的家务劳动。对于其中一部分老年人来说，子女或者孙子女外出务工也使得照看未成年孙子女的责任落在了他们身上，这甚至成为其生活当中的主要内容。

表 5-16　老年人做家务情况

| 次数 | 几乎每天 | 不是每天但每周至少一次 | 不是每周但每月至少一次 | 不是每月但有时 | 不参加 | 合计 |
|---|---|---|---|---|---|---|
| 频数 | 786 | 174 | 30 | 59 | 230 | 1279 |
| 百分比（%） | 61.5 | 13.6 | 2.3 | 4.6 | 18.0 | 100 |

 **案例 5-9　忙于家务的秋奶奶和张奶奶**

陕西柞水县贫困老人秋奶奶，77 岁。

在访谈期间秋奶奶还在不停地忙来忙去，一会儿到地里摘葱，一会儿又在厨房忙活。秋奶奶说自己要为五儿子夫妇准备午饭，他们在村里修路的队伍里做事，中午会回家吃饭。秋奶奶在家忙做饭、洗衣服等一些家务，虽然经济上双方独立，可是这些日常杂事儿媳倒是没有跟婆婆客气，基本上都是秋奶奶一肩挑。"没有办法才跟他们住在一起。"秋奶奶身体不好，走路走快一点都喘气。秋奶奶现在不操心任何事了，只是心中一直都有怨气，老人生活安逸，心理上却是压抑的。自己经济条件不算差，可过得很憋屈，一点都不快活。

甘肃省乔川乡徐背台村张奶奶，60岁。

儿子们都在外地打工，只留下张奶奶和他的老伴在家，两位老人的身体已经不能负担农活了。平时尽管家里只有两位老人，但他们已经习惯了两个人的生活，没事做时就看看电视打发无聊的时间。张奶奶的老伴喜欢四处闲逛，平时会到村内其他人的家里串门聊天，有时候村里有车去镇上，他也会跟着一起去。而张奶奶则不经常串门，也不怎么和别人聊天，她的一只眼睛看不见，这给她的日常生活带来很多不便之处，在做很多家务活，如做饭、洗衣服、喂牲口时，老人总是要花很长的时间，这也使她一天中很大一部分时间在家里忙着各种家务。

对于老年人饲养家禽、家畜这一情况（见表5－17），有1268名老年人做出了回应，其中几乎每天都饲养家禽家畜的老年人最多，占46.9%，其次是不饲养的占33.7%。由调查数据可见，大部分老年人或其家庭成员饲养家禽、家畜。案例5－10反映了部分年迈老年人对于饲养家禽和家畜的想法。对于文化素质不高、劳动能力不足，同时又缺乏经济来源的老年人来说，饲养家禽或者家畜能够获得一定的经济收入，并且饲养少量家禽家畜不需要太多体力，也能打发一部分空闲时间。同时，在一些地区，子女饲养家禽和家畜需要由老年人来完成相应的任务，这也成为老年人的负担。

表5－17　老年人饲养家禽、家畜情况

| 次数 | 几乎每天 | 不是每天但每周至少一次 | 不是每周但每月至少一次 | 不是每月但有时 | 不参加 | 合计 |
|---|---|---|---|---|---|---|
| 频数 | 595 | 116 | 67 | 63 | 427 | 1268 |
| 百分比（%） | 46.9 | 9.1 | 5.3 | 5.0 | 33.7 | 100 |

**案例5-10  饲养家禽的老年人**

云南省南美村李大爷。

李大爷现在已经不干农活了，他说："做不动了，干不了了，挪不动了。"他现在就是在家做家务、照顾小孩、喂猪鸡，还有放羊，因为腿脚不好，放羊时远的山上都不去，只能在家附近放。他们家养了20只鸡、3只猪、5只羊。2012年卖了3只羊收入2000元，卖鸡收入400元，最近两年都没有杀猪吃。老人每天早上六点起床，先吃点前一天晚上剩下的饭菜，然后就去喂猪、喂鸡，十点半左右再吃一顿饭后就去放羊，放到太阳落山的时候再回来做饭吃，放羊时女儿有时和他替换。

江西省鄱阳县田畈街镇何彭村彭大爷，64岁。

彭大爷承包了屋子后院的5分地用于种菜和养鸡。后院用围栏隔着，一半是菜地一半是鸡舍。菜地里面的蔬菜品种繁多，有黄瓜、白菜、辣椒等。老彭家平时就吃这些天然蔬菜，不会特意去集市买。由于夏天天气过于炎热，彭大爷家没有养鸡。天气转凉了以后他就去买十几只鸡，鸡的价格一般是100元4只，从八九月份开始养起到第二年正月可以出栏，他会将这些鸡留给儿子、儿媳和孙子吃，如果还有剩余就卖掉。

5. 宗教信仰在一些地区比较流行

在物质生活日渐丰富的今天，农村的精神文化生活却变得越发不足，许多人痴迷于一些宗教活动（李晓荣，2012）。传统的封建迷信活动在一些农村地区仍比较流行，文化水平不高、生活当中缺乏丰富社会活动的老年人更容易被吸引到这些活动中。针对老年人宗教信仰情况的调查显示（见表5-18），63.7的老年人不信教，所占比例最大，18.4%的老年人信仰佛教，信仰伊斯兰教和基督教的比重分别为5.0%和2.2%，7.3%的人信仰地方宗教。在一些经济文化较为落后的地区，老年人对于宗教的认识并不深入，但宗教的精神安慰功能得到了很大发挥。

表 5 – 18　老年人宗教信仰情况

| 选项 | 不信教 | 信佛教 | 信道教 | 信基督教 | 信伊斯兰教 | 信地方民间宗教 | 其他 | 合计 |
|---|---|---|---|---|---|---|---|---|
| 频数 | 820 | 237 | 9 | 28 | 64 | 94 | 36 | 1288 |
| 百分比（%） | 63.7 | 18.4 | 0.7 | 2.2 | 5.0 | 7.3 | 2.8 | 100 |

　　信仰宗教的老年人主要分为两类，一类是参与正规宗教活动，通过这种方式交流感情、消除孤独、弥补精神生活的不足；另一类是参与封建迷信活动，包括测八字、看风水、婚丧嫁娶择吉日、遇病逢灾进香拜佛等，一些文化素质低的农村老年人深受影响。

　　通过调查发现，连片特困地区老年人往往经历过较多困苦，很多人至今仍没有摆脱艰难的生活，子女身体状况欠佳、丧偶、自身生活压力较大、缺乏及时有效的心理疏导等原因使得老年人很容易被以宽容博大等为理念的宗教所吸引。案例 5 – 11 是老年人信仰宗教经历的一个典型写照。农村老年人大多文化素质不高，缺乏对宗教的深入理解，甚至不了解宗教的一些基本历史，仅仅依靠传教人员的说服和讲解理解自己心里的宗教。这与刘晓芳的研究基本一致，农村老年人是农村特殊的弱势群体，由于其年龄、生理机能、经济能力、文化水平等因素的限制，他们的精神生活处于一种单调和低质的状态，在这种情况下，部分农村老年人转而信奉宗教（刘晓芳，2010）。

 **案例 5 – 11　虔诚的基督教徒**

　　江西省田畈街镇桂花村留守老人杨奶奶，79 岁。

　　杨奶奶说她信奉基督教已经有 30 多年了，在丈夫去世后她一个人要把儿子拉扯大非常辛苦，当时有外村的基督徒到本村传教，他们说相信基督教就不会生病，在丈夫去世对她的打击下，同时为了子女们的健康，老人选择信奉基督教。老人所在的村民小组农户比较少，有二三十个基督徒，当地没有教堂，这些基督徒只能每周日在村里举办一个类似于家庭聚会的小型教会，大家坐一起喝喝茶，分享《圣经》。老人每次都会参加这种家庭教会，但是老人因为没有上过学所以不识字，她大部分时间只能静静地听别人讲述《圣经》里面的故事，尽管如此，老人还是觉得相信耶稣是一件十分幸福的事情。老人会被自己听到的每个故事所感动，她相信只要虔诚地把耶稣当作救世主，虔诚地祷告，最后也会像《圣经》里有些人一样受到主的恩惠。老人曾经试图说服自己的大儿媳和她一起信奉基督教，大儿媳答应了她并且和她一起去过几次教会，但是后来因为要外出打工，没有坚持去教会，现在仍然是老人每周独自一人去教会听《圣经》。

江西田畈街镇何彭村彭大爷。

彭大爷76岁，老伴70岁，两位老人有两个儿子，大儿子48岁，二儿子44岁，都已经结婚生子。两位老人平时在家里都要忙各自的事情，彭大爷负责照顾残疾的孙子，老伴除了承担家务外，还会去外面捡一些可回收垃圾换一点钱用于补贴家用。两人平日里的精神生活比较匮乏，家里只有一台黑白电视机，因为没有那么多时间和精力，两位老人也不常看，常常都是孙子看。在缺少休闲娱乐活动的情况下，两位老人会通过自己的宗教信仰在十分贫困和辛苦的生活中找到精神慰藉。两位老人同时开始信仰基督教，因为家里一直发生一些他们认为很不好的事情，比如大孙子一直患有很严重并且治不好的病。这些问题曾很困扰他们，后来有一些基督教徒向他们宣传基督教的教义，两位老人一方面认为这可以作为减轻孙子病痛和让自己家脱离非常贫穷境地的一个希望和信仰寄托；另一方面基督教所信奉的人与人之间的相亲相爱的信条也让老人认为或许信仰基督教会让他们遇到一些可以帮助或者理解他们的人，于是老人每周都去教会。到现在两位老人信奉基督教已经有5年多，虽然孙子的病实际上并没有什么起色，但是两位老人仍然坚持信奉，因为他们相信自己的虔诚或许有一天可以改变自己的生活。2013 年初大孙子羊癫疯发病从楼顶上摔下来导致下半身瘫痪，教会的人听说后主动为他们发起捐款。教会里都是和他们一样生活非常贫困的人，但是他们还是尽自己最大努力为老人凑了 1000 多元钱，并亲自送到了老人家里。

　　宁夏固原市西吉县吉强镇大滩村马爷爷，回族，74 岁。

　　马爷爷小学文化程度，是孤寡老人，独居无子女，信仰伊斯兰教，阿訇。老人对于伊斯兰教的信仰非常虔诚，将《古兰经》和礼拜用的宗教物品都放到了主房里，而自己住着偏房，足见老人对于宗教的极高信仰与尊重。老人的《古兰经》是 16 开本，非常新，据老人说他有这本《古兰经》已经三年了，可见其对这本经书的珍惜。作为孤寡老人，马爷爷生活当中能够做的事并不多，生活中乐趣较少，平时空闲或者心情不好的时候，老人都会拿出自己的《古兰经》看一下，以宗教的方式排解忧愁。

　　6. 大多数老年人近两年未离开过县城
　　本次调查询问了老年人在 2011 年和 2012 年两年里是否外出旅游过，调查数据显示（见表 5 - 19），外出旅游过的老年人仅仅占8.2%，有91.8%的老年人没有外出过。可见老年人与外界的接触很少。

表 5 - 19　老年人两年内外出旅游情况

| 选项 | 是 | 否 | 合计 |
|------|------|------|------|
| 频数 | 104 | 1170 | 1274 |
| 百分比（%） | 8.2 | 91.8 | 100.0 |

　　而问及这两年之中，老年人去过的最远的地方时（见表 5 - 20），有45.2%的老年人曾去过县里，有19.1%的老年人最远到过市里，外出的目的主要是看病或拿药，有18.2%的老年人最远去

过村里。也就是说，有 82.5% 的老年人在过去两年之内的活动范围都在本市之内。

表 5-20　老年人两年中去过的最远地方

| 选项 | 村里 | 县里 | 市里 | 省会 | 省内其他地方 | 省外 | 国外 | 合计 |
|---|---|---|---|---|---|---|---|---|
| 频数 | 231 | 573 | 242 | 121 | 44 | 58 | 0 | 1269 |
| 百分比（%） | 18.2 | 45.2 | 19.1 | 9.5 | 3.5 | 4.6 | 0.0 | 100.0 |

李宇卫等于 2012 年对西部连片贫困地区的乌蒙山区农村老年人的生活状况进行了探析，选择了 3 个村进行调查，其中调查的老年人除 4 人外出当兵，1 名已退休的公务员和 1 名已退休的小学教师曾到市里出差、学习，1 名基督教传播者被教会组织送往昆明参加培训，还有 13 人因走亲戚等原因离开过本县城外，逾 9 成受访者未离开过本县，更有近半者从未进过县城；老年人的经济关系也仅限于婚丧嫁娶之类的人情往来，一天的生活，大多是做些农活、家务及带孙辈，极少串门，也没时间看电视。

结合案例研究可以发现（案例 5-6），老年人平时很难有机会到较远的地方去，主要活动范围是在自己所在的市、县和村之中。而从前文的调研结果也可以看到，老年人在日常生活中的社会交往圈子非常窄，非正式的社会支持也非常少，很少有老年人能够参与到文娱活动之中，生活质量非常低。

 **案例 5-12　难得外出的老年人**

甘肃省华池县乔川乡铁脚城村潘奶奶，69 岁。

潘奶奶左腿有伤，患有胃病，离她家最近的邻居也有半公里多的路，她的娘家距离这儿更远，有二三公里路，因此出嫁以来她很少回去。10 天一次的赶集她也没有办法去，只能由她的老伴或者儿子去。除了去华池和西峰看病，她再没有去过更远的地方。

江西省鄱阳县田畈街镇吴家村王奶奶，76岁。

王奶奶平时在村里待着的时间居多，在2013年以前她从来没有出过远门。2013年4月，老人的小儿媳带着她去儿子们打工的地方杭州萧山待了半个月左右，这是老人第一次出远门看外面的世界。老人感到很欣慰，因为她自己虽然一辈子待在贫穷的小村庄，但是他的儿子们可以在那样的大城市生活，虽然辛苦但十分值得。

江西省鄱阳县游城乡花桥村张大爷，76岁。

自从退休以后，张大爷便开始过上相对轻松而悠闲的生活。在儿女的鼓励下，他的足迹已经遍布上海、广州、南京、北京等国内的几个大城市。6年前，张大爷去了一趟北京，当时乡里组织老人旅游，自愿参团。他的几个儿子主动凑钱，支持他去一次首都开开眼界。张大爷说，故宫、圆明园、十三陵、长城，北京的各大景点他都去了，这是他印象最为深刻的一次旅行。在北京的十几天，不仅开阔了他的眼界，更提升了民族自豪感和荣誉感。

## 四　小结

本章探讨了连片特困地区农村老年人的社会交往和日常活动情况。通过问卷调查数据和调研获得的案例，我们发现老年人的社会交往方式非常有限，能够获得非正式支持的渠道也非常少。老年人的日常社会交往中，配偶、子女是最主要的人员，除此之外，邻居和朋友对老年人的生活照料、聊天倾诉等也有重要作用。但除此之外，老年人很少能够通过其他方式获得生活帮助，也难以有其他的社会交往途径，而且连片特困地区农村老年人日常生活中的娱乐消遣活动也比较少。

目前连片特困地区农村青壮年外出打工十分普遍，子女的外出使老年人缺乏家庭成员的生活帮助。在传统的农村文化中，子女是老年人生活照料的主要人员，邻居和社区等仅仅发挥补充作用。但青壮年的外出使深受传统养儿防老观念影响的农村老年人失去了生活照料者，其难以通过子女获得较好的生活帮助，邻居和朋友便成为老年人日常生活照料和聊天倾诉等的主要人群，但老年人又无法从邻居、朋友、社区等渠道获得相对持久的帮助，其生活中的困难可见一斑。

在经济状况普遍较差、农村基础设施和娱乐设施较为落后的现实情况下，老年人一方面出于生活压力无法进行娱乐活动，另一方面也受到客观环境的限制不能开展娱乐活动。经济的压力使很多老年人忙于农业生产和家务劳动，忙于照看未成年的孙子女以及健康状况较差的家庭成员，没有精力也没有精神去从事娱乐活动。而农村老年人服务设施不到位，管理机制不健全等，使老年人缺乏利用公共娱乐设施的机会，其生活相对单调乏味。

总体而言，在经济状况不乐观、子女照料不到位、制度保障不健全的情况下，连片特困地区农村老年人社会交往较为单一，社会活动相对匮乏。

# 第六章

# 连片特困地区农村老年人
# 主观福利情况

主观福利在心理学范畴中的解释之一是主观幸福感，指个体依据自己设定的标准对其生活质量所做的整体评价，通常包括对生活满意度和幸福感的判断（Rojas，2003）。具体到农村老年人的主观福利指农村老年人依据自我标准感受到的幸福水平高低（马源源，2007）。主观福利是一个非常复杂的变量，用年龄、性别、文化程度、经济收入、子女数量等外部条件是很难加以界定的（罗扬眉、胡华等，2008）。为充分了解农村老年人主观福利状况，更加客观地体现老年人主观意识，本研究从老年人心理状况、生活状况以及现实负担自我评价三个方面评估老年人的主观福利情况，并从生活满意度和主观幸福感两个层面具体分析老年人的主观福利。

## 一　老年人生活满意度情况

### 1. 老年人生活满意度较低

有研究认为，目前我国农村老年人生活质量的总体水平较差，对于幸福感的评分较低，收入不足、生活困难、就医不便、社会支持较少等都是老年人面临的现实困境（李德明、陈天勇等，

2007）。从实际调查结果看（见表6-1），虽然61.7%的老年人对生活比较满意，且认为目前的收入能够满足其基本生活需要，但是老年人主观福利情况并不乐观，仍有38.3%的老年人因为丧偶、经济困难、子女或孙子女有重大疾病、家庭矛盾等问题长期生活在较为压抑的环境中，心理健康情况较差，对生活满意度的评价不高。这与王希华等人的研究发现类似，农村老年人主观幸福感、生活质量显著低于城市老年人，在生存质量、孤独感和主观幸福感上表现均不乐观（王希华、周华发，2010）。

表6-1 农村老年人对生活的看法

| 选项 | 是 | | 否 | | 合计 |
|---|---|---|---|---|---|
| | 频数 | 百分比（%） | 频数 | 百分比（%） | |
| 和大多数人相比，您的生活比他们要好？ | 510 | 39.9 | 767 | 60.1 | 1277 |
| 您对自己的生活满意吗？ | 789 | 61.7 | 489 | 38.3 | 1278 |
| 这几年是您这一生中最好的日子吗？ | 585 | 45.8 | 692 | 54.2 | 1277 |
| 如果再来一次，您是否愿意改变过去的人生？ | 668 | 52.4 | 608 | 47.6 | 1276 |
| 您觉得自己每天做的事情枯燥无趣吗？ | 285 | 22.3 | 993 | 77.7 | 1278 |
| 您觉得自己这一生实现了大多数自己的愿望吗？ | 510 | 40.1 | 763 | 59.9 | 1273 |

通过案例6-1可以发现，农村老年人对生活满意度的评价有较大差异，因子女赡养情况、个人身体健康状况、家庭成员生活条件等有所差异，老年人面临的现实生存环境有较大差别。对于子女赡养比较到位、生活环境相对舒适的老年人来说，其生活满意度相对较高；但连片特困地区存在大量老年人经济状况较差，生活负担很重，并且身体健康状况不好，其生活满意度明显较低。

**案例 6 - 1　生活满意度差异巨大的两位老年人**

甘肃省华池县乔川乡铁角城村赵奶奶，80 岁。

赵奶奶的老伴已经去世 8 年，她与大儿子和大儿媳同住。其他的子女和孙子女尽管不和老人一起居住，但是都在附近的县城生活，经常开车回来看望老人，平时老人的生活起居则主要由大儿媳负责照顾。为了保证老人的身体健康并补充营养，子女们平时会给老人买奶粉喝，早中晚都要喝一次。

2012 年冬天，老人在雪地上摔倒，脚严重扭伤，在床上休养了一个月才完全好。在这期间都是大儿媳在身边无微不至地照顾她，吃饭、上厕所、洗澡都是大儿媳帮忙。老人如果在床上待得太闷时就会出去走走，在脚没有完全恢复以前老人要依靠拐杖行走，大儿媳还是会在一旁看着，万一老人摔倒可以在第一时间将其扶起来。老人的身体没有什么重大疾病，子女很孝顺，生活也没有什么太大的烦恼，看起来晚年生活很幸福。

云南省南美村李大爷。

李大爷有三个女儿，一个儿子，现在和家庭条件比较差的小女儿住在一起。老人的大女儿和二女儿都住得比较近，每个月一共给老人 20 斤米，平时也会给老人一些照顾。儿子什么都不给，因为儿媳妇不知道孝顺老人，脾气也差。老人身体不太好，经常感冒生病，过去一年看病花了 600 多元钱。

老人和小女儿有 2 亩田，因为他和小女儿都长期患病，所以地就由大女儿的儿子种，一年支付 1000 元租金。老人现在经常会跟从小和他一起长大、小他几岁的一个伙伴一起聊天喝酒。晚上有时候会看看电视，因为自己家里没有电视，得到大女儿的儿子家或邻居家去看。老人说，现在家里日子都快过不下去了，自己和小女儿都有病，要吃饭要穿衣经济负担重，对未来生活充满了担忧。

2. 老年人对生活的要求不高

有学者研究认为，农村老年人文化程度偏低，容易满足于对生存的基本追求，对现状的判断及政策的理解水平较低，因此在接受调查时表现出较好的生活满意度（李书琴、谭小林等，2012）。此次调查也发现了类似的情况。连片特困地区农村老年人大多经历过艰苦生活，对目前有所改善的生活状况容易满足，通过问卷调查发现（见表6-1），61.7%的老年人对目前的生活感到满意，40.1%的老年人认为实现了自己一生大多数愿望，77.7%的老年人不认为自己现在的生活枯燥无趣，可见大部分老年人对生活的要求并不高。通过对典型案例6-2的分析，可以进一步印证老年人生活满意度情况。对于一些经济条件能够满足自身生活需要，身体比较健康，且子女物质和精神赡养比较到位的老年人，其生活满意度相对较好。

 **案例6-2　生活美满的三位老年人**

江西省鄱阳县游城乡花桥村张大爷，76岁。

张大爷是鄱阳县粮管所的一名退休干部，有四个儿子三个女儿。每月除了享受55元的养老金，张大爷还能拿到1800元的退休金。自从退休以后，张大爷便开始过上相对轻松而悠闲的生活。在儿女的鼓励下，他的足迹已经遍布上海、广州、南京、北京等国内的几个大城市。张大爷说，故宫、圆明园、十三陵、长城，北京的各大景点他都去了。在北京的十几天，他不仅开阔了的眼界，更增强了民族自豪感和荣誉感。不过，随着年龄的增长和疾病的侵扰，张大爷打算不再出去旅游了。现在，他在闲暇时就和村里的其他老人一起打扑克，偶尔也会和年轻人打。"拖拉机"是平时玩得较多的一种玩扑克的方式，5元一把，每次输赢都在几十元。张大爷说，玩得小一点，输一点点钱也无所谓，这样对头脑刺激小。

陕西柞水县独居老人方奶奶，67 岁。

方奶奶的老伴去世 20 多年，有三个儿子，五个女儿，但是所有的儿子女儿都不在身边。在问到方奶奶一个人住身边没有儿女照顾是否孤独时，奶奶说："不孤独，习惯了。"方奶奶说："给儿女说的话都是只报喜，不报忧。"报喜是为了让儿女放心，说不开心的事情，会让儿女担心。所以她都不讲，也不会和身边的邻居讲，所有的不好的事情她都自己默默地承受，很多年都已经习惯了。虽然日子过得并不富裕，但是方奶奶也很开心，并不奢求很多。方奶奶说，她大多数时间都是很快乐的，子女孝顺，会经常回来看她，儿孙满堂，她很高兴。平常也没有什么娱乐活动，就是在后屋养了 6 只鸡，喂喂鸡什么的。院子里种着菜，她平常就除除草，照顾那一点菜地。周围其他三个老奶奶都和方奶奶的关系很好，她会经常和其他老人聊天。

陕西柞水县低保户周奶奶，63 岁。

周奶奶的老伴去世 12 年了，老人有三个儿子，一个女儿。12年前，小儿子去外地修铁路，冬天睡觉的时候因为煤气中毒死了，老伴因此抑郁而死。周奶奶的大儿子在外面打工，二儿子 42 岁，还没有结婚，平常在外面打工，过年过节才回家；二儿子挣的工资都给周奶奶，周奶奶说自己花不了多少，就给儿子存着以后娶媳妇用。周奶奶的女儿最争气，现在是一所小学的校长，女婿在县里面的高中当会计，日子过得很好。周奶奶提到自己女儿的时候就情不自禁地开心，说女儿每次回来都给她几千元，还是女儿疼妈妈。大儿子虽然分了家，可是比二儿子还孝顺，打工回家见到母亲也会给钱。周奶奶的大孙子（大儿子的儿子）也出去打工了，过年回来还给了奶奶 100 元钱。周奶奶说，大孙子是自己亲手带大的，一直管到 16 岁，有感情，所以孙子挣钱回来也给奶奶花。儿子女儿回来都会给老人买很多药品和补品，平常也不用老人自己花钱。

　　虽然超过半数的老年人对目前的生活比较满意，且老年人对生活的要求并不高，但是从调查数据看（见表6－1），仍有38.3%的老年人对生活不满意，54.2%的老年人认为目前不是一生中最好的时候，22.3%的老年人觉得自己每天做的事情枯燥乏味，59.9%的老年人没有实现自己一生的大多数愿望。这种情况反映了连片特困地区部分农村老年人生活状况很差，即便是较低水平的生活需求也难以得到满足，物质生活和精神生活面临的困难使其难以对生活比较满意。

　　案例6－3说明了连片特困地区农村老年人由于收入不高，生活水平处于较低层次，经济压力比较大，同时年龄的增长使老年人劳动能力下降，无力获得更多收入。对于部分没有子女，亲人较少或者亲人不能提供帮助的老年人，其生活满意度必然不高。

 **案例6－3　生活艰难的郑大爷和岑大爷**

　　陕西柞水县贫困残疾老人郑大爷，66岁，老伴58岁。

　　郑大爷说，自己现在最担心的事情就是不知道日子怎么过，没有钱做什么事情都很困难。老人说辛苦了一辈子，年轻的时候离开家乡修路，修到了这里听说可以解决户口就住下了，后来搞家庭联产承包责任制，包产到户，自己家有了地就不出去打工了，没有想到一辈子是这样的。有的时候他一个人在家里面，想到这些也会难过，担心自己有一天真的老到走不动路了，身边没有人能够照顾他。老人难过的时候就自己扛着，不和别人说。平常也不喜欢看电视，最开心的事情就是和村中其他的老人聊聊天，因为家里面没有人能够聊天。在调研人员临走时，老人说："谢谢你啊，要感谢你，我活了几十年了，从来没有人问过我这样的话，谢谢你。"

　　江西省鄱阳县汪桥乡岑家村岑大爷，56岁。

　　岑大爷家是岑家村最贫困的家庭，由于身患残疾，几乎没有任何劳动能力，所以他只好靠捡垃圾为生。岑大爷家有兄弟姐妹七人，三个哥哥和三个姐姐，他是最小的一个。岑大爷和80多岁的老父亲住在一起，老母亲在3年前去世了。大哥和二哥从来不管他和老父亲。三哥对他和老父亲好一点，隔三岔五会到家里看一看，也会给老父亲一二百元钱。为了省钱，夏天即使是40多摄氏度的高温，岑大爷依然坚持不使用电风扇，即便是这样，岑大爷家一个月的电费仍然达到20元左右。这20元就是靠他卖废品所得的收入支付的。

3. 老年人生活乐趣较少

通过老年人心理状况自我评价可以看出老年人总体的生活满意度和主观幸福感情况，本研究通过问卷调查，设定一系列关于老年人心理状况的问题，并将老年人对这些问题所设定情况的评价分为经常、有时和没有三个层次，以此衡量老年人的心理状况。

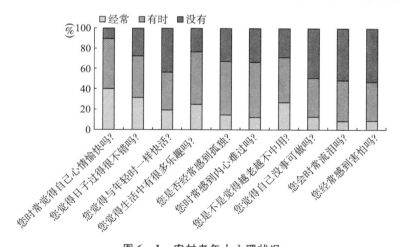

图6-1　农村老年人心理状况

调查发现，连片特困地区农村老年人生活乐趣较少，其对自身生活乐趣和心理状态的评价也不太好（见图6-1）。在对"觉得自己心情愉快""觉得自己的日子过得很不错""觉得与年轻时一样快活""觉得生活中有很多乐趣"这四个问题进行回答时，分别有 10.5%、27.1%、43.5% 和 23.3% 的老年人完全没有上述心理状态，由此可见，相当一部分老年人生活乐趣较少，主观幸福感评价不高。

案例 6-4 说明了老年人生活相对单调乏味，缺乏生活乐趣。老年人在经济上存在很大的压力，依赖子女的赡养，由于子女本身经济情况不佳，多数子女外出务工等情况影响到老年人的生活，生活的艰辛使得他们生活乐趣大大减少。

 **案例 6-4  缺乏生活乐趣的老年人**

甘肃省华池县乔川乡铁脚城村潘奶奶，69 岁。

因为年老体弱，潘奶奶已经无法劳作，只能在家喂喂牲口，为孩子们做做饭。这些事情已经成为她的一种习惯，如果没有这些事，她的生活只能是一片空白。虽说闲余的时间可以看电视，但是她没有文化，看不懂电视的内容，而且山区的电视信号不稳定，只要刮风下雨，电视就收不到任何影像。电视机也渐渐地成为家里的一个摆设。

甘肃省华池县乔川乡徐背台村贺爷爷与贺奶奶。

贺爷爷 81 岁，贺奶奶 77 岁，贺奶奶的精神状态不怎么好。她说每晚八九点就睡觉了，第二天早上八点才起来，但人还是觉得很疲惫。早上起床感觉很无聊，只好坐在小板凳上发呆，看看公路上偶尔经过的汽车。实在感觉寂寞无聊的时候，她就打开电视，让电视发出一点声音，即使听不懂，也能让寂静空旷的屋子多一些生气，但是开一会儿又把电视机关掉。贺爷爷是全村年龄最大的一位老人。贺奶奶说，他喜欢到周围各个村庄串门，虽然腿也经常疼痛，但他还是按捺不住寂寞，坚持拄着拐杖到附近邻居家的院子里聊聊天、散散心。

江西省田畈街镇吴家村王奶奶，76 岁。

王奶奶的丈夫在 20 多年前就去世了，除了帮儿媳妇照顾孩子以外，常常是自己一个人生活。大儿子家的后院有一块菜地，老人平时吃的蔬菜都是自己种的。春天老人喜欢种一些辣椒、黄瓜和豆角，秋天喜欢种萝卜等。夏天天气很热，老人常常早上三四点钟就起床，这时儿媳妇也会把孙子送来给老人照顾，自己去砖窑工作。老人便会给孙子做饭，吃完饭后老人开始忙着照顾自己的菜园，每天都要给菜园浇水、除草，因为年龄大行动比较迟缓，每次收拾完菜园基本就快到中午了，老人便回到屋子里乘凉。有时住在附近的嫂子也会来找老人聊天，她的嫂子 83 岁了，老人有什么苦恼或者生活上的困难都会和自己的嫂子说说。有时嫂子也会带一些村里其他的熟人来王奶奶家聊天，老人很喜欢这些人坐在一起聊家常，夏天外面酷暑难耐，这样聊天也使时间过得比较快，通常不知不觉一个下午就过去了。到了傍晚天气稍微凉爽了一些时，老人便会开始给自己和孙子准备晚饭，吃完晚饭后儿媳妇会把孩子接走，老人基本上七点以后就不会再出屋了。

"有事可做"是老年人体现自身价值并获得存在感的一种方式，然而生活在贫困环境中的老年人，经常处于"无事可做"的境地，依靠子女赡养又无法给予子女一定的帮助让老年人变得无所适从。问卷调查发现（见图 6-1），在问及老年人是否时常觉得自己没事可做时，有 1275 位老年人做出了回应。其中，635 人没有时常觉得自己没事可做，占 49.8%，478 人觉得自己有时没事可做，占 37.5%。在问及老年人是否时常觉得自己越老越不中用时，有 1274 位老年人做出了回应。其中，565 人选择有时觉得自己越老越不中用，占总数的 44.3%，346 人选择经常觉得自己越老越不中用，占 27.1%。大多数老年人觉得随着自己年龄的增加越来越不中用，并且感觉自己无事可做，其存在感和主观幸福程度也在逐渐下降。

案例6-5体现了老年人无事可做，生活中缺乏可以体现自身存在价值的事情，并且无力改变这种情况使得老年人存在感不强。无事可做和对自身能力下降的意识使部分老年人在子女面前存在一定的心理负担：不想增加子女的压力，避免给子女造成麻烦，但又无处表达自己的情绪。

 **案例6-5　生活绝望无助的陈奶奶和庞大爷**

陕西柞水县贫困老年人陈奶奶，63岁。

自从老伴去世之后，陈奶奶就一个人生活，小孙子偶尔放假回来住一个星期，没有经常在身边。陈奶奶平常没事的时候就在家打扫房间、种地、喂猪，感觉寂寞的时候就去邻居家里串门。陈奶奶说，有的时候想到自己一个人在小黑屋里，就难受，默默流眼泪，但擦擦就好了，也不把自己的难处和别人说。老伴年轻的时候对她也不是很好，从山上搬下来的时候才开始对她好些，可是没过几年老伴就去世了。陈奶奶说："身体不舒服，就打点针，将就能动就行了。"在问及陈奶奶有没有开心的事情时，她说："农村能有什么开心的事情，睡不醒就开心了，死了就好了，活着不好，活着受罪。"

宁夏西吉县吉强镇大营村庞大爷，75岁，文盲。

庞大爷说"人穷短精神，马瘦脊梁骨"，他腿脚不好，所以一般很少出去，也不去街坊家转。有时会有邻居家的老人过来找他聊天，来的时候也只是说会儿家常，从来不会谈及心里话。老人总结自己一生的经历时，用了一个字"苦"，这既包括老人生活上的，也包括老人精神上的。老人说不管是现在还是以前，他的生活都非常苦，小儿子从小就有先天性的精神病，一直以来让老人非常费心。他现在最担心的就是自己的小儿子，老人担心自己去世之后，小儿子一个人无法生活。

总体来说，随着大量的农村青年人纷纷进城，农村逐渐出现了空巢化和老龄化。农村留守老年人在默默操劳的同时，还要承受内心对子女的思念、生活的压力以及孤独和寂寞的煎熬。我国农村老年人的日常交际活动最大的一个特点就是"以老为伴"，他们与中青年、少年的生活处于不同世界，而即便是"以老为伴"，也常常受到多方面的制约，很多农村老年人仍需从事农业生产，他们可支配的闲暇时间很少（王蕾，2013）。连片特困地区农村经济发展落后，老年人正常生活尚不能得到较好的保障，更难以在日常生活之外有较为满意的事情，生活的压力和处境的艰辛使相当一部分老年人对生活的满意度不高。

**4. 农村老年人负面情绪较多**

单纯从生活乐趣方面评价还不能完全反映老年人的主观福利状况，其生活当中的负面情绪能够从消极面描述老年人的生活状态。老年人由于丧偶、子女精神或物质赡养不到位、身体健康状况下降等往往产生消极情绪，这些会影响到其主观福利状况。文化程度低、认知功能有障碍、生活方式缺乏科学性、社会地位偏低、生活条件艰苦、对健康缺乏正确认识、随儿不随女的陈旧传统养老意识等都导致农村老年人心理健康状况差（邱莲，2003）。

在问卷调查中，问及老年人是否经常感到孤独时，有1276位老年人做出了回应。其中，669人选择有时感到孤独，占总数的52.5%，419人选择没有经常感到孤独，占32.8%，而188人选择经常感到孤独，占14.7%。可以看到，大部分老年人存在孤独感，其精神慰藉远未达到理想水平，老年人精神状态受到孤独感很大影响。而在问及老年人是否时常感到内心难过时，有1276位老年人做出了回应。其中，694人觉得自己有时内心难过，占54.4%，154人经常会感到内心难过，占12.1%，428人偶尔感到内心难过，占33.5%。由此可见，大部分老年人存在内心难过的情况。

老年人的负面情绪与多种因素有关，从案例6-6可以发现缺乏与人交流的机会、子女不孝顺、家庭经济条件差会给老年人带来负面情绪。连片特困地区农村老年人与子女聚少离多，经济上长期需要子女支持，部分老年人甚至无法获得有效的经济来源，其生活当中的负面内容过多。

 **案例6－6　孤独无助的马奶奶和姚大爷**

宁夏西吉县吉强镇上河村马奶奶，回族，80岁，腿部有残疾。

老人平时会想很多以前的事情，但即使心里面装着事，也从来不跟别人说。老人说自己以前受尽了苦，一个人把几个孩子养大。现在看着孩子们自立了，老人认为现在自己已经这么大年纪了，儿子们应该给她一些生活费，但是没有一个人给。儿子们现在都是过各家的生活，基本不管她，对此老人表示很无奈，很伤心，但是也说可以理解。

宁夏西吉县苏堡乡张岔村姚大爷，丧偶，77岁。

老人与儿子和孙女一起居住。在被问到村里孝敬老人的风气如何时，老人看了一眼蹲在旁边的儿子，然后说了两个字"一般"。据老人讲，两个女儿要比两个儿子对他好，也开玩笑地说，现在养女儿反而比养儿子要好。老人现在最担心的是生病，怕生病了身体难受，看不起病还要拖累儿女，其他的也没有什么特别担心的。老人说他的大儿子2012年患病了，看了半年也没看出来是什么病，治不好，现在只能拖着，老人心里对此十分着急。想起以前的生活和现在的情况，老人总是心里难受，但是老人从来不跟别人说，就自己在心里放着，老人说他并不会因为这些事情而哭。

当老年人的孤独感等负面情绪达到一定程度时，哭泣和害怕就成为一种表现方式，尤其是对于经济条件差，失去配偶的老年人来说，心理问题发生率明显偏高（杨桂凤、杨桂芝，2008）。在问及老年人是否会时常流泪时，有1275位老年人做出了回应。其中，500 人选择有时会流泪，占 38.9%，114 人选择经常会流泪，占总数的 8.9%。在问及老年人是否会经常感到害怕时，有 1275 位老年人做出了回应。其中，483 人选择有时会感到害怕，占总数的 37.9%，117 人选择经常会感到害怕，占 9.2%。哭泣和害怕是老年人主观福利和生活满意度较低的一种反映，通过数据可以发现，经常哭泣或者害怕的老年人占有较大比例，农村老年人生活中仍然存在较多负面影响因素，导致老年人生活满意度不高。

以下案例 6-7 说明老年人生活中哭泣、害怕等负面情绪。由于子女不在身边、赡养不到位，老年人生活压力较大，孤独感较强，加之老年人身体状况普遍不佳，由于疾病带来的痛苦也严重影响其情绪；同时子女上学、就医、婚嫁等带来的贫困等也给老年人心理上带来一定冲击。

### 案例 6-7　经常哭泣的老年人

宁夏西吉县吉强镇大滩村马大爷，回族，74 岁。

马大爷小学文化，是孤寡老人，无子女，信仰伊斯兰教，是阿訇。从表面上看老人精神矍铄，面带笑容，生活态度积极乐观，但内心深处却充满忧虑与痛苦。宗教信仰让这位老人有了对生活的渴望与热情，作为阿訇为村民念经礼教使得老人得到村民的尊重，也填补了老人内心的孤独与痛苦。

老人身体很健康，生活很规律，但是内心却时常苦闷。据老人讲每当想起过去和未来都会忍不住哭泣，想起过去一起和老伴生活的日子和以后无人照料的状况，几乎每天都会流泪。老人最大的担心是他以后怎么办，他最担心有一天自己在家里"完了"（去世）都没人知道，也没人给他净身，也可能会没有人给他送终。当跟老人谈到这个问题的时候，老人的表情显得比较凝重，眼里也泛起了泪花。老人还告诉我们，他一般较少在村里溜达，也很少和村里的老人聊天，心里难受了就念念经或者一个人哭一会儿，没人关心他心里的事，也没有人主动来找他聊天。村上发东西或者低保、五保金打到卡上后，老人一般会独自一个人走近一个小时的路程到村委会或镇上取。

宁夏西吉县吉强镇杨家湾村杨爷爷，76岁，回族。

杨奶奶有五个儿子，四个女儿，老伴已经去世6年了，死于肝病。在说老伴的事情时，老人情绪显得比较低落，老人说自己也没什么担心的事情，吃饱了就行。老人患高血压已经有很多年了，而且非常严重，几乎每天都头痛，有时晚上头痛厉害了根本睡不着。老人的子女都在外打工，几乎没有时间回家看她，只有一个孙子和她一起居住，老人的孙子说她有的时候会一个人哭。老人很希望儿女和孙子们能够经常回来看她，但是她知道这个想法根本不能实现。

陕西柞水县秦丰村贫困独居老人张奶奶，69岁。

张奶奶有三个儿子，分家后都在当地定居，都是农民。2008年，老伴因脑溢血去世之后，她就开始过上了独居的生活。当问到张奶奶平常有什么娱乐活动。她说自己平常除了去地里种种地，去山上采点药材，平时也就在家待着，除了一个人看看电视之外，最大的娱乐也就是和其他人坐在一起聊聊天。张奶奶说自己所居住地方的9户人家里面，除了1户人家还有年轻人，其余的8户全都是独居老人。在问到老人平时会不会哭时，老人说："经常哭啊，老伴去世早，自己一个人很孤单，有时候遇到自己生病、烦了或者累了，就哭一哭。"老人说自己从来不会把这些事告诉子女们："跟他们说怕加重了他们的负担，他们也不能做什么。我哭哭，哭完就算了。"

总体来看，连片特困地区农村老年人的心理状态比较平和，但老年人的心理状况总体上还处于较低的水平，生活幸福感不是很强。而且部分老年人心理状态较差，心理问题已经比较严重，例如选择经常感到孤独的老年人、经常流泪的老年人等。老年人晚年的精神文化和娱乐生活不足，孤独感较强，加上连片特困地区子女经济和精神赡养不到位等，老年人的心理状况较差，需要给予其更多关注。

5. 老年人精神赡养普遍被忽视

老年人接受成年子女的社会支持包含三种类型，即物质型、服务型和情感型（王大华等，2005）。精神赡养就是要求子女要关注老年人的心理需求，照顾老年人的特殊需要，使被赡养人在情感和心理上得到慰藉（李丽、谢光荣，2013）。农村留守老年人因子女的外出，再加上务农、照料孙辈等，更需要子女的慰藉。但是子女长期在外务工，有些子女甚至三四年才回一次家，而且电话联系也不频繁。失去配偶的老年人，更加需要的是内心的抚慰。

通过调查发现，老年人很容易产生心理问题，子女在生活中对老年人困难和心事的关注度影响到老年人的心理健康。针对子女是否愿意倾听老年人心事的调查发现，在771份有效问卷中，愿意倾听和有时愿意倾听的分别有353人和367人，占到了45.8%和47.6%，不愿意倾听的有51人，占到了6.6%。

案例6-8中，子女都有自己的生活，他们没有精力也较少会从老年人的立场上体谅和照顾老年人，长此以往老年人就不会说出自己的真正想法，只能尽量不去考虑太多问题。尤其是对一些失去伴侣的老年人来说，其精神赡养被忽视以及因此产生的心理问题更多，尽管一些子女履行自己对老年人的赡养义务，但仍然无法在精神上弥补老伴去世给老年人所带来的孤独感。

 **案例6-8　内心孤独的留守老年人**

甘肃省乔川镇铁角城村赵奶奶，80岁。

赵奶奶生活在一个七口之家，老伴已经去世8年，目前只有大儿子和大儿媳与她住在一起，其他子女和孙子女都在附近的县城生活，经常开车回去看望老人。尽管老人的身体没有什么重大疾病，生活也没有什么太大的烦恼，但是由于老人没有什么收入来源，平日里的花销都是靠儿子和儿媳，老人总觉得自己很"多余"。老伴离开多年，老人一直一个人住在前院的小房子里，有一些心里话也无法和别人说，只能闷在心里，怕给子女造成困扰。老人的这种想法常常使她不希望家里人因为她的事情而忙碌奔波，所以老人有病坚持不去医院看病。平时家里的事情她尽管有一些看不惯，但是认为儿女不会听她的话，所以她常常对一些事情睁一只眼闭一只眼，儿女的事情她尽量不去过问太多，只要自己吃好、穿暖就可以了。

江西省田畈街镇桂花村留守老年人杨奶奶，79 岁。

杨奶奶共有八个孩子，两个女儿和六个儿子。老人的女儿都已经出嫁，因为以前家里比较穷，六个儿子中有两个做了上门女婿，不常回家看望老人，其他的儿子都在厦门的工厂里面做工人，为了避免挤火车并节省路费，他们过年的时候也不回家。老人有时过年只能和住在附近的其他亲戚一起过，子女们常常只是给老人打一个电话问好。在谈到自己的儿女时，老人似乎不愿说太多，也没有对他们寄予什么期望，更不想增加他们的负担。由于老人现在没有收入来源，赡养老人主要由四个儿子承担，他们只是每年给老人 2000 元的生活费，通常是寄给住在邻村的一个亲戚，然后由这位亲戚转交给老人，有时是老人自己去取回来。

老人现在居住的房屋是大儿子的，大儿子和儿媳平时都在厦门打工，老人一个人在家里生活。2013 年因为大儿子家里要盖新楼房，大儿媳为了监督盖房的工程队并给工程队的工人做饭，便在 5 月份回家了，所以老人现在和大儿媳一起生活，但大儿媳由于常年在外打工，基本不了解老人的生活情况和喜好，每天两人只有一些简单的交流，都是各自在忙。老人说房子盖好以后，大儿子和儿媳就会搬到新房子里住，虽然儿媳说如果老人愿意的话也可以一起搬过去，但是老人不想搬过去，她一方面觉得自己已经

习惯了老房子的生活；另一方面觉得自己已经这么老了，不应该
再给儿女带来什么负担。

## 二 老年人主观幸福感情况

老年人主观幸福感是其主观福利的重要衡量标准，低文化、
无配偶、独居、亲子关系不良、经济收入低、有慢性病、生活能
力差、社会支持低的老年人主观幸福感较低（李书琴、谭小林等，
2012）。连片特困地区农村老年人往往面对诸多生活压力和负面事
件，在自身能力无法解决且子女支持和社会关注不够的情况下，
其主观幸福感并不乐观。

1. 农村贫困老年人生活负担较多

针对老年人生活负担情况的调查结果显示（见表6-2），老年
人对子女提出的经济要求、生产经营、家庭生活等方面的负担大
多可以接受或者认为没有负担，但仍有部分老年人因经济负担、
劳动强度、心理压力等原因而主观幸福感不强。从调查数据可见
（见表6-2），对于本应颐养天年享受晚年生活的连片特困地区农
村老年人来说，除了要在经济生产和家庭照料方面为子女和孙子
女提供帮助之外，还要承担扶持配偶、隔代抚养等重担，往往不
堪重负。

表6-2 农村老年人生活负担

| 生活负担情况 | 负担过重 | | 可以承受 | | 没有负担 | | 合计 |
|---|---|---|---|---|---|---|---|
| | 频数 | 百分比（%） | 频数 | 百分比（%） | 频数 | 百分比（%） | |
| 子女或孙子女提出的经济要求 | 219 | 17.4 | 393 | 31.1 | 650 | 51.5 | 1262 |
| 自己的生产经营 | 229 | 18.1 | 563 | 44.6 | 472 | 37.3 | 1264 |

续表

| 生活负担情况 | 负担过重 | | 可以承受 | | 没有负担 | | 合计 |
|---|---|---|---|---|---|---|---|
| | 频数 | 百分比（%） | 频数 | 百分比（%） | 频数 | 百分比（%） | |
| 子女或孙子女提出的生产经营要求 | 205 | 16.3 | 402 | 31.9 | 653 | 51.8 | 1260 |
| 做家务 | 163 | 12.8 | 721 | 56.7 | 387 | 30.4 | 1271 |
| 照顾孙子女 | 109 | 8.6 | 546 | 43.2 | 608 | 48.2 | 1263 |
| 照料配偶 | 93 | 7.5 | 531 | 42.9 | 615 | 49.6 | 1239 |

就子女提出的经济要求而言，问卷调查发现（见表6-3），虽然大多数成年子女未向老年人提出直接经济要求，但是子女自身家庭生活困难、孙子女就医或上学等问题直接导致老年人可以获得的赡养相对不足。18.9%的老年人在过去一年为子女提供500元以下的经济帮助，10.1%的老年人提供数额在501—1000元的帮助，9.2%的老年人帮助数额在1001—3000元，甚至有6.0%的老年人需要提供3000元以上的帮助，由此可见老年人在子女经济要求方面的负担较重。

表6-3  农村老年人生活负担

| 总额 | 0 | <500 | 501—1000 | 1001—3000 | 3001—10000 | >10000 | 合计 |
|---|---|---|---|---|---|---|---|
| 频数 | 644 | 219 | 117 | 107 | 57 | 13 | 1157 |
| 百分比（%） | 55.7 | 18.9 | 10.1 | 9.2 | 4.9 | 1.1 | 100 |

通过案例6-9可以发现，一些经济困难的老年人由于子女上学、结婚以及自身生活等需要大量经济支出，这些支出增加了老年人的经济压力，他们甚至不得不通过借贷等方式解决问题。但连片特困地区经济发展相对落后，老年人及其家庭大多缺乏增加收入的有效途径，农业生产收入又偏低，过多的开支使其生活蒙

上了阴影。

 **案例 6 – 9　子女生活困难的老年人**

甘肃省华池县白马乡白马村残疾人赵大爷。

赵大爷有两个儿子。大儿子住得离自己比较近，除了种地以外还饲养了一些山羊和 2 头黄牛，收入状况算是比较乐观，但是家里有两个孩子在上学，每年的学费生活费都比较多，外加全家的生活支出，每年入不敷出。所以，大儿子只能在生活上给两位老人适当的照顾，而经济上的照顾则显得力不从心。老人的小儿子在四年前自杀，小儿子不在以后两位老人的生活每况愈下。赵大爷身体不好，小儿子在世时，主要是他给赵大爷提供看病就医的费用，那时老人还可以维持吃药。而小儿子去世以后，老人只能卧病在床，无法再继续治疗。

甘肃省华池县铁角城村赵大爷，70 岁。

大爷一共有四个儿子，三个儿子已经结婚，小儿子刚大学毕业两年，现在在上海工作，四个儿子平时很少回来。在四个儿子中，二儿子和小儿子通过读书走出了农村，另外两个儿子一个在家种地，一个在外地打工，经济状况都不是很好。赵大爷为二儿子结婚贷款 4 万元，二儿子说要自己还。儿子们只有过年的时候会回来，有时候还不回来，平时也很少给他跟老伴打电话，所以基本也指望不上谁来养老，只能自己照顾自己。对于小儿子，大爷很是自豪，小儿子在西北大学毕业，当时上学时每年家里要拿出 1.5 万—1.7 万元给他，其中大一部分要跟亲戚借或者向农户借高利贷。大爷说小儿子还没有成家，所以自己以后可能还要去借钱给他结婚，但是现在自己年纪大了，很多人担心他还不起钱所以一般也不爱借给他。

案例 6 – 10 反映了老年人从事繁重体力劳动的现象。连片特困地区农村老年人能够得到子女提供的物质支持相对较少，生活开支主要通过自身劳动和政策补助获得。为保障自身基本生活并减轻子女的赡养负担，老年人在无奈中选择从事繁重的生产活动，以此获得一定的经济收入。但是对于年龄逐渐增长的老年人来说，从事体力劳动获取收入的难度越来越大，过重的生活负担影响其主观幸福感。

 **案例 6 - 10　不堪重负的老年人**

江西省鄱阳县吴家村角里李大娘，51 岁。

李大娘目前在村里的砖厂上班，一个月平均要上十三四天班。现在家里没有劳动力，所以只种了 2 亩地，主要是花生、玉米、芝麻，基本上供应自家食用。三个儿子在外打工，但是因为外边的生活成本高，再加上有各自的家庭要经营，所以大儿子和小儿子基本上不给李大娘钱，二儿子虽然没有成家，但是因为好赌博所以基本上也攒不下钱，每到春节三个儿子回来的时候，不仅不拿钱回来，还要大娘拿钱购买过节所需要的东西。说到这些事情，李大娘默默地流下眼泪，她很伤心地说：“人年纪大了不就是盼着孩子孝顺嘛，他们都打工赚钱，还问我要钱花，我能省心吗？”

江西省鄱阳县田畈街镇何彭村彭大爷，64 岁。

彭大爷家有 2 亩多田地，主要用于种植水稻。他家的水稻一年种植两季，一季稻是 3 月—7 月，二季稻是 7 月—9 月。一季稻用于销售，二季稻则留作口粮。农忙时节，彭大爷四点多就要从床上起来，走上 50 分钟左右的路程到自家的田地开始劳作。用水问题比较容易解决，水库的水可以直接通往稻田，只是除草工作比较辛苦，因为除草剂不能把所有的杂草清除，彭大爷不得不弯着身子把剩余的杂草拔掉。虽然种地的收入并不高，但彭大爷说：“好歹有个千把块钱，总比没有钱好，没钱怎么办，只能自己种地了，我这把年纪出去打工已经没人要了。”

对于老年妇女而言，家务劳动以及帮助子女做家务也会成为她们巨大的生活负担。尤其对一些身体健康状况不好的老年人来说，承担家务劳动不但是体力劳动，而且占据了较多的空余时间。在自身尚有基本劳动能力的情况下，老年人一般会选择自己从事家务劳动，以减少给子女带来的负担。对于子女外出务工或者子女家庭生活负担较重的老年人来说，帮助子女从事家务劳动既能体现自己的价值，也是老年人对子女关心和帮助的一种方式。

 **案例 6 - 11　忙于家务劳动的老年人**

*甘肃省华池县乔川乡铁角城村章奶奶，64 岁。*

章奶奶有两个儿子，两个女儿。大儿子在银川挖煤，二儿子在村里当文书。两个女儿都嫁到了延安，家庭条件都非常好。每年过年两个女儿都会从延安回来看望章奶奶，而且会给章奶奶买很多食品和衣服，现在章奶奶的衣服全是女儿给她买的。章奶奶现在和二儿子住在一起。章奶奶自己家和二儿子家的地一共有 30 亩，因为二儿媳妇不在家，儿子在村里工作多，老伴行动不方便，所以她承担了大部分的农活。说到这些事情，章奶奶连续说了好几次"累"。但是她很少当面向儿子抱怨，而是一直为儿子做一些力所能及的事情。2012 年二儿子盖了 3 间砖瓦房，自己花了 7 万多元，贷款 3 万多元。章奶奶也把自己攒下的几千元钱给了儿子盖房。在盖房子期间，二儿子本想着以每天 100 元的价格，请别人来给家里的泥瓦匠和帮工的亲戚朋友做饭，但是章奶奶坚决不愿意，并自己亲自给十几个人做饭，一天三顿，为的只是给儿子省钱。

2. 老年人主观幸福感较低

通过问卷调查发现（见表 6 - 1），连片特困地区农村老年人对于自身生活现状的幸福感不是很强，60.1% 的人认为自己生活比其他人差，54.2% 的人认为近几年不是自己一生中最好的日子，可见老年人目前的生活幸福感并不强。虽然政府提供了老年人养老保险，能够为低收入老年人提供最低生活保障，但是相对其他人的主观幸福感，仍然不强。缺乏劳动能力和经济来源的农村老年人，需要儿女的照顾和赡养，尤其是健康状况较差，生活不能自理和经济状况较差的老年人，生病时不能及时就医，或因家庭经济负担过重，原本和谐的家庭关系失去平衡，增加了其心理负担（邢华燕等，2005）。

案例 6 - 12 表明老年人主观幸福感较弱。子女或者自身患有的疾病往往导致老年人面临较大的生活负担，甚至给整个家庭带来巨大的负面影响。丧偶老年人独居或者与子女共同居住，亲子关系不佳、对于依靠子女赡养存在心理负担等导致老年人心理状况不好。对于子女不履行赡养义务、家庭不和睦的老年人而言，其主观幸福感更弱。

 **案例 6 - 12　为了子女奔波劳累的老年人**

江西省鄱阳县田畈街镇何彭村张奶奶和彭爷爷夫妇，张奶奶62 岁，彭爷爷 66 岁。

夫妻俩一共有两个儿子一个女儿，大儿子在 33 岁时去世了，大儿媳领着孩子回到了四川老家。小儿子也在 36 岁时去世了，留下了两个女儿，一个 8 岁，一个 8 个月。现在张奶奶一般早晨四点多就起床，起床后就洗衣服做饭，五点多就和老伴去田里干活，早晨九点钟左右从田里回来，回来后就在家做做家务陪陪孙女，吃过中午饭后休息一会儿，下午四五点再到田里劳作，到晚上七点左右再回家。家里的饭菜主要是自家种的稻子和蔬菜，平时没钱很少买肉吃，买一次也只是买半斤或 1 斤，生活非常拮据。

目前老两口最担心的就是孙女，老人害怕有一天要是小儿媳妇走了，孙女跟着自己会受苦，也担心有一天小儿媳会带着自己的孙女走了，只剩下自己，但更担心孙女的生活："过几天要是没钱了，孙女的生活就没依靠了，真不知道该怎么办。"现在老人最大的希望就是孙女都好好的。说到这些时，老人的眼中全是泪水，老人说："希望政府能帮帮，没了儿子，还要养两个孩子，都老了，日子真的没法过。"

陕西柞水县贫困老人秋奶奶，77岁。

在调查人员访谈期间，秋奶奶还在不停地忙来忙去，一会儿到地里摘葱，一会儿又在厨房忙活，秋奶奶说自己要为五儿子夫妇准备午饭，他们在村里修路的队里做事，中午会回家吃饭。秋奶奶在家忙做饭、洗衣服等一些家务，虽然经济上双方独立，可是这些日常杂事儿媳倒是没有跟婆婆客气，基本上都是秋奶奶一肩挑。"没有办法才跟他们住在一起。"秋奶奶身体不好，走路走快一点都喘气。秋奶奶现在不操心任何事了，只是心中一直都有怨气，老人生活安逸，心理上却总是压抑的。秋奶奶经济条件不算差，可一点都不快活。秋奶奶对五儿子夫妇不满意，有心事也只会跟其他几个子女说，很少跟五儿子夫妇交流。秋奶奶心里有气，只有在其他孩子过来看望她或者孙子孙女回家玩的时候才会开心点，不过小孩子要上学不能在家久住，子女们各自成家了，一年也只能来2次左右。

总体而言，通过对连片特困地区农村老年人主观幸福感的调查可以发现，老年人生活当中负面因素较多，由于经济落后、就医困难、子女赡养不到位、家庭生活负担较重等，老年人需要应对多重生活压力。并且现有农村社会保障制度尚未完全解决老年人面临的困境，保障水平较为有限，对于改善老年人主观福利状况的作用不够明显。

# 三　小结

本章对连片特困地区农村老年人的主观福利状况进行了分析，可以发现，老年人生活满意度较低，主观幸福感不强，主观福利处于较低水平。导致老年人主观福利水平不高的原因包括经济收入、身体健康、精神娱乐、子女赡养等。

就老年人生活满意度而言，收入水平较高、子女赡养到位、健康状况较好、生活负担不重的老年人满意度明显较高。而连片特困地区众多农村老年人由于经济收入不足、子女赡养不到位、看病就医困难等原因生活压力较大，生活满意度明显偏低。就老年人主观幸福感而言，贫困老年人生活中存在诸多压力，照看孙子女、做家务、从事生产经营活动等给本来就处于较低生活水平的老年人增加了很大负担，使得本来就处于弱势地位的老年人不堪重负。加上一些老年人身体健康状况不好、家庭关系不和谐等原因，连片特困地区农村老年人主观幸福感不强。

综合分析连片特困地区农村老年人主观福利水平较低的原因可以发现，经济状况是最主要的影响因素。生活在连片特困地区的农村老年人大多收入水平不高，晚年生活缺乏足够的经济支撑，子女又不能给予其充足的物质和精神赡养，迫于生活压力的老年人心理状态很不好。而且在当前农村社会环境下，多数老年人还要继续从事农业生产，帮助子女料理家务或完成农业劳动等，其生活中缺乏可改善心理状态的因素。此外，现有农村社会保障体系并不能很好地解决老年人的经济困难问题，也未能将老年人主观福利纳入政策的关注中，老年人精神生活缺乏来自公共部门的支持。

# 第七章
# 连片特困地区农村老年人
# 相关政策评价

　　通过对相关政策的系统整理与分析，我们发现目前中国农村贫困老年人相关政策已经取得了很大的发展，现有政策基本包含了老年人基本生活保障、养老、就医等几个重要方面，在很大程度上满足了老年人的不同需求，保障其基本生存权益，并且政府在贫困老年人救助中发挥了主导作用，为进一步完善和改善贫困老年人相关政策并建立更为健全的老年人保障体系奠定了基础。但是，中国农村贫困老年人相关政策仍然比较分散，尚未形成统一协调的制度安排；针对贫困老年人提供的社会保障仍然处于较低水平，很难从根本上改善老年人的生活水平；政策执行和实施过程存在一定的偏差，没有完全达到政策要求和目标；社会力量是帮扶贫困老年人的重要资源，但当前政策对于社会力量的重视程度仍显不足。我国农村贫困老年人相关政策仍需进一步完善和发展。

　　因此，在未来的政府工作中，需要进一步完善农村贫困老年人相关政策，建立统一的政策体系；建立贫困老年人相关政策执行过程中统一的协调与整合机制；加强政策执行监管，发挥老年人主体作用；多方动员社会力量参与，逐步提高保障标准。

# 一 中国贫困老年人相关政策的发展现状

1. 基本形成了农村老年人社会保障体系

贫困老年人群体面临诸多困难，需要从多角度予以解决。目前中国涉及贫困老年人的政策已经覆盖了与老年人日常生活息息相关的温饱、住房、就医、社会娱乐等各个方面，各项制度之间形成了互补局面，能够满足不同贫困老年人在不同方面的基本需求，并形成了一个较为完整的社会保障体系。

表7-1 中国农村贫困老年人社会救助政策基本框架

| 政策类型 | 政策名称 | 贫困老年人类型 | | | | | 贫困老年人基本需求 | | |
|---|---|---|---|---|---|---|---|---|---|
| | | 低保家庭 | 孤寡 | 疾病 | 独生子女 | 退伍军人 | 基本生活保障 | 医疗 | 养老 |
| 普惠型社会救助政策 | 农村居民最低生活保障制度 | √ | √ | √ | √ | √ | √ | | |
| | 农村医疗救助制度 | √ | √ | √ | √ | | | √ | |
| | 新农合制度 | √ | √ | √ | √ | | | √ | |
| | 农村养老保险制度 | √ | √ | √ | √ | √ | | | √ |
| 瞄准型社会救助政策 | 农村社会优抚制度 | | | | | √ | √ | | √ |
| | 农村五保供养制度 | √ | √ | √ | | | √ | | √ |
| | 农村部分计划生育家庭奖励扶助制度 | √ | | | √ | | √ | | |

2. 政府在贫困老年人帮扶中发挥关键性作用

从目前农村贫困老年人的相关政策来看，政府部门发挥了关键的主导作用。在政策制定、资金筹集和政策执行过程中，政府部门尤其是基层政府部门的角色至关重要。中央和地方各级政府形成了比较有序而明确的责任分工，资金筹集与分配十分有效，政策对象的识别与瞄准程度较高。近年来，多项与农村贫困老年人息息相关的政策通过多个政府部门的配合得以出台和落实，例如在农村最低生活保障制度的建立过程中，民政部门、财政部门、统计部门等多部门分工协作，逐渐形成了一系列政策文件，使农村贫困老年人基本实现了老有所养。全国老龄工作委员会办公室发布的《2010年中国城乡老年人口状况追踪调查结果》表明，农村老年人认为收入大致够用的比例由46.7%上升到52.8%。

3. 关注农村贫困老年人的多维贫困，保障老年人基本权利

综合分析目前的农村社会保障体系可以发现，现有政策从多方面为老年人提供了保障，涉及贫困老年人的生存、健康、参与等方面的基本权利。农村最低生活保障制度和困难救助制度，给予经济困难老年人最基本的生活保障，使得老年人的生存权得到保障；农村五保供养制度则更为全面地将少数非常困难的老年人纳入政府供养范畴，使得这部分老年人的生存权、参与权等有所保障；新农合和农村医疗救助制度通过互为辅助的方式，缓解了贫困老年人看病难的问题，使得老年人的健康权得到保障；农村养老保险制度以普惠的方式为老年人基本生活提供经济基础，保障老年人平等享有公共服务的权利；农村社会优抚和计划生育奖励扶助制度，为有特殊贡献或家庭情况特殊的老年人提供保障。目前农村贫困老年人相关政策对老年人多方面的需求和权利的关注，为促进社会公平发展，进一步完善老年人社会保障体系奠定了基础。

## 二　中国贫困老年人相关政策所存在的问题

我国农村贫困老年人相关政策目前已经取得了较好的发展，形成了一个覆盖面较广的老年人社会保障体系，有效地保障了贫困老年人的基本权利。但是相关政策在执行过程中仍然显现许多问题，农村贫困老年人社会保障制度有待进一步完善。

1. 农村贫困老年人相关政策较为分散，没有形成统一协调机制

我国的农村社会保障政策经历了较长时间的发展，已经形成

了针对农村不同问题的多项专门性政策，这些政策基本涵盖了农村贫困老年人可能遇到的主要困难。但是目前的政策基本上仍是以单项政策为主，没有形成一个统一协调的机制，政策之间的联系并不紧密。例如，农村医疗救助制度和新农合制度是我国目前农村医疗保障制度建设中相辅相成，不可相互替代的两种制度。然而在实际运行中，由于两者的制度设计不同，两种制度的医疗保障对象、补偿服务很难对接上，管理机制很难协调统一（张雪玲、罗利丽，2011）。

由于众多政策之间缺乏较为统一的协调管理，基层政府在政策执行过程中很难将政策资源充分有效地利用，以便帮助贫困老年人解决相关困难。政策之间整体性、协调性和规范性不足，仍然停留在针对不同老年人的不同需求上，很难将现有政策资源的效用最大化。我国农村贫困老年人相关政策需要更为宏观和健全的政策设计，以形成统一、规范的政策体系。

2. 相关政府部门之间缺乏有效沟通与协调机制

从我国目前农村贫困老年人相关的政策主体看，中央政府和地方政府之间有较为明确的分工，在资金分配上也有明确的规定，基本上能够调动各级政府在保障农村贫困老年人基本权利方面发挥应有的作用。但是就各行政机构的职能安排看，相关机构之间在职责和义务上仍有较大重叠，同一层级的不同机构之间配合不足，政策执行的力度不够。

农村贫困老年人问题涉及民政、财政、卫生、劳动保障、司法等诸多政府行政部门，也与妇联、残联等有一定关系。各政府职能部门之间各有分工，看似发挥各自应有的作用，但是由于互相之间缺乏协调配合，资源利用效率不高，难以有效整合与协调各种资源。由于各部门互相之间配合不到位，缺乏规范的工作协调与资源整合机制，政策瞄准错位，甚至出现缺位，影响了对农村贫困老年人的帮扶。

3. 现有政策保障水平仍然不高

近年来，随着我国经济的不断发展，农村老年人相关政策也日渐完善，各种政策对于贫困老年人的保障标准也在逐年提高。但是从目前老年人的实际需求情况看，现有政策提供的保障标准仍然不高。目前有关农村贫困老年人的政策所提供的保障大多局限在保障老年人基本需求的层面，对于经济十分困难的老年人而言，现有保障水平基本上是解决温饱问题，很难从根本上让老年人过上比较体面的生活。

此外，保障水平在地区之间有较大差异，东中西部地区在政策资金安排上不同程度地享受中央政府的补助，但是不同地区在新农保、低保、五保供养等政策上，保障额度存在较大差异。例如，2013 年第一季度，北京市农村低保标准为 6166.2 元/年/人，远高于 2185.7 元/年/人的全国平均水平，而同期河南省的保障标准仅为 1429.3 元/年/人。农村老年人相关的社会保障政策标准仍然有很大的提高空间，地区之间的差异也需要缩小。

4. 社会力量参与较少，政策主体不够多元化

目前农村老年人相关社会保障仍然以政府行为为主，但是农村贫困老年人社会保障问题的解决不能仅仅依靠政府，在发挥政府部门主导作用的同时，需要引入更多的社会力量参与其中。从目前的情况看，在政策制定和执行过程中，养老院等社会服务机构、群众性组织、公民社会组织、基层社区组织等参与明显不足。贫困老年人对于政府的依赖性较大，在政策当中对于社会力量的参与没有形成切实可行的政策机制。社会力量参与不足也导致贫困老年人对政府要求过多，让政府部门难以应对贫困老年人的诸多困难，甚至是疲于应对。

5. 政策执行监管不力，存在背离政策目标的现象

众多政策的落实基本上主要依靠乡镇一级政府和农村基层自治组织，由于政策种类较多，涉及的目标人群有较大差异，加上老年人的实际需求较为复杂，给政策执行主体带来很大工作压力。由于监管不到位，在政策执行过程中出现了低保分配不公平，五保供养不及时等问题，给基层政府的公信力带来了很大的负面影

响，也使一些贫困老年人对政策产生不满情绪。

由于政策执行过程中监管不力，一部分村干部利用现有政策套取人情甚至以此谋取经济利益，另外对政策具体情况的宣传讲解也不到位，老年人对政策不了解，使政府很难从根本上维护政策的合法性。

## 三　完善农村贫困老年人相关政策的建议

农村经济发展和社会保障水平的提高有助于缓解农村贫困老年人的问题，因此推动农村经济发展、消除农村贫困和提高社会保障水平会在很大程度上缓解农村老年贫困问题。但是鉴于中国仍然处于人均经济总量较低，城乡差距较大，以及农村贫困人口大量存在的发展阶段，在普惠型政策之外，解决农村老年贫困问题还需要一些特殊的政策和措施。

1. 进一步完善农村贫困老年人相关政策体系

在逐渐健全和完善有关农村贫困老年人的单项政策的同时，政府需要建立更为全面的贫困老年人相关政策体系。这一体系既要包括具有整体性、系统性和全面性的政策规划，也应该包括具有针对性和可操作性的具体政策条例。在农村老龄化不断加剧，农村整体贫困问题尚未彻底解决的大背景下，针对农村贫困老年人的更多宏观政策应该逐渐提上议程，逐步建立针对农村贫困老年人的一般性政策体系。

而且，要想更好地解决农村贫困老年人面临的各种困难，就需要在政策执行过程中建立统一的协调与整合机制，充分利用有限的政策资源，更好地发挥政策效能。这其中包括不同政策主体之间的协调，也包括不同政策之间的协调。就不同政策主体而言，需要在各政府部门之间建立沟通协调机制，形成统一管理局面，以便协调不同政策主体之间的分工与协作，政府各部门之间以及各种社会力量需要相互配合，调动更多资源参与其中。就不同政策而言，应该将与农村贫困老年人关系密切的政策与其他宏观政策相配合，建立沟通、协调与整合机制，使各种扶贫政策能够真正惠及贫困老年人。

2. 加强政策执行监管

在政策执行过程中，需要建立和完善监督机制，强化对政策资源分配过程的监督，使政策执行过程在公开公正的环境下进行，保证相关政策能够真正惠及贫困老年人。对于政策的具体执行过程，要细化相关规定，达到更加人性化的目标，使政策执行过程中能够更好地有章可循，尤其是对于目标群体的界定、保障标准的调整、参与机制的建立等都需要进一步完善。例如对农村低保制度的监督机制需要进一步完善，促使农村低保资源能够更好地为贫困老年人提供帮助，实现政策效果的最佳化。又如，对于贫困老年人反映较为突出的新农合报销受限、程序烦琐等问题，也应加强政策执行监督，防止执行机构或个人利用新农合报销进行寻租。同时需要加强政策宣传，通过农村贫困老年人易于接触的电视、广播等媒介宣传有关政策，把相关政策精神传达到目标群体当中，保障老年人的知情权、参与权，发挥老年人在政策执行过程中的主体作用。对于政策执行的主要操作者村干部，要进一步加强指导和监督，使其更好地了解老年人相关政策的具体要求，对于可能出现的偏差进行干预，防止政策资源沦为村干部的个人资源。

3. 多方动员社会力量参与

在有关农村贫困老年人相关政策的制定过程中，不仅要发挥政府在其中的关键主导作用，对于各种社会力量的参与也应给予引导和支持。在政策制定过程中，充分考虑各种社会力量的作用，对其参与农村贫困老年人帮扶工作进行支持，尤其是引入社会组织、社会服务机构，强化基层社区的作用。

缓解老年贫困远比减少青壮年贫困人口更为困难，因为前者不仅意味着增加老年人的经济收入，而且意味着组织老年活动，保护老年人的权利，培育老年人组织，提供有效的服务并使贫困老人更好地融入社会，在这方面，各种民间组织具有不可替代的作用。政府部门可以通过更积极的政策引导和向社会组织开放购买服务，促进社会组织在支持农村贫困老年人方面发挥更积极、活跃、重要的作用，如借鉴各地老年人协会运转的经验，提供必要的资金支持，推动农村老年人成立自我服务、自我管理，并维护老年人权利的老年人基层组织。支持非营利机构进入农村地区，对农村贫困老人提供有针对性的服务和支持，例如协助老年人看病就医、给予孤寡老年人日常照料等。通过政府购买服务的方式，促进更多的社会组织承担对农村老年人口的帮扶责任。

4. 发挥农村社区的积极作用

多数老年人缺少自有资产，家庭贫困，或者本身就是鳏寡孤独，而国家的社会保障能力有限，因此需要农村社区在保障贫困老年人的生活中发挥更加重要的作用。首先，可以通过社区互助满足老年人的基本生存需求，如老年人的用水、燃料，也可以为老年人提供一些最基本的服务，如代耕、护理等。其次，可以通过社区互助降低老年人的生活成本。传统的亲属和邻里关系可以对农村贫困老年人提供许多日常生活中的有效支持。有了社区的相互支持，在同样收入的条件下，老年人的社会福利会有所增强。最后，社区可以协助政府解决支持农村贫困老年人的目标瞄准问题，使政府有限的资源能够集中到最需要救助的人群。社区互助在中国有着悠久的传统，但是近年来农村的衰落使社区的许多功能弱化或丧失，在政府有针对性的政策支持下，提高社区在关护农村贫困老年人领域的作用，不仅可以使贫困老年人受益，也有助于农村社区的复兴。

5. 建立老年协会等互助组织

在传统的中国农村，老年人具有较高的社会地位，但是在现代化过程中，这种地位正在弱化，一些农村地区建立了老年协会，通过协会平台开展的活动为老年人提供了更好的文化娱乐生活，从而有助于排解贫困老年人口的孤独和无助。更重要的是，老年协会在村庄中树立了老年人的威信，维护了老年人权利。此外，许多老年协会还具有经济职能，他们通过简单的创收活动形成协会的经济收入，这些收入的大部分被用于本村贫困老年人的救助。已有实践经验表明，老年协会可以发挥老年人的互助优势，有效地支持农村贫困老人。

6. 发挥老年人在生产中的能动作用

随着人口预期寿命的延长，以及年轻人大量外出，许多老年人不得不继续从事农业生产。但是由于知识老化和缺少市场信息，他们大多停留在比较效益很低的传统农业，这严重制约了他们收入增加的可能性。尽管政府提供了越来越多的农业技术和信息培训，但是这些培训很少以老年农民为对象，而且开发的培训课程也很难适应文化水平较低的老年农民。增加老年农民的生产技能和掌握市场信息的能力，可使他们更适应农业市场，增加老年农民收入，缓解贫困。

在农村地区，耕地是包括老年贫困人口在内的农村人口最主要的资产，但现实挑战是：在现有的土地产权格局下，土地并不能起到养老保障的作用，因为土地的所有权属于农村集体所有，农民只能流转土地使用权。需要探索如何使土地在农村养老中发挥更积极的作用，使土地成为农民可以依靠其养老的资产。农村老人是中国社会最脆弱的群体，他们需要社会的广泛关注。国家增加投入以改善农村老年人口的生存状况是至关重要的，除此之外，还需要家庭、社区和全社会的共同努力。

# 参考文献

[1] 安俊美、邱成岭、张大勇，2011，《社会转型期农村老年人精神养老问题的政策思考》，《内蒙古农业大学学报》（社会科学版）第4期。

[2] 白桦主持，2004，《贫困老年人救助模式研究总报告》。

[3] 蔡昉等，2012，《世界银行东亚和太平洋地区人类发展局社会保护部：中国农村老年人口的养老保障》，《挑战与前景》第5期。

[4] 曹国选，2009，《农村留守老人如何走出困境》，《乡镇论坛》第29期。

[5] 陈彩霞，2000，《经济独立才是农村老年人晚年幸福的首要条件——应用霍曼斯交换理论对农村老年人供养方式的分析和建议》，《人口研究》第2期。

[6] 陈方生，2010，《城镇化进程中农村空巢老人问题探析》，《中国城市经济》第8期。

[7] 陈芳、方长春，2014，《家庭养老功能的弱化与出路：欠发达地区农村养老模式研究》，《人口与发展》第1期。

[8] 陈景亮，2008，《村落文化视野下的农村老年人住房选择》，《南方人口》第23期。

[9] 陈琦，2012，《连片特困地区农村家庭人力资本与收入贫困——基于武陵山片区的实证考察》，《江西社会科学》第7期。

［10］陈小萍、何路明、周芙蓉等，2010，《浙江省养老机构老年人安全问题认同调查及影响因素的比较分析》，《中国民康医学》第 19 期。

［11］陈新锋，2005，《生存成本的经济学分析》，西北农林科技大学博士学位论文。

［12］程杰，2012，《社会保障对城乡老年人的贫困削减效应》，《社会保障研究》第 3 期。

［13］仇凤仙，2010，《消解与重构：欠发达区域农村贫困老人生活状态分析——以安徽省 S 县 D 村调查为例》，《南方人口》第 6 期。

［14］楚永生、陆凯旋、任德新等，2013，《新型农村养老保险制度运行机制分析——来自江苏省的经验及启示》，《现代经济探讨》第 11 期。

［15］褚亮，2009，《贫困人口医疗救助的经济学分析》，复旦大学博士学位论文。

［16］邓大松、王增文，2008，《我国农村低保制度存在的问题及其探讨——以现存农村"低保"制度存在的问题为视角》，《山东经济》第 1 期。

［17］邓颖、吴先萍等，2004，《不同养老模式的养老成本及成本—效用分析》，《预防医学情报杂志》第 4 期。

［18］丁志宏，2011，《我国高龄老年人照料资源分布及照料满足感研究》，《人口研究》第 5 期。

［19］丁志宏，2014，《我国农村中年独生子女父母养老意愿研究》，《人口研究》第 4 期。

［20］杜鹏、武超，2006，《中国老年人的生活自理能力状况与变化》，《人口研究》第 1 期。

［21］方菲，2013，《农村低保制度的公平正义问题探讨》，《求实》第 1 期。

［22］方菲，2001，《中国贫困地区农村家庭养老的社会学分析》，

华中农业大学硕士学位论文。

[23] 冯威，2012，《老年人社会优待政策法治化》，《浙江学刊》第 5 期。

[24] 福如海，2004，《老年人饮食三题：食谱、平衡膳食、主副食》，《山东食品科技》第 4 期。

[25] 高峰、韩学平，2013，《完善农村五保供养法律制度的思考》，《东北农业大学学报》（社会科学版）第 11 期。

[26] 高红波，2008，《贫困地区农村空巢老人自身状况的变量差异——对中、西部四省区农村空巢老人生活状况的调查》，《产业与科技论坛》第 5 期。

[27] 高秀玲、雷红英，2009，《老年人安全的护理问题与对策》，《新疆医学》第 4 期。

[28] 葛瑾瑾，2013，《村中多少"安全病"?》，《新安全东方消防》第 5 期。

[29] 《关于进一步规范城乡居民最低生活保障标准制定和调整工作的指导意见》，2011 年 5 月 18 日，http：//www. mca. gov. cn/article/zwgk/fvfg/zdshbz/201105/。

[30] 《关于实施农村医疗救助的意见》，2003 年 11 月 18 日，http：//dbs. mca. gov. cn/article/csyljz/zcfg/200712。

[31] 郭荣丽、吕裔良，2012，《中国老年贫困人口社会救助研究》，《中国对外贸易》（英文版）第 3 期。

[32] 《国务院办公厅转发卫生部等部门关于建立新农合制度意见的通知》，2005 年 8 月 12 日，http：//www. gov. cn/zwgk/2005 ~2008/12/content_ 21850. htm。

[33] 《国务院关于进一步加强和改进最低生活保障工作的意见》，2012 年 09 月 26 日，http：//www. gov. cn/zwgk/2012 ~2009/26/content_ 2233209. htm。

[34] 《国务院关于开展新型农村社会养老保险试点的指导意见》，2009 年 09 月 07 日，http：//www. gov. cn/jrzg/2009 ~2009/

07/content_ 1411208. htm。

[35] 《国务院关于在全国建立农村最低生活保障制度的通知》，2007 年 08 月 14 日，http：//www. gov. cn/zwgk/2007 ~ 2008/14/content_ 716621. htm。

[36] 何植民、温婷，2013，《农户视角下的农村最低生活保障政策实施效果评估分析——基于江西与湖南两省的抽样调查》，《云南行政学院学报》第 6 期。

[37] 贺聪志、叶敬忠，2009，《农村留守老人研究综述》，《中国农业大学学报》（社会科学版）第 2 期。

[38] 洪秋妹、常向阳，2010，《我国农村居民疾病与贫困的相互作用分析》，《农业经济问题》第 4 期。

[39] 胡飞龙，2013，《农村留守老年人的反贫困研究》，《湖南农机》第 3 期。

[40] 胡月婷，2011，《我国农村留守老人存在的问题及其对策研究》，《重庆电子工程职业学院学报》第 1 期。

[41] 画妍、化前珍、徐莎莎等，2011，《不同年龄组老年人生活方式和生活质量相关性研究》，《护理学报》第 6 期。

[42] 黄爱荣，2012，《农村居家养老问题研究——以菏泽市为例》，吉林农业大学硕士学位论文。

[43] 姜向群、郑研辉，2013，《中国老年人的主要生活来源及其经济保障问题分析》，《人口学刊》第 2 期。

[44] 蒋莹，2010，《老年人常见安全问题与护理对策》，《健康天地》第 4 期。

[45] 焦克源、孔倩文，2011，《农村空巢老人的养老现状、问题与出路——基于内蒙古卓资县的调查》，《广东农业科学》第 15 期。

[46] 井珊珊、Lizheng Shi、尹爱田、Jinan Liu，2013，《新农合慢病补偿政策效果研究：基于双重差分模型的实证分析》，《中国卫生经济》第 9 期。

[47] 李德明、陈天勇、吴振云，2007，《中国农村老年人的生活质量和主观幸福感》，《中国老年学杂志》第 12 期。

[48] 李慧芳，2007，《老年人常见安全问题及对策》，《基层医学论坛》第 S1 期。

[49] 李建新、李春华，2014，《城乡老年人口健康差异研究》，《人口学刊》第 5 期。

[50] 李津、李小妹、刘明等，2004，《农村贫困地区老年人心理社会问题及应付方式的研究》，《护士进修杂志》第 19 期。

[51] 李丽、谢光荣，2013，《农村留守老人精神赡养伦理问题》，《中国老年学杂志》第 9 期。

[52] 李明，2011，《村民对计生奖扶制度实施情况的评价及影响因素分析——基于对湖北南漳县的调查》，《南京人口管理干部学院学报》第 3 期。

[53] 李琼，2014，《西部新型农村养老保险制度长效供给研究——以公共服务均等化为视角》，《中南民族大学学报》（人文社会科学版）第 1 期。

[54] 李书琴、谭小林、汪波等，2012，《某市农村社区健康老年人主观幸福度评定的相关因素分析》，《重庆医学》第 34 期。

[55] 李晓铭、张旭、吴金晶等，2012，《城市老年人与子女之间的经济流动与"啃老"现象——以北京市朝阳区为例》，《吉林工商学院学报》第 4 期。

[56] 李晓荣，2012，《农村老人娱乐方式》，《继续教育研究》第 11 期。

[57] 李洋，2007，《从社会排斥到家庭排斥——转型社会的老龄群体分析》，《求索》第 8 期。

[58] 李印慧，2013，《资源约束下的农村医疗救助的有效供给》，《改革与开放》第 15 期。

[59] 李宇卫、张世斌、张联英，2012，《乌蒙山区农村老人生活状况探析——以昭通镇雄三个村为例》，《价值工程》第

11 期。

[60]　梁晨，2013，《农村低保政策的基层实践逻辑——以武陵山区某村为例》，《贵州社会科学》第 10 期。

[61]　刘弘、郭红卫、高围漱等，2007，《上海市老年人饮食行为及影响因素》，《中国慢性病预防与控制》第 1 期。

[62]　刘晓芳，2010，《宗教信仰：农村老年人精神需求的另类满足——基于山西 M 基督教会的实证研究》，浙江师范大学硕士学位论文。

[63]　刘彦喆，2011，《吉林省农村丧偶老年女性贫困现状研究》，东北师范大学硕士学位论文。

[64]　卢亦鲁，2012，《养老安全管理创新与信息化管理探索》，《社会福利》（理论版）第 9 期。

[65]　罗遐、于立繁，2009《我国农村老年贫困原因分析与对策思考》，《生产力研究》第 1 期。

[66]　罗扬眉、胡华、朱志红等，2008，《湖南省老年人亲子支持与主观幸福感的相关研究》，《中国临床心理学杂志》第 2 期。

[67]　马源源，2007，《中国农村老年人主观福利探析》，华中科技大学硕士学位论文。

[68]　孟雨、王晓燕，2013，《新农合制度下北京农村医疗救助制度现状与问题研究》，《医学与社会》第 26 期。

[69]　《民政部办公厅关于落实给部分农村籍退役士兵发放老年生活补助政策措施的通知》，2011 年 7 月 29 日，http：//www. mca. gov. cn/article/zwgk/fvfg/yfaz/201107/。

[70]　穆怀中、沈毅、陈曦，2013，《农村养老保险综合替代率及其结构分析》，《人口与发展》第 6 期。

[71]　穆怀中、沈毅、樊林昕、施阳，2013，《农村养老保险适度水平及对提高社会保障水平分层贡献研究》，《人口研究》，第 3 期。

[72]《2013 年 4 季度全国县以上农村低保情况》，http：//mca. gov. cn/
cws/201401。

[73]《2012 年社会服务发展统计公报》，2013 年 6 月 19 日，ht-
tp：//cws. mca. gov. cn/article/tjbg/201306/。

[74] 牛建华、曹文静、孙建萍等，2008，《国家级贫困县老年人
护理需求及其影响因素分析》，《中华现代护理杂志》第
14 期。

[75]《农村医疗救助》，http：//wiki. mbalib. com/wiki/% E5% 86% 9C%
E6% 9D 91% E5% 8C% BB% E7% 96% 97% E6% 95% 91% E5%
8A% A9% E5% 88% B6% E5% BA% A6。

[76] 庞丽华、Scott Rozelle、Alan de Brauw，2003，《中国农村老
人的劳动供给研究》，《经济学》（季刊）第 2 期。

[77] 彭华民，2005，《社会排斥与社会融合——一个欧盟社会政
策的分析路径》，《南开学报》第 1 期。

[78] 钱雪飞，2011，《城乡老年人收入来源的差异及其经济性影
响》，《华南农业大学学报》（社会科学版）第 1 期。

[79] 乔晓春、张恺悌、孙陆军、张玲，2005，《对中国老年贫困
人口的估计》，《人口研究》第 2 期。

[80] 邱莲，2003，《农村老年人心理健康状况调查》，《中国老年
学杂志》第 8 期。

[81] 全国城乡贫困老年人状况调查研究课题组，2003，《全国城
乡贫困老年人状况调查研究项目总报告》。

[82] 全英玲、杨丽黎、黄美丽，2011，《富阳市农村中老年人生
活行为习惯与健康状况调查分析》，《护理与康复》第 9 期。

[83] 任德新、楚永生、陆凯旋，2013，《新型农村养老保险制度
运行机制分析——来自江苏省的经验及启示》，《现代经济探
讨》第 11 期。

[84] 荣梅，2005，《健康教育对社区老年人安全服药的影响》，
《护理管理杂志》第 11 期。

［85］　申秋红、肖红波，2010，《农村留守老人的社会支持研究》，《南方农业》第 2 期。

［86］　石丛，2014，《我国农村老年人生活需求与社会支持研究》，山东大学硕士学位论文。

［87］　石薇薇，2012，《老年人服药的安全隐患分析和措施》，《中外健康文摘》第 9 期。

［88］　宋月萍，2014，《精神赡养还是经济支持：外出务工子女养老行为对农村留守老年人健康影响探析》，《人口与发展》第 4 期。

［89］　苏锦英、王子伟，2009，《农村地区留守老人基本状况调查》，《医学与社会》第 22 期。

［90］　孙鹃娟：《劳动力迁移过程中的农村留守老人照料问题研究》，《人口学刊》2006 年第 4 期。

［91］　孙强、沈时明、张茂林，2010，《山东省农村老年群体健康状况与体育需求研究》，《山东体育学院学报》第 8 期。

［92］　孙文中，2011，《场域视阈下农村老年贫困问题分析——基于闽西地区 SM 村的个案调查》，《华中农业大学学报》（社会科学版）第 5 期。

［93］　孙征、马丽娟，2012，《贫困山区留守老人养老现状及对策——以涞源县南马庄乡为例》，《经济研究导刊》第 36 期。

［94］　谭倩，2013，《社会保障权实现中的国家义务探析：以新农合为例》，《中国卫生经济》第 9 期。

［95］　谭深，2009，《人口流动对农村贫困和不平等的影响》，《开放时代》第 10 期。

［96］　唐建兵、许庆荣，2006，《贫困地区农村养老问题现状调查——以四川东部北部贫困地区农村为例》，《成都大学学报》（社会科学版）第 4 期。

［97］　唐莹、陈正英、戴爱平，2009，《西部民族地区留守老年人健康状况与卫生服务利用》，《中国全科医学》第 12 期。

[98] 童星、林闽钢，1994，《我国农村贫困标准线研究》，《中国社会科学》第 3 期。

[99] 汪霞、汪磊，2013，《贵州连片特困地区贫困特征及扶贫开发对策分析》，《贵州社会科学》第 12 期。

[100] 王大华、申继亮、佟雁，2005，《老年人与成年子女间社会支持的结构及特点》，《中国老年学杂志》第 4 期。

[101] 王德文、张恺梯，2005，《中国老年人口的生活状况与贫困发生率估计》，《中国人口科学》第 1 期。

[102] 王金营、李建民，2004，《中国农村家庭老年人来自孩子的经济收入分析》，《人口学刊》第 3 期。

[103] 王乐军，2007，《济宁市农村留守老人生存质量及影响因素研究》，山东大学硕士学位论文。

[104] 王蕾，2013，《贫困地区的农村养老需求分析》，《赤峰学院学报》（汉文哲学社会科学版）第 3 期。

[105] 王丽红、魏凤，2013，《基于农民视角的新农合改革后满意度影响因素调查》，《贵州农业科学》第 4 期。

[106] 王琳、邬沧萍，2006，《聚焦中国农村老年人贫困化问题》，《社会主义研究》第 2 期。

[107] 王敏、潘健源、昝培霞等，2009，《安徽省农村老年人慢性病患病现状及相关因素分析》，《实用预防医学》第 1 期。

[108] 王希华、周华发，2010，《老年人生活质量、孤独感与主观幸福感现状及相互关系》，《中国老年学杂志》第 5 期。

[109] 王跃生，2012，《城乡养老中的家庭代际关系研究——以 2010 年七省区调查数据为基础》，《开放时代》第 2 期。

[110] 韦璞，2013，《村庄特征与农村低保瞄准偏误的实证研究——基于场域理论视角的探析》，《理论月刊》第 10 期。

[111] 韦艳、刘旭东、张艳平，2010，《社会支持对农村老年女性孤独感的影响研究》，《人口学刊》第 4 期。

[112] 伍小兰，2009，《农村老年人精神文化生活的现状分析和政

策思考》，《人口与发展》。

[113] 谢治菊，2013，《农村最低生活保障制度与农民对政府信任的关系研究——来自两次延续性的调查》，《中国行政管理》第 6 期。

[114] 邢华燕、常青、沈键等，2005，《河南农村老年人心理健康状况》，《中国老年学杂志》第 25 期。

[115] 徐成，2007，《农村贫困家庭老年人疾病经济风险及分担方式研究》，华中科技大学硕士学位论文。

[116] 徐静、徐永德，2009，《生命历程理论视域下的老年贫困》，《社会学研究》第 6 期。

[117] 徐玉新、贾应华，2009，《老年人安全用药的护理》，《社区医学杂志》第 7 期。

[118] 许亚敏，2009 年，《我国农村养老保障事业发展的历程、现状与政策取向研究——基于制度分析的视角》，《社会保障研究》第 6 期。

[119] 鄢木秀，2007，《欠发达地区农村老年人保障研究》，硕士学位论文，福建师范大学。

[120] 阎竣、陈玉萍，2010，《农村老年人多占用医疗资源了吗？——农村医药费用年龄分布的政策含义》，《管理世界》第 5 期。

[121] 杨翠迎，2005，《中国农村社会养老保障制度：实践、评价及改革》，浙江大学。

[122] 杨桂凤、杨桂芝、王小娟等，2008，《秦皇岛农村老年人心理健康状况及相关因素调查》，《现代预防医学》第 24 期。

[123] 杨菊华、姜向群、陈志光，2010，《老年社会贫困影响因素的定量和定性分析》，《人口学刊》第 4 期。

[124] 杨立雄，2011，《中国老年贫困人口规模研究》，《人口学刊》第 4 期。

[125] 杨清哲，2013，《人口老龄化背景下中国农村老年人养老保

障问题研究》，吉林大学博士学位论文。

[126] 姚挹沣，2013，《人口流动对农村家庭养老的双重影响》，西北大学硕士学位论文。

[127] 姚引妹，2002，《长江三角洲地区农村老年人居住方式与生活质量研究》，《浙江大学学报》（人文社会科学版）第6期。

[128] 叶敬忠、贺聪志，2008，《静寞夕阳：中国农村留守老年人》，社会科学文献出版社。

[129] 银平均，2006，《社会排斥视角下的中国农村贫困》，南开大学博士学位论文。

[130] 于洪彦、刘金星、张洪利，2008，《东北农村居民消费行为解析》，《经济纵横》第5期。

[131] 于建琴、吕霄芳，2013，《督导强化教育模式在社区老年人日常安全保健知识保持中的应用》，《齐鲁护理杂志》第19期。

[132] 于学军，2003，《老年人口相对贫困化的理论与实现共同富裕》，载中国老龄科学研究中心《中国城乡老年人口状况一次性抽样调查数据分析》，中国标准出版社。

[133] 翟振武，2003，《全面建设小康社会与全面解决人口问题》，《人口研究》第1期。

[134] 张飞霞，2013，《我国农村养老保险模式研究》，《生产力研究》第1期。

[135] 张广利、瞿枭，2011，《城市高龄空巢老人特殊需求分析》，《华东理工大学学报》（社会科学版）第1期。

[136] 张建华，2007，《老年人护理安全现状调查与分析》，《护理管理杂志》第7期。

[137] 张璟、王文军、吴翠平等，2009，《济宁市农村留守老人生存质量现况及影响因素分析》，《中华护理杂志》第4期。

[138] 张立群，2012，《连片特困地区贫困的类型及对策》，《红旗

文稿》第 22 期。

[139] 张岭泉、邬沧萍、段世江，2008，《解读农村老年人的"零消费"现象》，《甘肃社会科学》第 1 期。

[140] 张文娟、李树苗，2004，《劳动力外流背景下的农村老年人居住安排影响因素研究》，《中国人口科学》第 1 期。

[141] 张新文、李修康，2012，《广西农村医疗救助发展现状与政策选择》，《安徽农业科学》第 2 期。

[142] 张雪玲、罗利丽，2011，《实现农村医疗救助与新农合制度对接的难点分析》，《中国卫生事业管理》第 9 期。

[143] 张烨霞、李树苗、靳小怡，2008，《农村三代家庭中子女外出务工对老年人经济支持的影响研究》，《当代经济科学》第 1 期。

[144] 赵芳，2009，《〈农村部分计划生育家庭奖励扶助制度〉的实施状况与社会认同——基于山东省淄博市临淄区的调查》，《人口与发展》第 2 期。

[145] 赵慧楠、戴付敏、张希等，2014，《社区居家和养老机构老年人用药安全影响因素及对策》，《中国实用护理杂志》第 30 期。

[146] 赵明利、宋葆云、叶文琴，2011，《我国城市空巢老人安全现状评估及对策》，《全科护理》第 6 期。

[147] 郅玉玲，2009，《农村老年人养老支持力研究及社会政策建议——以浙江省为例》，《人口与发展》第 5 期。

[148] 中国政府网：http：//www. gov. cn/zwgk/2005 ~ 2001/26/content_ 172438. htm。

[149] 《中华人民共和国国务院令》（第 456 号），2006 年 1 月 26 日，http：//www. gov. cn/zwgk/2005 ~ 2001/26/content_ 172438. htm。

[150] 周绍斌，2005，《老年人的精神需求及其社会政策意义》，《市场与人口分析》第 6 期。

[151] 朱健民，2006，《老年人生活方式对健康自我完好评价的影响》，《体育科学》第 9 期。

［152］朱庆芳，2005，《中国老龄人口的贫困化》，《新智慧》（财富版）第 12 期。

［153］祝雪花、余昌妹、姜文莉等，2006，《空巢老人健康状况及社区护理需求的调查研究》，《护理学杂志》第 15 期。

［154］左菁，2007，《中国农村养老保险制度的反思与重构》，《河北法学》第 4 期。

图书在版编目（CIP）数据

暮年有养：农村贫困老人扶持政策评估及建议/唐丽霞，姜亚勤，
赵文杰著. —北京：社会科学文献出版社，2015.10
（中国贫困片区精准脱贫研究丛书）
ISBN 978 – 7 – 5097 – 8116 – 6

Ⅰ. ①暮…　Ⅱ. ①唐…　②姜…　③赵…　Ⅲ. ①农村 – 老人
问题 – 研究 – 中国　Ⅳ. ①C924. 24

中国版本图书馆 CIP 数据核字（2015）第 225591 号

中国贫困片区精准脱贫研究丛书

## 暮年有养：农村贫困老人扶持政策评估及建议

著　　者／唐丽霞　姜亚勤　赵文杰

出 版 人／谢寿光
项目统筹／谢蕊芬
责任编辑／任晓霞

出　　版／社会科学文献出版社·社会政法分社（010）59367156
　　　　　地址：北京市北三环中路甲 29 号院华龙大厦　邮编：100029
　　　　　网址：www. ssap. com. cn
发　　行／市场营销中心（010）59367081　59367090
　　　　　读者服务中心（010）59367028
印　　装／三河市尚艺印装有限公司

规　　格／开　本：787mm × 1092mm　1/16
　　　　　印　张：18.5　字　数：249 千字
版　　次／2015 年 10 月第 1 版　2015 年 10 月第 1 次印刷
书　　号／ISBN 978 – 7 – 5097 – 8116 – 6
定　　价／79.00 元